伯林文集

以赛亚·伯林爵士

（Sir Isaiah Berlin，1909—1997）

英国哲学家、观念史学家、20世纪著名自由主义知识分子。生于俄国犹太家庭，童年目睹俄国革命，1921年随父母前往英国。1928年进入牛津大学攻读哲学，1939年借撰写《卡尔·马克思》的契机转向观念史研究。1957年就任牛津大学社会与政治理论教授，发表具有开创性的“两种自由概念”演说，同年获封爵士。1965年参与创办牛津大学沃尔夫森学院并出任首任院长。作为杰出的观念史学家和学科主要奠基人，先后被授予耶路撒冷文学奖和伊拉斯谟奖。

伯林文集

卡尔·马克思（1939）
启蒙的时代（1956）
俄国思想家（1978）
概念与范畴（1978）
反潮流（1979）
个人印象（1980）
扭曲的人性之材（1990）
现实感（1996）
人类的恰当研究（文选，1997）
浪漫主义的根源（1999）
观念的力量（2000）
启蒙的三个批评者（2000）
自由及其背叛（2002）
自由论（2002）
苏联的心灵（2004）
浪漫主义时代的政治观念（2006）
伯林书信集 卷一（2004）
伯林书信集 卷二（2009）
伯林书信集 卷三（2013）
伯林书信集 卷四（2015）

特别收录

伯林谈话录（1992）［伊朗］拉明·贾汉贝格鲁 著
伯林传（1998）［加拿大］叶礼庭 著
未完的对话（2006）［英国］以赛亚·伯林 / ［波兰］波兰诺夫斯卡·塞古尔斯卡 著

观念的力量

The Power of Ideas

[英国] 以赛亚·伯林 —— 著
[英国] 亨利·哈代 —— 编
胡自信 魏钊凌 —— 译

译林出版社

图书在版编目（CIP）数据

观念的力量 /(英) 以赛亚 · 伯林 (Isaiah Berlin) 著；(英) 亨利 · 哈代 (Henry Hardy) 编；胡自信，魏钊凌译 .—南京：译林出版社，2019.4 (2025.12 重印)
(伯林文集)
书名原文：The Power of Ideas
ISBN 978-7-5447-6935-8

Ⅰ.①观… Ⅱ.①以… ②亨… ③胡… ④魏… Ⅲ.①伯林 (Berlin, Isaiah, 1909—1997) —哲学思想—思想评论 Ⅳ.①B561.59

中国版本图书馆 CIP 数据核字（2017）第 114710 号

For more information about Isaiah Berlin visit https://isaiah-berlin.wolfson.ox.ac.uk/ and https://berlin.wolfson.ox.ac.uk/

观念的力量 ［英国］以赛亚・伯林 / 著 ［英国］亨利・哈代 / 编
胡自信 魏钊凌 / 译

责任编辑 陶泽慧
装帧设计 韦 枫
校 对 梅 娟 张 堃
责任印制 董 虎

原文出版 Princeton University Press, 2013
出版发行 译林出版社
地 址 南京市湖南路 1 号 A 楼
邮 箱 yilin@yilin.com
网 址 www.yilin.com
市场热线 025-86633278
排 版 南京展望文化发展有限公司
印 刷 南京新世纪联盟印务有限公司
开 本 850毫米 ×1168毫米 1/32
印 张 13.875
版 次 2019 年 4 月第 1 版
印 次 2025 年 12 月第 8 次印刷
书 号 ISBN 978-7-5447-6935-8
定 价 75.00 元

献给牛津大学沃尔夫森学院

目　录

第二版附录

参考文献说明

对本卷内容的参考引用，给出的页码均为本书页码［中文版边码］。对多卷作品的参考引用，给出卷号和页码的，以“v 509”的形式标出，意为“第 5 卷第 509 页”。赫尔岑的作品引自 A.I. 赫尔岑，《往事与随想》（Moscow，1954—1966），标注卷号和页码，注例如下：SS vi 33（《往事与随想》第 6 卷第 33 页）。若标注精确到行，则以“viii 23.22”形式标出，意为“第 8 卷第 23 页第 22 行”。 xi

前　言[1]

阿维赛·马加利特

情感的哲学家

以赛亚·伯林相信观念是有力量的，语言并非“只有词语”[2]。观念，至少某些观念，是“发自心灵的物质”，而非只是头脑的产物。

以赛亚·伯林有一本传记，但这本传记并非是他的个人履历。事实上，他的传记是典型的20世纪传记。而这部传记需要被重新评价。

要叙述伯林的一生，标准方式是这样的——这种方式是伯林本人曾推广过的：从前，在他学术生涯的早期，他曾是一位哲学家，一位分析哲学家，在他看来过往的哲学总是提出古怪的问题，例如“时间是什么？”或者“时间可以停止吗？”[3]在解决或者说消解这些问题的过程中，哲学家需要对

[1] 本书“参考文献说明”、“前言”和“第二版附录”由魏钊凌翻译，其余均由胡自信翻译。——中文版编注

[2]“词语，词语，只有词语，没有物质来自心灵”：William Shakespeare, *Troilus and Cressida*（《特洛伊罗斯与克瑞西达》）5. 3。

[3] 参见下文第31页。

这些问题进行概念上的分析，以此直抵问题中关键词的意义，例如“时间”一词的意义。词语和词语的意义可以指引着我们理解这些古怪问题。事实上，分析哲学中的一支正是建立于伯林在全灵学院的课堂里，其泰斗人物是约翰·奥斯汀。

此后，故事继续。伯林不再热衷于将他的人生用在概念分析这种事上，转向更符合他的脾性和兴趣的东西，也就是 xiii
观念史。当时，观念史还未被视为一门自主学科领域，而伯林为确立它的地位起到了积极的作用。

这本文集中的前两篇文章《我的学术之路》和《哲学的目的》向我们展现了伯林笔下的观念发展历程以及他对于哲学的观点和态度。

有时，伯林离开分析哲学领域这件事看起来不单是一个受个人喜好引导而做出的个人选择，同时也反映了伯林总体上对分析哲学本身的反对立场。我记得我曾和他讨论过一个问题：分析哲学是不是一种永无止境的工作，它永远都在磨刀，但却没有东西可以切？还是说这门学科就像亚伯拉罕·林肯所说——如果你要去砍树，最好先花六个小时的时间把斧子磨利，再只要花两个小时去砍树就可以了？他说，你看，你用明喻的方式提出这个问题，这不已经说明了你并没有在思考哲学吗？我反驳说，不是的，维特根斯坦最棒的地方就是他的明喻手法，连他自己都是第一个这么承认的。这一点在伯林身上也一样。后面我会讲一个伯林使用的明喻。

就算如此，要讲述身为分析哲学家的青年以赛亚和身为观念史学家的老年以赛亚，也有一个优势：直接明了。它为热情的年轻学者免去了一些压力，不必强行在以赛亚·伯林身上寻找本不存在的连续性。

但是，我认为以这种方式讲述伯林，如果不是对他的一种误解，也有一些东西被忽视了。伯林的关注点确实发生过变化，但这一变化并非是从哲学到历史。伯林的转向，是从一种哲学家转向另一种哲学家：从关心意义的哲学家转向关心情感的哲学家。

在这本文集中，伯林思考了他所说的“哲学的目的”。
xiv 在那篇文章中，他没有直接以概念分析的方式去描述分析哲学，而是借助哲学尝试解决的问题来思考它，有些问题听上去颇为幼稚：“当我看到重影时，那究竟是两个什么？”[1] 但是很快我们发现，回答这样的问题，并不像回答事实性的问题一样，比如：“我的上衣在哪儿？”[2] 前者带有批判性，涉及对我们使用的关键术语（概念）的意义的叙述（“分析”），如“时间”、“思维”、“知识”。

但是，在他举出的哲学问题中，他也提到了“所有的人真的都是兄弟吗？”，要回答这个问题，只是弄清楚“兄弟”的意义是不够的：它还需要情感。

术语出现于表达之中，表达有事实性，而术语的意义和

[1] 参见下文第 31 页。
[2] 参见下文第 29 页。

它对这种事实性的系统贡献有关。研究情感意味着尽可能地不讨论意义，而将关注点转至系统关系和情绪联想以及伴随术语的相关文化和历史内涵上。莱昂内尔·特里林所说的“诚实性”和“真实性”，以及伯纳德·威廉斯所说的古希腊语境下的“耻辱”和“必要性”，都是以情感为基础的哲学应该关照的显著例子。研究情感哲学，一定要研究历史和历史变化，不过这并不会让它成为观念史。

意义的哲学基于一种普通的语言。如果我们用英语举例，那么它就基于某个特定时间的英语。分析英语术语意义的哲学家不需要用到这门语言的历史，就像面对着某个棋局的象棋选手不需要知道这个棋局是怎么一步步下出来的一样。但是对于情感的哲学而言，一门语言的历史（历时）维度就十分重要了。可以说，人们大致上公认，内涵和联想存在着一种交流法则。内涵不会消亡，只会渐渐淡化到背景之中。 xv

以赛亚·伯林将他的关注点从意义转向了情感，但即便是他成为“观念史学家”之后，意义也并未从他的视野中消失。伯林不是还不辞烦劳地提出和捍卫了他有关“自由”的两种意义（消极自由与积极自由）之间的著名区别吗？

在第一种意义下，亦即消极意义下，自由指没有阻碍我们行为的人为障碍。在第二种意义下，亦即积极意义下，如果我们掌控着自己的目标，决定着自己的命运，能够在达成目标时实现自身之中的至善，我们便是自由的。伯林相信，对于许多目标的追求都能使我们实现自身之中的至善，我们可以在这些目标中做出选择。但是，我们无法通过追求选择的目标来选择实现自身之中的哪种善：实现的善是追求目标的一个本质的附带产物。

有人曾批评伯林，认为他给“自由”赋予太多的意义：他坚持认为有两种自由概念，而批评他的人则认为只有一种自由概念,但自由的用途有多种;这种自由概念是“消极自由”和“积极自由”的综合。自由就像三位一体一样，是一种概念三种元素。A之自由基于没有人为的障碍B阻止A从事或者变成C；也就是说，他免于束缚，因此可以不受约束地实现他的目标。

这一批评并没有阻止伯林坚持认为就是有两种自由概念。有一天，我和他一起走在他位于黑丁顿的房子门前的路上，他通常走这条路去牛津全灵学院。那天是个星期天，我们俩只是漫无目的地走着，边走边聊，聊到自由的三位一体问题。突然，我们的路被一道篱笆挡住了，以前这里并没有这道篱笆。伯林马上反应说：这就是挡住我的自由的障碍。这道篱笆并没有阻止我实现我的目标。我并不想去全灵学院，
xvi 我哪儿也不想去。我只是想这么走下去，不要被挡住。他提出的这个观点非常犀利，让人无法反驳：这道篱笆是对我们的自由的一种直接限制；要证明这道篱笆阻碍了我们的自由，我们并不需要它阻拦我们前往全灵学院这样具体的目标。

伯林在《我的学术之路》中举了一个逃离监狱的例子作为解释自由的范例。我们想要的一切就是到监狱外面去，而

不必有一个具体的目标（积极自由）。我认为伯林坚持反对自由具有三位一体式的意义这一立场是正确的，而且关系重大。

如果伯林对自由的论述仅仅止步于区分自由的两种意义，即消极自由与积极自由，那么他只能算是不辜负对自由的信仰，却并没有成就任何了不起的东西。然而，他确实成就了了不起的东西，不是因为他澄清了自由的概念，而是因为他揭示了涉及自由观念的情感。这牵涉自由易于为奸者窃取的本质——从高尚者手中被卑劣者窃取，从善良者手中被残忍者窃取。积极自由作为摆脱内在心理约束的自由，意味着要将精神分割为“理性与高尚的”和“非理性与卑劣的”，这样一来，自由就意味着让更好的自我居于主宰地位。然而，一旦我们分割自我，其他人就可能以我们那更好的自我为名，指责我们屈服于我们的卑劣自我，而他们是来解放我们的。许多残暴的统治者就曾利用过“人类灵魂的工程师”（借用斯大林的说法）的角色做这种事。

伯林的论述之所以弥足珍贵，正是因为他向人们揭示了这种伴随着积极自由的情感。对于伯林来说，用于解释自由情感的戏剧演员的比喻，以及逃离监狱的范例，可能不仅需要语言层面的阐述，更需要一整套相关的情感联想，包括像《菲岱里奥》中囚徒合唱团唱的“赞美这一天！”，逃脱监狱的原始情感就是一种对自由的表达；它基本上就是自由的情感；而在这方面贝多芬是最好的向导。 xvii

伯林对于观念的力量的信仰

伯林认为，观念获取力量并不仅仅甚至并不主要依靠它们的意义，而是依靠它们与情感和其他联想的联结。观念的力量是由意义和情感构成的矢量。休谟曾经提出一个观念，后来由伯林的朋友 A. J. 艾耶尔发扬光大，这个观念认为，道德规范是没有意义的情感，一条条的道德只有情感意义而无认知意义——所谓认知意义，即与真理或谬误相关的意义。在这个方面，观念并无力量，有力量的是情感：驱使我们行事的不是意义，而是情感。

在伯林的时代，人们普遍认为，语言有行事的能力。约翰·奥斯汀和伯林的终生好友赫伯特·哈特有一个著名的论断：我们通过语言行事，语言有行事的力量。在一场婚礼上，那句众人皆知的“我愿意”正是举行这场婚礼的关键——成全一对喜结连理的夫妇。

伯林对力量的观念非常感兴趣，这一点为他的文章《政治领域的现实主义》所证实。他警觉地听出了掩盖在那句洋洋自得的“我是一个现实主义者”之下丑陋肮脏的内涵——“某种非常卑鄙或残酷的决定”[1]。但除了力量的观念，伯林还十分关注观念的力量，坚定地相信人们会在它的影响下行动

[1] 参见下文第 163 页。

和反应。不过，他认为观念的力量主要来源于政治逆境之中，尤其是在赤裸裸地使用权力压迫观念的政府统治之下。

这就要谈到伯林对俄国知识阶层终其一生的痴迷。他们在无比艰难的处境中发展和保护了各种观念。伯林的这种痴迷充分体现在了他那篇令人难忘的文章《知识阶层的作用》中。 xviii
他对俄国知识阶层是什么态度？如果说伯林的民族认同是站在犹太人一边的，那么他主要的“阶层”认同则是站在俄国知识阶层一边的，尽管这听起来可能有点奇怪。不过，这种认同是很矛盾的。如果要问起伯林对某件事的态度，我会用屠格涅夫作为参考的“晴雨表”，通过他来估计伯林的好恶和观点。伯林曾多次将明明是他自己的感受说成是屠格涅夫的。所以，他在文中写到屠格涅夫对俄国知识阶层的态度游移于“有保留的支持与冷嘲热讽之间”[1]，尽管这和屠格涅夫的真实观点有出入，我也不会感到惊讶。在我看来，伯林就算是在受到高度赞扬的时候，也不会以思想家自居，他的内心超乎常人地谦逊，他将自己的感觉归之于屠格涅夫，正是其谦逊的表现。更重要的是，他和屠格涅夫一样为勇气而烦恼，或者说他们都缺乏勇气，这一点屠格涅夫曾在《海上大火》[2] 中

[1] 参见下文第 129 页。
[2] 伯林译于‘An Episode in the Life of Ivan Turgenev’（《伊凡·屠格涅夫的人生插曲》），*London Magazine* 4 no. 7 (July, 1957), 14—24；再次发表于 *First Love* [*and*] *a Fire at Sea*（《初恋［和］海上大火》），London, 1982；New York, 1983。

提到。

伯林和屠格涅夫都“对神秘主义、超验主义、幻想的宗教体验感到陌生”，而且两人在“进步主义、唯美主义、自由主义、文学生活、上剧院看戏剧的喜好”，以及最重要的“享乐的能力”方面也步调一致。[1]

简单地说，伯林对屠格涅夫这位人类情感大师怀着非同一般的亲切感。

在伯林笔下，将俄国知识阶层同西方知识阶层区分开来的关键特征是“人的划分”[2]（compartmentalisation）。在西
xix 方文化中，文学作品具有很高的独立性，独立于创作它的作家。作家与作品的分离是西方的一大标志。而伯林认为，俄国最著名的文学家都完全不接受这一看法。

伯林认为，俄国知识阶层不接受作家与作品相分离的观念，他的这种认识究竟是否正确？我对此表示怀疑。正是俄国首先开创了“俄国形式主义”这个流派，其拥护者（包括鲍里斯·艾肯鲍姆、罗曼·雅各布森、尤里·特尼亚诺夫、维克托·什克罗夫斯基）都支持文学艺术作品的独立性，认为诗性语言的文学手法与结构优先于作品的其他特征。这些俄国形式主义者都不是无名之辈：伯林对他们非常了解，绝

[1] ‘The Gentle Genius’, review of *Turgenev's Letters*（《温柔的天才》，对《屠格涅夫书信集》的评论）, ed. and trans. A. V. Knowles, *New York Review of Books*, 27 October 1983，23—33，at 24 and 23。
[2] 参见下文第 128 页。

对会把他们视为俄国的知识阶层。

我认为，俄国知识阶层和西方知识阶层的区别并不在于“人的划分”，如果我的观点是正确的，那么也许二者的真正区别应该在信仰中去寻找。我觉得，俄国知识阶层对观念的力量有一种着魔的信仰，西方知识阶层则恰恰相反，他们对这种力量心存疑窦。在俄国，即便是那些认为观念的力量来源于经济关系的人们——比如格奥尔基·普列汉诺夫（伯林为他专门写了一篇文章《俄国马克思主义之父》）这样的思想家——事实上也对观念的力量怀着深深的信仰。

我知道我对俄国和西方区别的看法存在反例，泛泛浏览一下观念史就能发现，这些反例无处不在。例如屠格涅夫笔下的巴扎罗夫和莱蒙托夫笔下的毕巧林，他们就是典型的屠格涅夫所说的“多余的人”[1]：他们属于知识阶层，但却觉得自己全无用处；他们是观察者，有时会显得精明滑巧，但却绝不是行动者。多余的人觉得观念，至少是他／她自己的观 xx
念，缺乏社会力量，一如维特根斯坦所说的“虽然能转，但却什么也带不动的轮子”[2]。

我想说的很简单：观念史是一个相当捉摸不定的领域；对观念史的概括很像一句谚语——要找到正面例证和反面例

[1] 参见下文第 89、108、110 页。

[2] Ludwig Wittgenstein, *Philosophical Investigations*（《哲学研究》，Oxford，1953），§202。

证都轻而易举。

马克思主义、犹太复国主义和观念的力量

以赛亚·伯林一生着迷于卡尔·马克思。这种着迷和他关注观念的力量有很大的关系。

在本书中，他的文章《卡尔·马克思的哲学》透露了为什么马克思让他又爱又恨。伯林没有跟随大流将马克思和列宁混为一谈。他对于列宁之前的马克思是何模样有着高屋建瓴的理解。他是在对抗马克思的历史观。马克思的历史观，简单来说，就是人类的技术能力决定有意识的人类生活轨迹，亦即历史。这个观点最让伯林不能接受的地方在于："人发明的技术决定人的观念和生活方式，而不是后者决定前者：需求决定观念，而非观念决定需求。风车创造了封建制度，织布机创造了工业革命。"[1]

马克思除了他本人的观念外，还有许多附庸，这些附庸观念形成了一个保护带，维护和说明着马克思本人的观念，一方面使他的理论成为不可撼动的真理，但同时也令其变得索然无味。除去这些附庸观念，马克思本人的观念大胆宣称，物质条件决定观念。伯林不相信历史有任何特定的前进方向。
xxi 观念和物质条件相互作用，朝着所有可能的方向发展，没有

[1] 参见下文第 141 页。

谁先谁后之说。不过，他认为存在着一种可能且重要的方向，即从观念到物质条件的方向。

伯林的历史观受其在牛津的朋友和导师、历史学家赫伯特·费舍尔的影响。费舍尔（以及其他一些人）提出了一个著名的说法：历史就是一件又一件该死的事。在马克思的历史发展规律与方向性理论和费舍尔对历史发展模式的极度怀疑之间，伯林离费舍尔的立场更近一些。事实上，伯林赞同的是并无特定历史模式的观念。他对康德曾经做出的悲叹表示赞同："用扭曲的人性之材打造不出任何笔直之物。"[1]

对于伯林来说，正是人性的扭曲将人从各种历史模式的枷锁中解放出来。伟大的历史蓝图也好，全面的政治工程也好，在伯林看来都是想要将这扭曲的人性之材打造成规则匀称但毫无生气的木头疙瘩；这种做法不仅徒劳无益，而且残酷无情。可是，如果问题转向犹太复国主义，如果犹太复国主义有什么图景式的意识形态的话，伯林会一改总体上反对这种意识形态的态度，转而变得暧昧和缓，勇于献身。伯林的这种矛盾令人困惑，很早之前就被其终生好友斯图尔特·汉普希尔发觉。我认为这个问题不难解释，因为伯林从来不曾觉得他支持犹太复国主义是在选择某种意识形态立场。他认

[1] Immanuel Kant, 'Idea for a Universal History with a Cosmopolitan Purpose'（《带有世界性目的的普遍历史的理念》，1784），*Kant's gesammelte Schriften*（《康德文集》，Berlin，1900—　），viii 23. 22。参见下文第 220 页。

为他生来就是一个犹太复国主义者，或者至少说是犹太复国主义选择了他，就像他的其他家族关系一样。伯林的犹太复国主义只不过是他对自身家族之外的关系，也就是对犹太人群体的现实责任。这构成了他的存在基础，而并非什么意识形态性的上层建筑。

伯林的犹太复国主义英雄（也是他的私人好友）是哈伊姆·魏茨曼。他的文章《哈伊姆·魏茨曼的领导艺术》就是
xxii 献给这位朋友的。对伯林而言，魏茨曼是一个不可思议的家伙，而他的不可思议仅仅在于他是个正常人。他出生于沙皇俄国犹太人栅栏区内的犹太村庄，曾被判绞刑，后被释放，这样的经历对伯林来说简直就是奇迹。的确，魏茨曼是一个典型的天然纯粹的人，他机敏异常，头脑睿智，有着出色的判断力。

不过，在伯林有关这位伟人的文章中，他提出了一个总体观点，这一观点和他对历史的唯意志论的信仰有关；所谓历史的唯意志论，即个人有能力在关键的历史时刻塑造历史。魏茨曼这个伟大的犹太复国运动领袖在伯林看来就是这样一位推动历史发展的英雄人物，他在一片数百年来没有犹太人涉足的土地上为犹太人建立了国家基业。

对伯林来说，以色列的建立有力地反驳了马克思主义的历史框架，是观念的力量对物质条件的胜利。伯林也正是以此为题，满怀欣喜地写出了他的那篇文章《以色列的起源》。

不过，在伯林有关犹太人和犹太复国主义主题的文章中，

最难懂的是 1951 年那篇题为《犹太人之被奴役与被解放》的文章。在这篇文章中，伯林想要为因启蒙运动而生的解放犹太人的观念提供与之伴随的情感。在他的叙述中，明喻手法起到了关键性的作用，其中一个明喻尤其给他在他的犹太同胞间引来了麻烦，他们觉得这个明喻在侮辱他们：这个麻烦十分严重，使得伯林一生都不愿再次发表这篇文章。如果我没记错的话，伯林的朋友雅各布·赫佐格曾告诉他，这个明喻有点太过了。伯林觉得赫佐格说得很对，一直将其铭记于心。

那么，这个明喻讲了什么呢？它讲了一群身负耻辱的人。这些人的耻辱就是驼背，他们生来就带有这种耻辱性的畸形。他们面对这种耻辱的方式一直在变化，一开始坚决否认它是耻辱，后来则宣称他们的驼背是一种美。伯林用这种方式来明喻现代犹太人是如何应对身为犹太人的耻辱的。 xxiii

伯林漫画式的眼光使这一明喻具备了一种生命力，他将犹太人比作一群佝偻驼背的人这一景象，使得犹太人都是驼背这种说法越发地栩栩如生。尤其是那些自认驼背是一种美的犹太人，对这一明喻的反应尤其强烈。尽管在反犹主义的漫画中，犹太人被丑化为长着鹰钩鼻和驼背的形象，也无法改变他们的这种想法。

不过，这一次，我们将这篇文章收入到了这本文集中，犹太人驼不驼背且随它去吧。这篇文章是伯林最出色的文章之一。

除了本文和“编者前言”外，本书中所有的文章都出自这位才华横溢的人之手，他满怀自由精神，他的观念具有一种无法遏制的力量。我无比羡慕那些仍然没有读过这些文章

xxiv 的人，他们面对的是一场精神的盛宴。

编者前言

一百多年前，德国诗人海涅警告法国人，不要低估观念的力量；教授的平静书斋里生长起来的哲学观念，能够摧毁一种文明。

——以赛亚·伯林，《两种自由概念》，1958[1]

本书收集了以赛亚·伯林的一些短小精悍而又通俗易懂的文章，把这些文章的内容联系在一起的主题思想，也是此前出版的三部著作（它们收录了一些篇幅较长的文章）的主题思想，即观念及其本源，在过去、现在和将来具有哪些重要的社会意义与政治作用。[2]围绕这一主题，作者探讨了各种各样的问题，海涅的警告在很多地方得到验证。这是伯林

[1] 通过这个简练的摘要，伯林以其特有的方式突出了原文想要表达的观念；最接近其观念的那段原文可翻译如下："听我说，你们这些高傲的行动者，你们不过是思想家手中一些没有意识的工具；他们虽然谦卑，无声无息，却能非常准确地预见你们的行为方式。"参见 Heinrich Heine，*Zur Geschichte der Religion und Philosophie in Deutchland*（《德国宗教与哲学的历史》，1834），book 3: vol. 7，p.294，见 *Heinrich Heines sämtliche Werke*（《海涅全集》，ed. Oskar Walzel，Leipzig，1911—1920）。伯林的论述来自 *The Proper Study of Mankind: An Anthology of Essays*（《人类的恰当研究》，London，1997；New York，1998）。

[2] 论题应该具有统一性，一些非常好的短文并未收录于此，因为论题的关联性不大，留待集于其他文集。

xxv 经常提到的一种警告；有人不时会问观念史的重要性，海涅的警告为他们提供了一种答案（当然还会有其他答案）。

二十多年前，我就有了出版这样一部文集的想法。20 世纪 70 年代中期，我开始编辑伯林的文稿，准备首先出版四卷。为此我通读了他的全部著作——当时我所能找到的所有作品，一个想法变得清晰起来：将来某个时候应该有人来编一个集子，以收录他那些更加简明、更通俗易懂的文章。这并不是说他写过什么深奥难懂的东西。而是说其作品的魅力之一恰恰在于，他天生不会像某些专家那样把文章写得晦涩难懂。

我拟定了该文集的目录，通过与一两位同事的讨论做出了修改，然后呈交伯林；他不假思索地拒绝了这个想法，至少是拒绝立即实施这个想法——然而一如往常，他也并未把这扇门牢牢关上。他解释说，有些学者近来编辑出版了他的一两部文集，他觉得这些书编得杂乱无章，因此受到影响。在他看来，豆腐块式的书评和昙花一现的新闻报道，不能反映文集作者的真正价值：仅仅因为某某是名人，其所有作品就该结集出版，这种想法纯属虚荣；他不希望为出过这样的书而内疚。

伯林的这番话让人很难不同意。但是如果他真的认为他的短篇文章也是如此的话，那么在我看来，他就错了。把伯林的一些次要的短篇文章结集出版可能招来类似的批评，然而在他的这类短文与重要论著之间，还有许多文章，其简洁明了丝毫不会影响其长久价值；实际上，它们常常是一些介绍性的综述，是对那些探讨相同或相似主题的长篇大论的有益补充。 xxvi

无论如何，在选择本书内容的时候，我始终记着伯林对此事所持的保留态度。我本打算在他离世之前出版此书，当时想，在开展下一步工作之前，我必须说服他接受我的观点。假若没有这种顾虑，我在编辑本书时本来会有更大的自由度。实际上，我希望将来再编几册（类似的文集），把另外一些短文收录其中。

我曾告诉伯林我正在编辑此书（那一年也恰好成了他生命中的最后一年），他没有反对。令人遗憾的是，此后我们再没有对我最后确定的篇目进行过讨论。然而，他去世后，我也刻意没在该文集中增加任何文章——除了两篇是例外，我将在下文做出解释。我认为即使只是在这种有限的程度上，人们也有理由把本书看作为他默许（“同意”一词的分量似乎总是过重）而由我编辑的最后一部文集。除了这两个例外，我觉得他不可能对该书的入选篇目做出实质性的修改。

第一个例外是《我的学术之路》，一篇回顾往事的文章，此文可作为本书的导言。1996 年 2 月，八十七岁高龄的伯林收到中国武汉大学哲学教授欧阳康的一封信，约请他综述其观念，以便翻译为汉语，并收入一本向中国哲学家以及哲学系的学生介绍当代英美哲学的书，此前这类汉语著述并不多见。1988 年，伯林荣获首届阿涅利奖，以表彰他在伦理学领域的建树；为答谢这一殊荣，他发表了自己的观念宣言《理想的追求》[1]。此后，他没有写过任何重要的东西。虽然他的
xxvii 思想力并未减退，偶尔写一些短文，但是人们不难发现，实际上他已经停笔了——年逾八旬，不足为奇。

中国人的这个项目却激发了他的想象力，他觉得这些新读者很重要，他必须对他们说几句。于是他告诉那位中国教授，他要努力写一篇综述。面前只放一页笔记，他开始口述，初稿录制到录音带上。根据录音带整理的打字稿有时显得粗糙，正如他所说，需要修订；但是他的文稿无须任何观念性的添加剂来提高可读性。他同意了我的修订稿，并做了最后几处增删，然后带着他特有的对重读自己作品的厌恶，对我说，他再也不想看到这篇文章。这成了他生前所写的最后一篇文章。他去世那年，该文发表在《纽约书评》上，兹收录于此，适得其所。

另一个例外是《犹太人之被奴役与被解放》，这是伯林犹太复国主义立场的经典陈述。该文发表于 1951 年，声名卓著；此后总有学者来函索取，以便讨论。尽管如此，伯林生前始终不同意我将它收入某个文集。他在文中所说内容有着

[1] 该文已被收入 *The Crooked Timber of Humanity: Chapters in the History of Ideas*（《扭曲的人性之材》，London，1990；New York，1991）以及 *The Proper Study of Mankind*（《人类的恰当研究》），参见上文第 ix 页注释 1。

很大的争议——也许都出乎了他的预料——重印此文，就意味着重申其观点，他不想因此而成为又一轮公共争论的中心。然而他在这个问题上的立场并无重大变化；我想毫无疑问，现在我们把这篇能够代表这些立场的经典宣言收入他的全集是合理的。他去世前曾对我说，如果再版该文，我要补上他对 T. S. 艾略特和反犹主义的那些评论。1952 年出版的《希伯来大学的花冠》也刊载此文，在与艾略特交涉之后，他删去了这些评论。回想过去，他觉得他对艾略特太过谦和。该文的篇幅固然大于别的文章，但在其他方面并无不妥；对我来说，不再拖延，立刻把它收录于此的愿望发挥了决定性的作用。 xxviii

编辑文稿时，我通常遵循以下原则：不要与其他文集重复。本书只有一处没有遵循该原则。《哲学的目的》一文理应收入本书，其读者应更广泛，而不仅包括专业的哲学家，即《概念与范畴》的主要读者——该书亦收录了这篇文章。[1]

我遵循的另一个编辑原则是，不会为了消除两篇独立构思的文段的重复之处而对单独的文章进行修改。最明显的重复是《哲学的目的》与《启蒙运动时期的哲学家》两篇；但是在我看来，这不足以说明可以省略两者之一。因为它们各

[1] *Concepts and Categories: Philosophical Essays*（《概念与范畴：哲学论文集》, London, 1978; New York, 1979, 2nd ed., Princeton, 2013）。

具特色，发挥着不同的作用。

本书所有文稿的原始出版信息如下：

'My Intellectual Path': *New York Review of Books*, 14 May 1998；这篇原是写给欧阳康主编的《当代英美著名哲学家学术自述》（北京，2005：人民出版社）。

'The Purpose of Philosophy': *Insight* (Nigeria) 1 no. 1 (July 1962).

'The Philosophers of the Enlightenment': introduction to Berlin's *The Age of Enlightenment: The Eighteenth-Century Philosophers* (Boston, 1956: Houghton Mifflin; New York, 1956: New American Library; Oxford, 1979: Oxford University Press).

'One of the Boldest Innovators in the History of Human
xxix Thought': *New York Times Magazine*, 23 November 1969.

'Russian Intellectual History': introduction to Marc Raeff (ed.), *Russian Intellectual History* (New York, Chicago and Burlingame, 1966: Harcourt, Brace and World; Hassocks, 1978: Harvester; New York, 1978: Humanities Press).

'The Man Who Became a Myth': *Listener* 38 (1947).

'A Revolutionary without Fanaticism': introduction to Alexander Herzen, *From the Other Shore* and *The Russian People and Socialism* (London, 1956:

Weidenfeld and Nicolson; with revisions, Oxford, 1979: Oxford University Press)；1979年4月19日在 *New York Review of Books* 转载加了附言（我在此收入了作者1979年之前对原始文本做的其他一些修订，这是最近才发现的）。

'The Role of the Intelligentsia': *Listener* 79 (1968).

'Liberty': in Ted Honderich (ed.), *The Oxford Companion to Philosophy* (Oxford, 1995: Oxford University Press)（这篇最初是为伯林在1962年2月11日的电视片中露面而准备的，该片是联合电视公司的五集系列片 *The Four Freedoms* 中的第一集）。

'The Philosophy of Karl Marx': as 'Marx' in J. O. Urmson (ed.), *Concise Encyclopedia of Western Philosophy and Philosophers* (London, 1960: Hutchinson; 2nd ed. 1975).

'The Father of Russian Marxism'（1956年12月11日 在BBC第三套节目播出，纪念普列汉诺夫诞辰一百周年）：*Listener* 56 (1956); 1957年2月4日在 *New Leader* (USA) 转载，题为 'Father of Russian Socialism'。

'Realism in Politics', *Spectator* 193 (1954).

'The Origins of Israel': as 'Israel — A Survey' in *The State of Israel* (London, 1953: Anglo-Israel Association)；reprinted (a) as 'The Face of Israel' in *Jewish Frontier*

21 no. 5 (May 1954), (b) in *Israel: Some Aspects of the New State* (London, 1955: Anglo-Israel Association), xxx (c) as 'The Origins of Israel' in Walter Z. Laqueur (ed.), *The Middle East in Transition* (London, 1958: Routledge and Kegan Paul).

'Jewish Slavery and Emancipation', *Jewish Chronicle*, 21 and 28 September, 5 and 12 October 1951；reprinted（有修改，本书收录时已恢复原貌）in Norman Bentwich (ed.), *Hebrew University Garland* (London, 1952: Constellation Books)。

'Chaim Weizmann's Leadership'：as 'Men Who Lead' in *Jerusalem Post*, 2 November 1954；reprinted as 'The Anatomy of Leadership' in *Jewish Frontier* 21 No 12 (December 1954).

'The Search for Status'：之前未出版的讲话（四篇中的最后一篇），1959年7月20日在BBC欧洲台播出，内容大致基于*Two Concepts of Liberty*，即作者在牛津大学任奇切利社会和政治理论教授时的就职演说(Oxford, 1958: Clarendon Press)。

'The Essence of European Romanticism'：preface to H. G. Schenk, *The Mind of the European Romantics* (London, 1966: Constable; New York, 1967: Frederick Ungar; Oxford, 1979: Oxford University Press).

‘Meinecke and Historicism’: forword to Friedrich Meinecke, *Historism: The Rise of a New Historical Outlook*, trans. J. E. Anderson (London, 1972: Routledge and Kegan Paul).

‘General Education’: forword to Michael Yudkin (ed.), *General Education: A Symposium on the Teaching of Non-Specialists* (Harmondsworth, 1969: Allen Lane/Penguin); reprinted as ‘General Education’ in *Oxford Review of Education* 1 (1975).

在某些情况下，读者应该注意此目录所列文稿的出版日期，因为有些文稿会在不同地方标明文章作于某某时间之前：举例来说，除了第一篇，所有文章均作于苏联解体之前。1920 年，作者离开那里；1945 至 1946 年和 1956 年，他曾两度故地重游。1948 年，以色列建国；讨论以色列的那两篇文章均作于此后三四年间。我不想删除这些标记（即使在某种 xxxi
情况下，我可以删除它们）。[1] 我确实考虑过在文章的开头或结尾标明初次发表的日期，但是没有这么做，主要是因为这些文章的很多内容，甚至整篇文章，真可谓具有永恒的价值；伯林的多数作品都是如此。过分强调无关紧要的信息，

[1] 有几处段落虽然在原始文稿中与其上下文衔接自然，但（和前几卷文集一样）我还是做了一些修订，否则它们会显得古怪，误导读者。

也许有损于这种品质。但是，如果我觉得强调文章的原始出处对读者有益，我就会作注。

这一版新加了一篇阿维赛·马加利特[1]的序言以及一个附录。附录包括：伯林对价值多元主义的首次公开表态，现今已成为他在道德和政治思想领域做出的最著名贡献之一；一篇谈论伍德罗·威尔逊教育观点的文章，这篇文章在首次编纂时并未发表；伯林有关民族主义的最初观点，此后他又就这一话题发表了两篇著名的文章。

因为是新版的缘故，这一版的页码和第一版有所不同，这会给想要拿第一版做参考的读者带来不便。因此
xxxii 我做了一个两版的页码对照表，放在了互联网上，网址为 http://berlin.wolf.ox.ac.uk/published_works/poi/concordance.html，以便读者参考时做页码的转换。

一些专家曾帮助我查找伯林所引述的那些文字的来源；和往常一样，我要对他们表示感谢。在我编辑本书时，琳

[1] 在第 xvi 页的一段话中，阿维赛·马加利特似乎认为积极自由的目的在于使我们能够“在我们达成目标时实现自身之中的至善”，这个观点在我们两人间引发了一次有趣的讨论，我认为这并不是一个伯林式的概念，在伯林看来，自我提升是选择性的。我引用了伯林的一些文章作为佐证：“至于个体的自由……至少在一定的限度之内，每一个人随心所欲去生活的自由、随心所欲浪费时间的自由，以自己的方式上床睡觉的自由，仅仅因为自由本身是一种神圣价值从而为所欲为的自由，现在变成什么样子了？”：*Freedom and Its Betrayal: Six Enemies of Human Liberty*（《自由及其背叛》），ed. Henry Hardy (London and Princeton, 2002)，20。Cf. ibid. 73；参见下文第 221 页（试对比下文第 190 页）。阿维赛·马加利特坚持他自己的观点，解释说他所指的是本真性的行为而非自我提升性的行为；他认为读者会有他们自己的见解。

达·阿姆斯特朗、安德鲁·费尔贝恩、艾琳·凯利、哈特穆特·波格·冯·斯特兰德曼以及海伦·拉帕波特，给予我很大帮助。若还有人能告诉我一些我未能确定的引文出处，我将十分感激。罗杰·豪舍尔又一次给我提供了许多宝贵意见，他不仅建议我在排列文稿时要注意不同主题的自然顺序，而且在许多具体问题上给予我帮助。和以前一样，我还要感谢我的赞助人，以及由伯林创立的、始终以耐心而友好的态度对待我的牛津大学沃尔夫森学院。我蒙后者给予的帮助极多且日益增加，特在本书献词页上致以诚挚谢意。

亨利·哈代

牛津大学沃尔夫森学院，1999 年 9 月

赫斯沃尔，2013 年 5 月 xxxiii

平装本附言

该书出版以来，我发现了几处小错误，此版均已更正。

现在我能更准确地指出，下文第 164 页注释 1 所谓“有益的错误”一词的出处。伯林很可能是借用霍尔巴赫著《自然的体系》英译本中意译过头的一句话中的一个词。在第一章（“论自然”）第一节，霍尔巴赫写道：“recourons à nos sens, que l’on nous a faussement fait regarder comme suspects.” 1820 年，S. 威尔金森把这句话翻译为：“let us recover our senses, which interested error has taught us to suspect.”（让我们的感官恢复知觉吧，有益的错误已经教会我们要心存疑问。）1868 年，H. D. 罗宾逊又借用威尔金森的发明，翻译如下：“let us fall back on our senses, which errour, interested errour, has taught us to suspect.”（还是相信我们的感官吧，那些错误，有益的错误，已经教会我们要心存疑问。）

如下文第 164 页注释中的引文所示，这样的英语无论具有多少创意，其情趣完全是霍尔巴赫式的。

我要感谢罗杰·豪舍尔，他让我开始追溯这个此前难以
xxxiv 捉摸的词——这是伯林很喜欢的一个词。

我的学术之路

一　第二次世界大战以前的牛津哲学

20 世纪 20 年代末 30 年代初，我在牛津大学读本科，我的哲学兴趣发端于此。那时，牛津大学的很多学生都上哲学课。我对哲学一直感兴趣，于是在 1932 年，我得到一份教哲学的工作；我那时的观点当然受到了牛津大学哲学同辈那些讨论的影响。哲学中虽然还有很多其他问题，但是我和我的同事们所关注的，其实就是返归经验主义。第一次世界大战之前，这种观念已经开始主导英国哲学界，这主要是受到了 G. E. 摩尔与伯特兰 · 罗素这两位著名的剑桥哲学家的影响。

证实主义

20 世纪 30 年代中期至末期，我们关注的首要问题是意义的本质——它与真理和错误的关系是什么，它与知识和意见的关系又是什么；尤其是意义的检验问题：它总是通过命题来表达，命题的可证实性也是一个问题。探索这个问题的
1 动力来自维也纳学派，其成员都是罗素的弟子，深受卡尔纳普、维特根斯坦、石里克等思想家的影响。最流行的观点是，命题的意义就是它得以被证实的途径——如果没有任何

方法可以证明某句话，它就是一个无所谓真假的陈述，与事实无关；因此它要么是无意义的，要么是在以不同的方式使用语言，例如命令、愿望、想象型文学以及其他并未涉及经验真理的表达形式。

我受该学派影响：它所考虑的问题和提出的理论让我很感兴趣；但我绝非其信徒。我始终认为，各种陈述可能是正确的或错误的，可信的或不可信的，或许是有趣的；虽然它们与世界的关系其实正是经验所感知的那样（从那时到现在，我从未以其他任何方式感知过世界），但是它们未必如维也纳学派及其追随者逻辑实证主义所宣称的那样，能通过某种简明而有力的标准证实。一开始我就认为，普遍命题是不可能以这种方式证实的。无论日常语言的陈述，抑或自然科学的陈述（这才是维也纳学派心目中的理想），都可以在无法严格得以证实的情况下拥有完整的意义。如果我说“所有天鹅都是白的”，我绝不可能知道，我是不是对存在的所有天鹅都有此把握，或天鹅的数量是否无限；一只黑天鹅无疑能够推翻这一概括。可是在我看来，完全证实这个概括似乎是不可能的。如果你说这个概括毫无意义，就会显得荒唐可笑。这个道理同样适用于假言命题，尤其是未完成的假言命题。就后者而言，说经验观察能证明它们是对的或错的，显然是自相矛盾；然而这些假言命题显然是有意义的。

我想到很多类似的陈述，它们显然是有意义的，但其意义不符合以上所述严格标准，即直接的经验观察，或感官世 2

界。因此我虽然积极参与这些讨论（后来被称为牛津哲学的那些观念，实际上起源于我家举办的那些晚间聚会，参加者包括后来成名的哲学家 A. J. 艾耶尔、J. L. 奥斯汀以及斯图尔特·汉普希尔，他们深受牛津经验主义的影响；牛津实在论也对他们有一定的影响，这种观点认为，外部世界独立于人类观察者）。我仍然是异端，不过是一个很友好的异端。我从未放弃那时就已形成的观点。我现在仍然认为，语词只能表达经验世界——此外并无其他实在，然而可证实性并非知识、观念或假设的唯一标准或最可信的标准。这是我毕生持有的观点，我的全部观念都带有这种色彩。

我让我的年轻同行加以关注的另一个问题是诸如"这种粉红（色调）更像这种朱红色，而不像这种黑色"这类命题的属性。概而言之，任何经验都不可能推翻这个真理，这是显而易见的——肉眼可见的颜色之间的关系是确定的。另一方面，我们不可能说该普遍命题是先验命题，因为它不是从形式上根据任何定义推导而来，因此它不是逻辑或数学之类的形式科学（formal discipline）；先验命题（当时被看作同义反复）只属于形式科学。于是我们在经验世界发现了一个普遍真理。"粉红色"、"朱红色"或其他颜色的定义是什么？它们没有定义。这些颜色只能通过观看分辨，因此我们可以说，它们的定义是一种伪装，我们不可能据此推导出任何合乎逻辑的结论。这很像康德的先验综合命题所讨论的那个老问题。一连数月，我们都在讨论诸如此类的问题。我深

信，我那个命题虽然不是严格意义上的先验命题，却具有不证自明的真理性；与其相对立的命题是不可理解的。我不知 3
道我的同事们是否再次提出过这一问题，可是在当时，这是我们讨论的中心问题。我的观点与《经验主义的界限》[1]一文中罗素的一个观点是一致的。

现象主义

在我那个时代，人们讨论的另一个主要问题是现象主义——问题如下：我们的经验是否以感觉经验为界，如英国哲学家贝克莱和休谟所言（密尔和罗素的一些文章也持这种观点）？是否有一种实在，独立于我们的感觉经验？有些哲学家，如洛克及其追随者，认为有这样一种实在，不过我们不能直接感知它——这种实在引发感觉经验，我们能够直接感知的就是这些感觉经验。另外一些哲学家认为，外部世界是一种物质实在，有时我们能够直接感知它，有时我们会以错误的方式感知它：这种观点被称作实在论。与此相反的一种观点认为，世界完全是我们的理性、想象力之类的感觉和能力创造的——这种观点被称作唯心论，我从不相信这种观点。我从不相信任何形而上学真理——无论笛卡尔、斯宾诺莎、莱布尼茨以及极

[1] *Proceedings of the Aristotelian Society*（《亚里士多德学会会刊》）36（1935—1936），131—150。

为不同的康德所谓的理性真理，抑或（客观）唯心论的真理，即费希特、谢林以及黑格尔所倡导的，至今仍不乏信仰者的那种真理，我一概不信。如上所述，意义、真理以及外部世界的本质，是我当时思考的一些问题；我还在一定程度上就它们写过些论文——有些观点已经发表。[1]

对我影响最大的思潮之一是，哲学家们都在寻找绝对确
4 定性、毋庸置疑的解答或观念的绝对可靠性。一开始我就觉得这种寻找是虚幻的。某个结论或某种第一手资料，无论其基础多么牢固、内容多么广泛、逻辑多么严密、可信度多么“不证自明”，我们总是能够设想，某种东西可以改变甚至推翻它，即使现在我们还不能预见这种东西可能是什么。我怀疑很多哲学都是建立在某种虚幻不实的基础上，这种怀疑后来在一种全新的环境中开始主导我的观念。

我一边教哲学，一边讨论诸如此类的问题；这时我接受了一个任务：撰写卡尔·马克思传。我当时从未觉得马克思的哲学十分新颖或有趣。然而研究他的观念却把我引向其先驱，特别是 18 世纪的法国哲学家——这是最早的有组织地反教条、反传统、反宗教、反迷信、反愚昧、反压迫的哲学团体。我开始钦佩法国百科全书派思想家们给自己制定的宏伟目标及其参与的伟大事业，他们要把全人类从教会、形而上学、政治等黑暗势力中解放出来。此后，我渐渐开始批评他们共同怀有的某

[1] 参见作者所著 *Concepts and Categories*（《概念与范畴》），xii，note 1。

些观念，可是我对这个历史时期的启蒙运动始终心存钦佩与赞美。撇开其经验主义缺陷，我所批评的是它得出的一些逻辑结论与社会判断。我意识到，马克思及其追随者的那些教条，一定程度上起源于18世纪启蒙运动所追求的那些确定性。

二　观念史与政治理论

第二次世界大战期间，我是英国军队的一名军官。当我
回到牛津教哲学时，让我感兴趣的主要是以下两个问题：首先 5
是一元论——从柏拉图一直到现在，它始终是西方哲学的中心问题；其次是自由这一概念的意义和用法。我花了很多时间来研究这些问题。后来很多年，它们一直影响着我的观念。

一元论

17—18世纪，自然科学所取得的辉煌成就令人目不暇接。爱尔维修、霍尔巴赫、达朗贝尔、孔狄亚克，以及天才的宣传家伏尔泰和卢梭认为，如果发现了正确方法，我们就能找到社会、政治、道德以及个人生活的根本真理——在研究外部世界的过程中，这种真理已经取得巨大成就。百科全书派坚信，科学方法是通向这种知识的唯一道路；卢梭等人相信，通过反思，我们就能发现这些永恒真理。无论分歧多

大，他们都属于同一个时代，这个时代的人们相信，他们已经走上一条康庄大道，自古以来困扰人类的所有问题都将迎刃而解。

这个观点建立在一个具有更大普遍性的观点之上：所有正确的问题只能有一种正确回答，其他回答都是错误的，否则这些问题本身就不是真正的问题。康庄大道必然存在，头脑清楚的思想家由此即可求得这些问题的正确答案。自然科学如此，道德、社会以及政治领域亦如此，无论其方法是否相同。最深层的道德、社会以及政治问题主导（或应当主导）人类的生活，把这些问题的所有正确答案集中起来，我们就能解决人类面临的全部问题。诚然，我们可能永远找不到这些答案：人类可能太受感情困扰，可能太蠢、太笨或太
6 不走运，不可能找到这些答案；它们也许很难，我们的方法也许不正确，求得它们的手段也许过于复杂，我们无能为力。无论哪种情况，只要问题正确，答案就必然存在。如果我们不知道，我们的后代也许知道；古时的哲人也许知道；如果他们不知道，伊甸园中的亚当也许知道；如果他不知道，天使也许知道；如果他们也不知道，那么上帝一定知道——答案必然存在。

社会、道德以及政治问题的答案一旦被发现，那么既然知道它们是真理，人们就不可能不遵循，因为他们没有受到诱惑要去选择其他方法。如此看来，尽善尽美的生活是可以想象的。这种生活也许无法企及，但是原则上说，人们可

以拥有这种观念——实际上求得这些大问题的唯一正确的答案，原则上是人们深信不疑的一种可能性。

诚然，不只启蒙运动思想家具有这种信念，尽管不同思想家提出的方法各不相同。柏拉图认为数学是通向真理的大道，亚里士多德也许认为生物学才是这样的大道；犹太人和基督徒在《圣经》中、在受圣灵感召的先知的解说或神秘主义者的直觉中寻找答案；有人认为实验和数学能解决问题；还有人如卢梭那样，认为只有纯洁的心灵、未被污染的孩子或质朴的农民才能认识这些真理——他们比社会上的人好，因为后者遭到文明的污染。法国大革命之后的思想家也许认为，找到这种真理不是一件容易的事情，他们的前辈过于天真和乐观[1]；但是他们都认为，人类可能——或 7
说当时已经——找到历史发展的规律；虽然我们不知道什么是正确方法，但是通过这些方法，我们就能回答我们应该如何生活、如何工作的问题；根据这些真理，我们就能确立道德观念、安排社会生活、建立政治组织以及促进人际交流。

这就是亘古不变的哲学——普通百姓与思想家，从前苏格拉底哲学家，到我们这个时代的一切改革家与革命者，都

[1] 早期社会主义者傅立叶与圣西门推崇一个按照科学方法组织起来的社会。圣西门认为，在这个社会中，银行家和科学家应该是领袖，艺术家和诗人应该是心灵导师。他们的信徒包括法国社会主义者，如卡贝、佩克尔、路易·布朗和恐怖主义者布朗基，以及后来的马克思、恩格斯及其追随者。

是其信徒。这是人类观念的核心，在此基础上，他们已经生活两千年之久。如果那些问题没有正确答案，人们怎么会有不同领域的知识？许多世纪以来，这始终是欧洲理性主义及其精神生活的核心。人与人如此不同，文化与文化不同，人们的道德与政治观念各不相同，形形色色的理论、宗教、道德、观念千差万别——尽管如此，人类所关注的那些最深层问题的正确答案，必然存在于某个地方。

不知为什么，我总是怀疑这个几乎所有人都相信的观念，我就是不信它。也许性情使然，只好如此。

维　柯

阅读18世纪意大利思想家维柯的著作，让我大吃一惊。在我看来，他是第一个提出文化观念的哲学家。维柯想理解历史知识以及历史的本质：谈到外部世界，我们完全可以信赖自然科学，不过它们能给我们提供的，只是描述石头、桌子、星球或分子的运动。谈到过去，我们往往超越行动的范围，我们想知道人类是如何生活的。这就意味着，我们必须理解他们的动机、忧虑、希望、理想以及
8 爱与恨——他们向谁祈祷，他们如何通过诗歌、艺术和宗教来表达自己的情感。我们能做这些，因为我们自己也是人，我们能以这些方式来理解自己的内心生活。我们知道石头或桌子如何运动，因为我们首先观察其运动，然后提

出假设，最后再证实这些假设。但是我们不知道，这块石头为什么想成为现在这副模样——其实我们并不认为它会有愿望或意识。然而我们确实知道，我们为什么是现在这样，我们追求什么，什么让我们失望，什么能够表达我们内心深处的情感和观念。我们对自己的了解，远胜于我们对石头或河流的了解。

真知不仅会指出事物是什么，而且会解释它们为什么成为现在这样；我们钻研得越深，就能越清楚地意识到，荷马时代的希腊人所提出的问题，不同于罗马人所提出的问题；罗马人的问题又不同于基督教的中世纪、17 世纪的科学文化以及维柯所在的 18 世纪提出的问题。问题不同，回答不同，抱负不同；语言的使用方法不同，符号的使用方法不同；某些问题的答案不能解释其他文化的问题，二者关系不大。当然，维柯是虔诚的罗马天主教徒，因此他相信只有教会能够提供这种答案。即使如此，他还是提出了很多新颖的观念：文化与文化不同；在公元 5 世纪的希腊人看来很重要的事情，在印第安人、中国人或置身于 18 世纪实验室的科学家看来，其意义会大不相同；因此他们观点各异，他们那些问题没有统一的答案。当然，人性是共通的，否则这个时代的人就不能理解另一个时代的文学、艺术或法律，维柯是法学家，他很清楚这一点。这并不是要否认世界上有各种各样的文化体验，一种活动在同一文化中，与另一种活动有关；但是这种活动与另一文化中相应的活动之间，就没有这

9 样的紧密联系。

赫尔德

后来我了解到一位更重要的思想家，即德国哲学家兼诗人约翰·哥特弗里德·赫尔德。他还不是第一个反驳其同时代法国思想家的人（获此殊荣的是他的老师约翰·格奥尔格·哈曼）。这些思想家认为，有些真理是普遍的、永恒的、毋庸置疑的，无论对谁，亦无论何时何地，它们都是真理；偏差来自错误和幻觉，因为真理是唯一的、普遍的——“quod ubique, quod semper, quod ab omnibus creditum est”。[1] 赫尔德认为，不同文化对各自核心问题的回答是不同的。他感兴趣的不是外部世界，而是人文学科，人的精神世界；他深信，葡萄牙人认为是正确的事物，在波斯人看来，就不一定是正确的。孟德斯鸠早已开始发表这种看法，他认为人是环境的产物，他称环境为“气候”。可是到头来，他还是一个普遍论者——他认为，那些转瞬即逝的小问题的答案也许各不相同，主要真理却是永恒的。

赫尔德明确指出，每一种文化都有自己的“重心”[2]；每

[1] “任何地点、任何时间、任何人都相信的那些真理。” Vincent of Lérins, *Commonitorium*（《警示》）2.3。

[2] *Herder's sämmtliche Werke*（《赫尔德全集》），ed. Bernhard Suphan（Berlin，1877—1913），v 509。

一种文化都有自己的参照系；这些文化没有任何理由互相攻击——普遍的宽容一定是可能的——但是统一必然导致毁灭。帝国主义是最坏的选择。罗马镇压小亚细亚的民族文化，以造就统一的罗马文化，这是犯罪行为。世界是一个大花园，奇花异草在这里生长，它们习性不同，其要求、权利、过去和未来各不相同。由此看来，无论人类有哪些共同之处（再重复一遍，在某种程度上，人类具有某些共同特 10
征），普遍有效的正确答案，既适用于这种文化，又适用于那种文化的正确答案，根本不存在。

赫尔德是文化民族主义之父。政治上，他并非民族主义者（在他那个时代，政治民族主义尚未出现），但是他相信，文化具有独立性，人们必须维护不同文化的独特性。他认为，文化能把一群人、一个区域或一个民族团结起来，属于某种文化的愿望是人类的基本需求，根深蒂固，一如他们对饮食或自由的需求。他们希望属于某个社会，在这里，你能听懂别人的话，你有行动自由，你不仅建立了经济的、社会的和政治的关系，而且编织了情感的纽带；这种需求是成熟的人类生活之基础。赫尔德不是相对主义者（虽然人们经常这样描述他），他认为，人类拥有一些基本目标和行为准则，但是在不同文化中，它们呈现出完全不同的形式。因此，尽管这些目标和准则彼此相似，一种文化可以理解另一种文化，但是我们绝不能把不同的文化混为一谈——人类不是一，而是多；问题的答案是多，不过它们可能都有某个重要特征，这是统一的。

浪漫主义及其发展

这种观念在浪漫主义者那里得到进一步发展，他们提出
一些崭新的，却令人不安的观点：理想不是客观真理，写在
天上，要求人们理解、模仿或实践；它们是人类创造的。价
值观念不是人类发现的，而是他们创造的——某些德国浪漫
主义者的确这样认为，以反对肤浅的法国人所提倡的客观主
义和普遍化倾向。独特性至关重要。德国诗人用德语写作，
从某种意义上说，在写作过程中，他创造了这种语言：他不
11 仅是一个用德语写作的作家。德国艺术家创造了德国的油
画、诗歌与舞蹈——其他文化概莫能外。俄国思想家亚历山
大·赫尔岑提过这样的问题：“人们唱某首歌以前，它在哪
里？”[1] 究竟在哪里？他的回答是，“哪里都不在”——人们
在唱歌的时候、在谱曲的时候，创作了这首歌。生活也是如
此，一步一个脚印地生活过的人，创造了自己的生活。这是
对道德与生活的美学阐述，不是对永恒真理模式的套用。创
造就是一切。

各种思潮由此发端——无政府主义、浪漫主义、民族主

[1] 赫尔岑实际上写的是：“歌手所唱的歌曲，有着怎样的目的？” SS vi 33, 335；and Berlin's *Russian Thinkers*（《俄国思想家》），xiv/2。——编注

义、法西斯主义以及英雄崇拜。我创造了自己的价值观念，
也许我没有意识到这一点：此外，“我”是谁？对拜伦式的
浪漫主义者来说，“我”实际上是一个个体、局外人、探险
者或亡命徒，他公然反抗社会及其公认的价值观念，只信
奉自己的价值观——这也许让他在劫难逃，却胜于盲目服从
或沦为平庸的奴隶。别的思想家认为，“我”具有很浓的形
而上学色彩。它是一个集体——一个民族、教会、党派或阶
级，或是一座大楼，我只是它的一块奠基石；或是一个有机
体，我只是其中的一个微生物。集体是创世主；只有当我
隶属于一个运动、种族、民族、阶级或教会时，我才有重要
性；我的生命本来就与这个超人密切相关，对他来说，我并
不是一个真正的个体。德国民族主义应运而生：我做某事，
不是因为它是一件好事，也不是因为它合乎正义，更不是因
为我喜欢它——我做这件事，因为我是德国人，这就是德国
人的生活方式。当代存在主义也应运而生——我做某事，因
为我选择了这种生存方式。我不是由任何事物创造的；我做
某事，不是因为那是一种我必须遵守的客观秩序，或者因为
我必须遵守某些普遍准则；我做这件事情，因为我确实创造
了自己的生活；我就是我，我给自己指明方向，我对自己负
责。否认普遍的价值观，强调人首先是超我的一个元素，应
当忠于超我；回顾欧洲历史，强调这一点是很危险的，它已 12
经导致现代很多具有毁灭性的邪恶事件的发生。追根溯源，
它正是发端于最早的德国浪漫主义政治观念和理论及其在法

国和世界各地的信徒。[1]

我从未接受关于超我的这些观念，但是我很清楚它们在现代观念和实践中的重要性。“不是我，而是党”，“不是我，而是教会”，“我的祖国，无论对错，毕竟是我的祖国”，如上所述，这类口号已经伤害到人类观念的主要信念——真理是普遍的、永恒的，适用于所有时间的所有人——这种伤害至今没有消失。人不是客体，而是主体；是一种不停地运动的精神，能够自我创造和自我推动；是一部自我编排的多幕戏剧，马克思认为，其结局将是某种尽善尽美的状态——这一切均起源于那场浪漫主义革命。我坚决反对关于人类生活的这种宏伟的形而上学解释——我依然是经验主义者，我只能认识在我经验之内的事物，只能思考在我经验之内的事物；我不相信超越个体的实体真的存在。但是我承认，这种
13 解释在以下几个方面对我产生了影响。

[1] 浪漫主义者认为，历史活动有其自我推动中心，它们凭自身的力量向前推进，这些中心归根结底是主观的。这是一些主观臆断的实体——有些是拜伦式的、多少类似于魔鬼的人物，与人类社会势不两立；有些是振臂一呼、应者云集的英雄（如席勒戏剧中的那些强盗，以及莱克格斯或摩西——马基雅维利对这些立国者推崇备至——现代社会当然也有这样的人物），他们根据自由地想象出的模式进行创造。这种观点受到黑格尔和马克思等思想家的严厉批评，他们以各自不同的方式指出，历史发展必须遵循铁的规律——马克思主张物质的发展，黑格尔主张精神的发展。只有这样，人类才能摆脱非理性的力量，让完全的正义、自由、美德、幸福与和谐的自我实现主宰我们的生活。发展是不可阻挡的，这一观念来自犹太—基督教传统，却没有该传统所谓难以理解的上帝的旨意或对人类的最后审判——在另一个世界，可喜的绵羊和不可喜的山羊不再混为一群。

多元论

我认识到，理想是多种多样的，一如文化与性格。我不是相对主义者，我不会说："我喜欢加了牛奶的咖啡，你喜欢不加牛奶的咖啡；我喜欢善良，你喜欢集中营"——每个人都有自己的价值观，我们不能压倒或整合某一方。我认为这是不对的。但我坚持认为，有多种价值观念是人类能够寻找，而且正在寻找的，这是一些不同的观念。其数量并非无限多：人类的价值观念，当我保持人类的相貌与性格时，我可以追求的价值观念，其数量是有限的，我们可以说它是 74 或 122 或 26；无论多少，它总是有限的；这种情况的意义在于，如果某人追求某个观念，那么我虽不追求此观念，却能理解他为什么要这样做；或者在他的情况下，我被引导去追求该观念，将会是怎样。因此人类的互相理解是可能的。

我认为这些价值观念是客观的——换言之，它们的本质以及对它们的追求，是人类之所以为人类的重要条件，这是一种客观要素。男人是男人，女人是女人，他们不是狗或猫，也不是桌子或椅子，这是一种客观事实；它包含这样一种要素：某些价值观念是存在的，如果人依然是人，他们只能追求这些观念。如果我是一个具有足够想象力的（我确实需要这种能力）男人或女人，我就可以进入某种价值体系，这不是我自己的，但是我能设想有人会追求它，并且他们依然是人，依然是我能和他们沟通的一种生物，我和他们具有一些共同的价值观念——因为人类必然拥有一些共同的价值观，否则他们就不再是人类；他们也必然拥有一些不同的价值观，否则他们就没有任何区别；实际上他们是有区别的。

这就是多元论并非相对论的原因——多种价值观念是客
14 观的，是人类本质的要素，而非其主观想象力的创造。当然，如果我追求某一价值体系，我可能厌恶另一种价值体系；我可能认为，对我自己和其他人来说，它有损于我能践行或容忍的唯一的生活方式。在这种情况下，我就会攻击它；在极端情况下，我甚至会发动战争。但我还是承认，它是一种人类追求。我厌恶纳粹的价值观，但是我明白，如果有许许多多的误导以及许许多多的错误观念，人们就会相信，它们是唯一的救世良方。当然，我们必须反对它们，如果需要，我们还得发动战争；但是我不同意像某些人那样，认为纳粹实际上是一种病态或精神失常，他们只是大错特错，完全被误导了，举例来说，他们认为有些人低人一等，种族至关重要，只有日耳曼民族具备真正的创造力，等等。我认识到，接受了足够的错误教育以及足够广泛的错误观念与谬误，人虽然还是人，却会相信这些，犯下滔天大罪。

如果多元论具有充分的根据，不同的价值体系不一定相互敌对，却可能相互尊重，那么宽容与自由就会到来，因为它们不会来自一元论（只有一种价值体系是正确的，其他皆错），也不会来自相对主义（我的价值观念是我的，你的价值观念是你的；如果我们发生冲突，那可糟透了，我们谁都不能说自己是正确的）。我的政治多元论是我研读维柯与赫尔德的结果，也是我追溯浪漫主义起源的结果；极端而病态形式的浪漫主义肆无忌惮，容不得人类的宽容。

民族主义也是如此：在我看来，隶属于某个民族是一种很自然的情感，其本身无可厚非，甚至不应批评。但是这种情感一旦失控——我的民族优于你的民族，我知道人们应该如何改造世界，你必须听我的，因为你不知道，因为你比我低劣，因为我的民族最优秀，你的民族远远低于我的民族，因此它必须把自己当作我的民族的原料，只有我的民族有资格创造可能的最好的世界——这是一种病态的极端主义，它
可能或已经导致难以想象的恐怖事件，与我努力描述的那种 15
多元论格格不入。

顺便提一句，我们现在这个世界已经接受的某些价值观念，很可能是早期浪漫主义创造的，此前它们并不存在，这一点也许很有趣：举例来说，多样性是一件好事；人们持有许多不同意见，却互相宽容，这样的社会优于整齐划一的社会，因为在整齐划一的社会，一种意见约束着所有的人。18 世纪以前，没有人会赞同这种观点：真理是一，多样性观念与此相抵触。此外，真诚作为一种价值观念，也是新事物。为真理而献身总是正确的，但只能为真理而献

身。为宗教而献身的教徒是一些可怜的、愚蠢的、被蒙蔽的人，因为他们为谎言而献身；在天主教徒看来，新教徒、犹太教徒以及其他异教徒也是一些可怜的、愚蠢的、被蒙蔽的人；即使他们怀有真诚的信仰，也丝毫不会改变其处境——重要的是坚持正确的。探索真理一如所有其他行业，重要的是成功，而不是动机。如果有人对你说，他觉得 2×2=17；另一个人说："你看，他这样做不是为了烦你，也不是为了自我炫耀，更不是因为收人钱财——他真的那样认为，他是个真诚的信徒。"你可能会说："那毫无用处，他的话荒诞不经，没有任何意义。"在天主教徒看来，新教徒就是如此；在新教徒看来，天主教徒也是如此。信仰越是真诚，危险性就越大。问题的答案不止一种，这就是多元论；只有当这种观点变得更为普遍，真诚才能受人尊敬。唯因如此，人们把动机而非效果、真诚而非成就，作为价值观念的基础。

多元论的敌人是一元论——这是一个古老的信念，它认为，所有真理构成一个和谐的统一体，客观存在的世界万物终将与它合而为一。这种观念（它与卡尔·波普尔所谓本
16 质主义不同，却类似；他认为那是万恶之源）的后果是，掌握了真理的那些人应当指挥没有掌握真理的那些人。人类为某些重大问题所困扰，知道答案的那些人要求别人服从他们，因为只有他们知道人类应该如何组建社会，个人应该如何生活，文化应该如何发展。这是古代柏拉图的信念，他提

倡哲学王，他们有权利对别人发号施令。有人认为，只要让科学家或接受了科学训练的人走上管理岗位，世界就会焕然一新；这样的思想家并不罕见。对此我不得不说，从未提出过比这更好的借口甚至理由来为精英阶层无限的专制主义辩护，他们剥夺了大多数人不可或缺的自由。

有人曾说，在古代，男人和女人被当作牺牲品献给诸神；到了现代，新的偶像，即形形色色的“主义”，替换了古代诸神。让人遭受痛苦、杀人或折磨他人，通常会受到正义的谴责；但是如果我做这些事情不是为了个人利益，而是为了某种主义——如民族主义、法西斯主义、狂热的宗教信念、各种进步或者历史发展规律——它们就是无可非议的。多数革命者公开或不公开地宣称，为了创造一个理想世界，我们必须先打破鸡蛋，否则是吃不上煎鸡蛋的。鸡蛋早被打破——在我们这个时代，鸡蛋已被猛烈地或普遍地打破，这是史无前例的——煎鸡蛋却遥不可及，煎鸡蛋消失得无影无踪。这就是我所谓明目张胆的一元论的必然结果——有人称之为狂热，但是一元论乃所有极端主义之根源。

自　由

20 世纪 50 年代，我用了两个讲座来讨论政治自由这个

话题。后一个讲座名为“两种自由概念”，[1] 是我担任牛津大
17 学教授时的就职演说，其主旨是区分两种自由（liberty，或 freedom，这两个词可以互换）概念：消极的自由与积极的自由。所谓消极的自由，我的意思是无阻碍，人的行为畅通无阻。外部世界能成为人类的障碍，主宰人类生活的生物规律、生理规律或心理规律，也能成为人类的障碍；除此之外，人类还缺乏政治自由——这是我讲座的主题——无论有意或无意，人类社会的许多障碍是人为的。消极自由的范围取决于这些人为障碍的高低程度——取决于我能否走这条路或那条路，不受某些人为的制度或规定以及某些人的活动阻止。

消极自由的意思是，我有自由做我喜欢的事，这样说还不够，因为在这种情况下，只要学习古代斯多葛派，消除欲望，我就能跨越障碍，求得满足。障碍来自欲望，但是这条道路，即逐步消除欲望，最终将使人类逐步丧失与生俱来的生命力——换言之，最自由的应该是死人，因为人死了，也就没了欲望，更没有障碍。我心里想的，只是人们可以走的那些路的数量，他们走不走这些路，则另当别论。政治自由的基本含义有两种，这是第一种含义。

[1] 作于 1958 年，收于作者的两部文集：*Four Essays on Liberty*（《自由四论》，London and New York, 1969）;*The Proper Study of Mankind*（《人类的恰当研究》）。

有些人不同意我的观点，他们认为，自由必须是一个三重关系：只有当我想做某事，想采取某些行动时，我才能跨越障碍、克服困难或摆脱羁绊。我不同意这种说法。不自由的主要含义如下：我们认为，监狱中的人不自由，被捆在树上的人不自由；这个人所谋求的是挣脱锁链或逃离囚室，一旦获得自由，他不一定知道下一步该做什么。广而
言之，自由意味着不受某些社会制度或规范的约束，不受 18
某种过度严苛的道德力量或物质力量对自己的摆布；自由还意味着行动不受任何限制，不否定行动的可能性，因为这种可能性本来是开放的。我称这种自由为“免于……的自由”。

自由的另一种主要含义是“做……的自由”。如果说，我可以通过回答以下问题来解释消极自由：“我在多大程度上是被其他力量控制的？”那么我可以通过回答另一个问题来阐述自由的第二种含义：“谁在控制我？”既然是讨论人为的障碍，我就可以这样问自己：“谁决定着我的行为和生活？这是我的自由选择吗？我能做我想做的事情吗？是不是有一种力量控制着我，给我发出指令呢？我的行动受制于父母、校长、牧师或警察吗？我必须服从某种法律体系、资本主义制度、某个奴隶主或某种政府吗（无论君主制、寡头制或民主制）？从哪种意义上说，我能掌握自己的命运？我行动的可能性也许是有限的，这种可能性是如何被限制的？妨碍我的究竟是些什么人？他们的权利有

多大？”

这就是我所研究的“自由”的两种主要含义。我认识到它们是不同的，它们能够回答两个不同的问题；我认为它们虽然同源，却并不矛盾——这个问题的答案不一定决定那个问题的答案。两种自由都是人类的终极目标，二者必然是有限的；在人类历史的发展中，它们都可能被滥用。消极自由可能被理解为经济自由主义；借自由之名，矿主可以摧毁童工的生命，工厂主可以侵害工人的健康与人格。在我看来，这是一种滥用，而非这一概念对人类而言的基本含义。

还有人认为，告诉一个穷汉他完全可以入住一家豪华酒店，虽然他也许无力支付房租，会是一种嘲弄。但这也是一种糊涂的认识。他当然可以在那里租一间房子，但
19 他无法使用这种自由。他也许没有这样的方法，因为某种人为的经济制度不允许他赚取更多的钱——他被剥夺的，是赚钱的自由，而非租房的自由。这种区分听起来或许迂腐，但在讨论经济自由与政治自由的问题时，却至关重要。

回顾历史，积极的自由被滥用的情况更触目惊心。谁安排我的生活？我自己。我？愚昧无知，糊里糊涂，随着盲目的激情和欲望四处飘荡——这就是我的全部？在我心灵深处，难道没有一个更高贵、更理性、更自由的自我？这个自我能够理解和主宰情感、无知以及其他不足；只有通过教育或领悟，我才能赢得它；只有那些比我更有智慧的人，才

能教育我，让我意识到真正的、“实在的”、最深层的自我以及我所能达到的最高境界。这是一个著名的形而上学观点，它认为，只要我真的有理性，我就有真正的自由与自我控制力——这种观点可以追溯至柏拉图——也许我没有足够的理性，因此我必须服从那些确实有理性的人，他们不仅知道对他们来说什么东西最好，而且知道对我来说什么东西最好；他们能引导我走正路，而这终将唤醒真正的理性自我，让它主宰我的生活，那才是理性的用武之地。我可能觉得，这些权威限制了我——甚至压垮了我，然而这是一种错觉：长大以后，我就会获得一个完全成熟的“实在”的自我，那时我就会明白，当我还处于理性的低级阶段时，如果我有他们的智慧，我也会像他们那样，教育我自己。

简言之，他们的行动代表着我，有利于我的高级自我，以支配我的低级自我。由此看来，低级自我的真正自由就是绝对服从有智慧的人，他们掌握着真理，属于圣贤或精英。也许我应该服从那些知晓人类命运的人——如果马克思说得对，那么某一政党（只有它掌握着历史发展的理性目标）必须造就我、指导我，无论我那可怜的经验自我意欲何往；党 20
必须以其高瞻远瞩的领袖为向导，这些领袖最终要以最伟大、最有智慧的领袖为向导。

世界上没有任何独裁者不使用这种方法，为其最卑劣的压迫进行辩护；他要通过其也许有些残酷，“表面看来”令人作呕的道德修养（“表面看来”的事物只适用于低级的经验自我），来实现某种理想的自我。借用斯大林的术语[1]，“人类灵魂的工程师”具有最完备的知识，其所作所为不仅是为了把自己的一切奉献给祖国，而且是以祖国的名义奉献一切；如果自我的历史认识已经达到这个水平，它也会这样做。这是积极的自由概念已经遭受的一大曲解：专制无论起源于某种主义的领袖、国王、法西斯独裁者、专制教会的教主，抑或起源于阶级、国家，都会在人的内心深处寻找一个被囚禁的、“实在”的自我，并“解放”它，让它变成一种发号施令者所希望的东西。

这又返回到那个天真的观念：所有问题只有一种正确答案。如果我知道正确答案，你却不知道，你还不同意我的观点，那是因为你愚昧无知；如果你知道这个真理，你必然会同意我的观点；如果你不听我的话，那只是因为你是错的，因为真理没有向你显现，却向我显现了。这能解释人类历史上某些骇人听闻的压迫和奴役，这确实是对积极的自由概念

[1] 1932 年 10 月 26 日，斯大林在马克西姆·高尔基家阐述苏维埃作家的作用时，使用了“人类灵魂的工程师”一词，该讲话收于高尔基文集，是一份未公开发表的手稿——K. L. Zelinsky, ‘Vstrecha pisatelei s I. V. Stalinym’（《作家会见斯大林》）——其最早的英文版是，A. Kemp-Welch, *Stalin and the Literary Intelligentsia, 1928—1939*［《斯大林与文学知识阶层，1928—1939》，Basingstoke and London, 1991)，128—131。关于这个词，参见下文第 131 页。俄语原文‘inzhenery chelovecheskirkh dush’，见 I. V. Stalin, *Sochineniya*（《文集》，Moscow, 1946—1967) xiii 410］。——编注

所做的最危险，（尤其在我们这个世纪）也是最粗暴的阐述。 21

时至今日，这两种自由概念以及人们对它们的曲解，是西方以及其他地方的大学经常探讨与辩论的主要问题。

决定论

我的另外一个讨论自由的讲座名为《历史的不可避免性》。[1] 我认为，许多世纪以来，决定论一直是哲学家们广为接受的一种理论。它声称，任何事件都有一个原因，事件必然产生于某种原因。这是自然科学的基础：自然规律及其实际应用——全部自然科学——建立在永恒的秩序这一概念之上，这是科学的研究对象。如果自然界的其他事物都遵循这些规律，人却是例外，这可能吗？和大多数人一样（不包括大多数科学家和哲学家），某人可能设想，当他从椅子上站起来时，他没有必要非得站起来；他之所以站起来，是因为他选择站起来，但他没有必要非得这样选择——当他如此设想时，却被告知：这是一种错觉，即使心理学家尚未完成该做的研究，有朝一日他们总会完工（至少从原则上说是可能的）；那时他就会明白，他是什么、他做什么，都是必然的，不可能出现其他结果。我认为这种理论是错误的，但是

[1] 发表于1953年。收于作者的两部文集：*Four Essays on Liberty*（《自由四论》）；*The Proper Study of Mankind*（《人类的恰当研究》）。

我不打算在这篇论文里证明这一点或者反驳决定论——实际上，我不敢说这种证明或反驳是否可能。我感兴趣的是，问自己两个问题。为什么哲学家和其他人会认为，人类是被完全决定的？如果他们是被完全决定的，这是否与人们通常理解的道德情感和道德行为相一致？

22 我认为支撑决定论的有两大理由。第一个理由是，自然科学也许是人类历史上最伟大的成就，唯独人类不受科学家发现的那些自然规律的制约，这种说法似乎是荒谬的。（这其实是 18 世纪哲学家的观点。）当然，问题不在于人类是否完全独立于这些规律——只有疯子才会说，人无需依赖其生物 / 生理结构、环境或自然规律。问题在于：这就是自由的全部内容吗？人类难道没有一个可以自由活动的角落，以前的原因并不能决定他的选择？这也许是自然界一个微乎其微的角落，但是除非它真的存在，否则他的自由意识——毫无疑问，它可以说是普遍的：大多数人认为，他们的有些行动是机械的，有些行动却遵循自由意志——就是一大错觉。自从有了人类，自从亚当吃了那个苹果，这个问题就出现了；虽被告知不要吃禁果，他还是吃了，而且没有回答："我没有办法，我不是自愿的，是夏娃逼我做的。"

相信决定论的第二个理由是，它能把人们所做的许多事情的责任归咎于客观原因，因此从某种意义上说，他们无须因为其所作所为而遭受谴责。如果我犯了错误、做了错事、犯了罪，或者做了我或其他人都认为是不好或不得体的任何事情，我就说，“我怎么可能不做呢？——大人就是这样教我的”，“那是我的本性，是自然规律造成的”，“我属于某个社会、阶级、教会或民族，那些人都这样，看来谁也不会谴责这种行为”，“我父母的关系以及他们对我的态度，我所处的或不得不接受的社会、经济状况，决定了我的心理状态，我别无选择”，最后我还可以说，“我奉命行事”。

与此相反，大多数人认为，每个人至少可以做两个选 23
择，可以实现两种可能性。艾希曼说，“我杀犹太人是奉命行事，要是不那样做，我就会被杀掉”；这时，有人也许会说，“我知道，你不可能心甘情愿地被人杀掉，但是照理说，如果你决心那么做，你是可以那么做的——没人像自然界里那种严格的强制力，迫使你做你所做的事”。你可能会说，当人们面临巨大危险时，我们希望他们那样做，是不合理的：的确如此，但是不管他们多么不可能那样选择，从“选择”一词的字面含义来看，他们本来**可以**这么做。我们都不能希望别人去殉难，却能接受这种行为，无论有多大困难——实际上，这就是它为什么如此受人敬重的原因。

关于历史上人们为什么相信决定论的原因，我们就讨论到这里。如果真的相信决定论，他们至少会遇到一个逻辑难题。决定论意味着，我们不能对任何人说：“你非得那样做吗？你为什么要那样做？”——这些问题的潜台词是，他本来可以不那样做，或者他本来可以做别的事情。我们有一个共同的道德体系，在这个体系中，我们谈论义务与责任、正确与错误、表扬与批评——人们受到褒扬或谴责、奖励或处罚，因为他们的所作所为不是被迫的，他们本来可以不那样做——在我看来，所有这些观念与做法是现在通行的一切道德观念之基础，它们预先假定了责任这一观念，而责任意味着人们能在黑与白、对与错、愿望与义务之间做出选择；进一步说，他们还能在不同的生活方式、政治制度以及整个道德观念体系之间做出选择。大多数人可能意识到这些，也可能没有意识到，但是无论如何，这是他们的生活指南。

如果接受了决定论，我们就必须彻底地变革我们的词汇。我不敢断言从理论上说这是不可能的，但实际上它超
24 越了大多数人所能承受的界限。往最好处想，审美将取代道德。你可能羡慕或称赞别人，因为他们英俊潇洒、雍容大度、声音美妙——可是这并非他们的选择，“他们生来如此”。道德表扬也会具有同样的形式：如果我表扬你，因为你冒着生命危险挽救了我的生命，那么我的意思是，你天性善良，不能不救我，真是大快人心；我也很高兴，因为我遇到一个命中注定要救我命的人，而不是一个命中注定见死不救的人。好事与坏事、寻欢作乐与为国殉难、勇敢与怯懦、欺诈与真诚、不受诱惑而走正道——这些都将变为像美与丑、高与矮、老与少、黑与白、父母是英国人或意大利人；这是我们无法改变的，因为一切都是被决定的。我们希望万事如意，可是自己不能出任何力——因为天生如此，我们不得不以某种方式做某些事情。实际上，行为这一概念已经包

含了某种选择；可是如果选择是被决定的，那么行为与单纯的举止有何区别？

有些政治运动既要求人们做出牺牲，又信仰决定论，我觉得这是自相矛盾。举例来说，马克思主义的基础是历史决定论——人类社会在到达理想社会之前，必然经历某些发展阶段，可是它要求人们采取痛苦而危险的行为，如强制或屠杀，有时这种行为无论对伤害者还是对受害者都是一种痛苦。如果历史将不可避免地达到理想社会，人们为什么必须为这一过程牺牲自己的生命呢？没有他们的参与，历史照样能进入其固有的幸福社会。人类有一种奇怪的感觉：如果天上的星星都在为你而战，在帮你取胜，你就该献出自己的生命，缩短这个过程，用马克思的话说，让新制度分娩的阵痛来得快些。真的会有那么多人被说服，去面对各种危险，以缩短一个无论他们做什么都将圆满终结的过程吗？这一点始终让我和其他人困惑不解。 25

这就是该讲座的主要内容，时至今日，这些问题一直聚讼纷纭，广为讨论。

对理想的追求

我的文章还讨论过另外一个问题，即理想社会这个观念，在这里所有社会弊病不复存在。18 世纪时，一些法国哲学家认为，他们所希望的理想社会必将到来；其他哲学家却比较悲观，他们认为人类有很多缺陷，理想社会不可能实现。有人认为，朝着理想社会前进的步伐是不可阻挡的；还有人认为，只有通过人类巨大的努力才能实现这一目标，可是也可能实现不了。无论什么观点，理想社会这个概念预先假设了一个完美的世界，在这个世界里，人们长期以来一直遵守的那些核心价值观都将实现，起码从理论上说这是可能的。有人认为这样的世界是不可能实现的，因为人类既有物质障碍，又有心理障碍，还有不可救药的愚昧无知、软弱无能以及理性的缺失；对他们来说，理想世界仿佛乌托邦。除此之外，理想世界这一观念本身还必须面对一种难以应对得多的批评。

我不知道其他学者是否这样认为，但是我觉得，有些基本的价值观念是相容的，有些是不相容的。无论从哪种意义上说，无论对于个人还是对于社会，自由永远是人类的理想。平等也是如此。然而，完全自由（在理想社会中，人们应该是完全自由的）与完全平等是不相容的。如果一个人可以做他想做的事情，强者就会压倒弱者，狼就会吃羊，就不会有平等。如果完全平等成为现实，人们就绝不能在物质上、观念上或精神上超过别人，否则就会出现不平等。无政
26 府主义者巴枯宁认为，平等比什么都重要；在他看来，人们应该废除大学，因为大学培养学者，学者的言行举止会让人觉得他们似乎高于文盲，这才是社会不平等的根源。同样的道理，一个完全正义的世界——谁敢否认，这是人类最崇高

的价值观念之一呢？——与完全的仁慈是不相容的。我无须细说这一点：人们要么依法办事，要么宽厚仁慈，但是他们不可能同时实现这两种价值观。

再举一例：知识与幸福可能相容，也可能不相容。理性主义思想家认为知识能够解放人类，能使其免遭他们所不知的力量的侵害；从某种意义上说，这无疑是正确的。但是如果知道我得了癌症，我的心情是不会比以前更好或更轻松的——我必须选择：总是尽我所能求得真相，或者是承认有时无知是福。最令人羡慕的，莫过于自发的创造力、自然的活力、观念之花竞相开放、艺术作品多姿多彩——但是这一切往往与缜密而有效的规划能力不相容，没有这种能力，人们甚至无法建立较为稳定的社会。自由与平等、自发与稳妥、幸福与知识、仁慈与正义，所有这些都是人类的基本价值观，也是他们所追求的目标。可是如果互不相容，它们就不可能同时实现，人们就必须进行选择；为了追求某种首选的终极目标，有时必须接受巨大损失。但是如果像我认为的那样，无论从经验看，还是从概念看，这都是真确的（换言之，这个结论来自这些价值概念本身），那么，一切好事都能实现的那个理想社会，就是一个不可思议的观念；从概念看，它确实是不连贯的。如果是这样（我看不出怎么会不是这样），那么理想社会——为了它再大的牺牲都不怕——这个观念本身就不复存在了。

我们再回到百科全书派、马克思主义者以及其他所有的

以理想生活为目标的观念运动，过去的那种教义：人们必须
27 接受各种各样惊人的残酷行径，没有这些，理想社会就不
能实现——要想吃煎鸡蛋，就必须先打破鸡蛋，所有这些辩
护，所有的残忍行为、牺牲生命、灌输观念以及所有的革
命，让20世纪成为或许是自古以来最骇人听闻的一个世纪
（至少在西方是如此）的所有事件——这一切毫无意义，因
为完美的世界不仅不可实现，而且不可想象；为此而做的所
28 有努力，都起源于一个严重的错误认识。

哲学的目的

哲学的主题是什么？众说纷纭，莫衷一是。有人认为，哲学是对所有时代、所有存在的思考——是众学科之女王、人类知识大厦之拱心石；有人不想承认它，把它当作利用词语混淆的伪科学，乃是认识不成熟的标志，理应置诸神学与其他思辨学科之列，送交古玩博物馆，一如占星术与炼金术——随着自然科学的迅猛发展，它们早已被寄存于此。

讨论这个问题的最好方法或许是提出以下问题：其他学科探讨哪些领域？举例来说，我们是如何界定化学、历史学或人类学的？这里看起来很清楚：研究课题或研究领域是由问题的种类决定的，人们针对这些问题发明了这些课题或研究领域，以便寻找其答案。当且仅当我们知道应该在哪里寻找答案，这些问题才是有意义的。

如果你问某人一个很普通的问题，如："我的上衣在哪儿？""为什么肯尼迪能当选美国总统？""苏维埃的刑法有什么规定？"他通常知道应该如何去寻找答案。我们可能不知道答案是什么，但是我们知道，要找那件上衣，通常应该到椅子上、衣橱里等地方去找。要了解肯尼迪当选的原因或
29 苏维埃刑法，我们会查阅资料或咨询专家，以便搜集经验证据，这能使我们得出某些相关结论，并证明它们确实或至少是可能性很大。

易言之，我们知道该到哪里去寻找答案：我们知道，什么让某些答案可信，另一些不可信。这类问题之所以有意义，主要是因为我们相信，人们能用经验手段求得答案，换

言之，通过有条理的观察或实验，或者通过两者结合的方法，其实就是通过常识与自然科学的方法，就能求得答案。还有另一类问题，我们同样知道求得答案的正确方法，这是一些形式学科（formal discipline）：如数学、逻辑、语法、象棋或纹章学，其定义来自某些固定不变的公理、演绎规则等，按照规定好的正确方式使用这些规则，人们就能找到问题的答案。

举例来说，我们不知道如何证明费马定理——谁也不知道该如何证明——但是我们知道应该用什么方法去证明；我们知道哪些方法与答案有关，哪些方法与答案无关。[1] 谁要是认为，通过眺望绿色的田野或者观察蜜蜂的行为，他就能解答数学难题；或反之，通过单纯的计算，无需任何经验内容，他就能回答经验性问题，我们一定会认为他错了，甚至到了精神错乱的程度。诸如此类的问题——无论事实问题或形式问题——都有各自的特殊方法：这些领域的天才人物一旦发现并证明了这些方法，普通百姓就能以近乎机械的方式使用它们，获得正确答案。

人类观念的这些领域有如下特征：一旦提出问题，我们就知道求得答案的正确方向。系统的人类观念的历史大致可 30
以说长期致力于这样来阐述人类遇到的一切问题，其所对应

[1] 1665 年，Pierre de Ferma（费马）逝世。本文作于 1962 年。1994 年，Andrew Wiles（威尔斯）终于证明了费马最后定理。——编注

的答案可以分为以下两类：一类是经验的回答，换言之，问题的答案最终建立在观察之上；另一类是形式的回答，换言之，问题的答案建立在纯粹的推理之上，不受客观知识所约束。这样一分为二是过于简单的一种说法——经验的成分与形式的成分不可能如此容易地被分开，但是这种划分包含着充分的真理，不可能导致严重的误解。自觉的观念出现以来，人们已经认识到人类知识这两大起源的区别。

有些问题却很难符合这一简单分类。“什么是霍加皮[1]？”通过观察，人们很容易回答这个问题。同样的道理，“729的立方根是什么？”按照公认的规则进行计算，人们就能回答这个问题。但是如果我问：“时间是什么？”“所有的人真的都是兄弟吗？”我该如何寻找答案呢？如果我问：“我的上衣在哪儿？”回答可能是（无论正确与否）“在衣橱里”，我们都知道该到哪儿去找。但是如果一个孩子问我：“镜子里的人在哪儿？”那么让他看镜子里面必然是徒劳无益，他会看到镜子是由固体玻璃做成的；让他看镜子表面同样无益，因为人当然不在镜子表面，仿佛一枚邮票贴在镜面上；让他看镜子后面（人看上去好像在镜子后面）照样无益，因为到了镜子后面你是看不到人的——如此等等，不一而足。

“时间是什么？”“时间会停止不动吗？”“当我看到重

[1] okapi，又称“欧卡皮鹿”，长颈鹿科的一种偶蹄动物。——译注

影时，那究竟是两个什么？”“我怎么知道，其他人（或物）不是我心灵的虚构呢？”很多人曾长期而认真地思考这些问题，最终陷入绝望和沮丧。“‘将来时’的意义是什么？”语法家会套用语法规则来回答这个问题，但是如果我问：“‘将 31
来’的意义是什么？”我们该到哪里去寻找答案呢？

所有这些问题看上去都有些稀奇古怪——它们五花八门，如复视[1]、数、众人皆兄弟、生活的意义等；它们与那两大类问题不同，因为这些问题似乎没有指出人们应该到哪里去寻找答案。其他那些比较普通的问题却有这样的指示——问题本身就包含着求得答案的方法。时间以及其他事物的存在等问题，搞得提问者大惑不解，搅得务实者烦恼不已，正是因为它们似乎不能导向任何清楚的解答或是有用的知识。

这说明，在那两大箩筐，即经验问题与形式问题之间，至少还有一个箩筐处于中间地带，这就是所有那些很难被归入前面两大箩筐的问题的家园。这些问题种类繁多，有些好像事实问题，有些好像价值问题；有些问题讨论词汇与少量符号，有些问题讨论某些人所使用的方法：如科学家、艺术家、批评家以及日常生活中的普通人；还有一些问题则讨论不同知识领域之间的关系；有些问题探讨思维的前提；有些问题探讨道德行为、社会行为或政治行为的本质与目的。

[1] double vision，一个物体被看成两个，造成视物双影。——译注

所有这些问题似乎有一个共同特征：人们不可能通过观察或推理、归纳或演绎来回答它们。随之而来的一个重要结果是，提问者一开始就很困惑——他们不知道该去哪里寻找答案；既无词典、百科全书或知识概览，又无专家或正统观念可让他们放心借鉴，以此为这些方面毋庸置疑的权威或知识。
32 此外，有些问题是普遍的，专门讨论原则性事宜；另外一些问题虽然不是普遍的，却很容易上升到或发展为原则性问题。

这类问题可能被称为哲学问题。由于秉性各异，普通人蔑视哲学，或敬畏它，或怀疑它。因此人们总是想重新表述这些问题，他们试图通过经验陈述或形式陈述来回答全部或部分问题。换言之，他们努力地，有时甚至不顾一切地将这些问题安进经验的或形式的箩筐，那种箩筐里的问题拥有公认的、数百年来不断完善的方法，由此人们可以得出可靠结论，他们还可用公认的方法来检验这些结论的真理性。

回顾人类认识史，我们几乎可以说，长期以来，人类试图把所有这些问题草草归入两个“可用”的范畴；某个费解的“怪”问题一旦被翻译为经验学科或形式学科能够讨论的问题，它就不再是哲学问题，而成为某一公认学科的组成部分。[1] 因此，把中世纪早期的天文学看作“哲学”就不是一

[1] 形而上学或神学声称，它们是科学，这些主张必然以如下假设为基础：直觉或启示是直接的认识来源，人们由此而认识世界；由于它们宣称是直接经验，如果它们真的存在，那么根据我们的讨论，其信息属于“经验”知识。

个错误：如果人们在回答恒星与行星的问题时，没有依靠观察、实验或计算来决定，而是根据某些非经验的观念，例如，理想天体由其目标或内在本质决定要按圆形轨道运行，这是上帝或自然的恩典；即使经验观察证明这是不大可能的，人们还是不清楚应该如何解决天文学的问题：换言之，人们不清楚，观察天体运行起哪部分作用，经验的或形式的方法都不能证实的神学或形而上学主张，又起哪部分作用。 33

能通过观察与实验的方法发现清楚的答案，并能将其整理为一个体系；该体系的连贯性能通过纯粹的逻辑或数学检验——只有当人们以这种方式提出天文学问题时，现代天文学才诞生了；模糊不清的形而上学观念被抛在后面；既然不受事实检验，它们就不再与新的科学有任何关联，逐渐淡出世界，直至湮没无闻。

我们的时代也不例外。经济学、心理学、语义学、逻辑学等学科逐渐摆脱了一切既不依赖观察，又不依赖形式的东西。成功迈出这一步之后，它们就能开创自己的事业了，最终成为自然科学或形式科学，丰富的哲学观念属于其过去，经验与形式主导其现在与未来。因此观念史上的弑亲者比比皆是；新学科力图获得自由，要消灭老学科，并清除残留于自己体内的任何“哲学”问题，即不能清楚地指出解决方法的问题。

至少，这就是这些科学的理想；它们的有些问题（如现代宇宙论）还不能用纯粹经验的或数学的方法来表述，由此看来，它们的研究领域必然会与哲学重合。事实上，若要说某个成熟的重要学科终于清除了哲学问题，这说法也许有些轻率。以物理学为例，现存的一些基本问题从很多方面看都像是哲学问题——这些问题关系到概念的基本结构，人们就是根据这些概念提出假说并阐述其观测资料的。波动模型与粒子模型的关系如何？不确定性是亚原子理论的基
34 本特征吗？这些问题都有哲学的特征；具体地说，任何演绎或观察都不能解决这些问题。另一方面，要想回答这些问题，人们就必须学习物理学并且具有这方面的天赋；对这些问题的任何回答都可能推动物理学的发展，这是毋庸置疑的。虽然，随着实证科学的逐步分化，哲学家的问题不再是物理学家的问题了，物理学家的一些问题却仍然是哲学家的问题。

这就是为什么哲学虽然经历了这样的摩擦，其范围与内容似乎没有遭受严重影响的原因，也是唯一的原因。总之，无论多少问题能够以这种方式转化为经验问题或形式问题，看来不能如此转化的那些问题的数量却似乎并未减少。这个事实一定会让启蒙运动时期的哲学家大失所望，因为他们坚信，在 17 世纪以及 18 世纪早期的自然科学家手中成就了如此辉煌业绩的那些方法，肯定能够解决一切重大问题。

诚然，即使在那个阳光灿烂的时代，人们也似乎并未接近解决那些基本的、毋庸置疑的哲学问题，因为它们显然是

不可回答的，举例来说，人类和世界万物是否上帝或自然为了实现某种目的而创造的？如果是，这些目的究竟是什么？人类有无选择的自由？决定着无生命世界的那些因果规律是否同样严格地控制着人类？道德真理与审美真理是普遍的、客观的，还是相对的、主观的？人仅仅是血肉之躯加上骨骼与神经组织，抑或不朽灵魂的尘世住所？人类历史具有清晰可辨的发展模式，抑或仅仅是不断重复的因果链条，或不可思议的偶然事件的相互更迭？这些古老的问题让他们苦恼不已，就如在古代的希腊、罗马、巴勒斯坦以及中世纪的西方，他们的前辈也曾如此苦恼。

物理和化学不能解释，为什么某些人必须服从另外一些 35
人？在什么条件下他们才这样做？这些义务的本质是什么？什么是善？什么是恶？作为人类活动所追求的目标，幸福与知识、正义与仁慈、自由与平等、效率与自律，是否具有同等效力？如果是，它们是否相容？如果不是，人们应该如何选择？这些选择的正确标准是什么？我们怎能有把握地说它们就是正确标准？正确一词的含义是什么？诸如此类，不胜枚举。

可是——18 世纪的很多哲学家认为——同样的混乱与困惑也曾弥漫于自然科学领域，人类的天才却在那里取得胜利，建立了秩序。

> 自然与自然规律隐匿于黑夜暗影。

上帝说“要有牛顿！”于是一切皆光明。[1]

仅凭少数几个基本规律，牛顿就能让我们（至少从理论上说）确定宇宙中所有物体的位置和运动；由此一举清除了大批杂乱无章、互相矛盾、模糊不清又难以理解的经验法则，在此之前，这些法则一直被误认为自然知识。既然如此，我们是不是有理由期待，如果把这些原则用于分析人类的行为以及人的本质，我们就能获得同样明确的知识，就能把人文科学建立在同样稳固的基础之上？

哲学以语言的模糊不清为滋养；清除了这些模糊不清的说法，人们一定会看到，剩下的唯一问题应该是一些可证实的观念，或可确认的人类日常需求、希望、恐惧或利益的表
36 述。这些都是心理学家、人类学家、社会学家和经济学家的研究领域，这里所需要的是一个或多个牛顿式的人物，以建立人的科学。这样人们就能一劳永逸地消除形而上学的困惑，游手好闲的哲学思辨者将不复存在。在这片清洁的土地上，人们将建起明亮而坚固的自然科学大厦。

从霍布斯、休谟，到爱尔维修、霍尔巴赫、孔多塞、边沁、圣西门、孔德及其继承者，这一直是启蒙运动时期所有著名哲学家的共同希望。然而这种设想注定要失败。哲学没

[1] Alexander Pope，‘Epitaph: Intended for Sir Issac Newton’（“牛顿爵士墓志铭”，1730）。

有被分割为一系列科学研究的领域。时至今日，哲学问题仍然吸引并困扰着一个个乐于探究的心灵。

这是为什么？康德提出的回答很有启发性。他是历史上第一个明确区分事实问题与形式问题的思想家，只有借助于形式，事实才能显现给我们——无论事实或我们对它们的认识如何变化，这些形式本身是不变的。经验的这些形式、范畴或模式，不是任何自然科学的研究对象。

康德首次提出事实与范畴的重要区分。事实可以说是经验资料，例如我们能够观察、推论或思考的那些事物、人、事件、性质以及关系；范畴指的是我们用来感知、想象以及思考经验资料的那些根据。在他看来，范畴独立于各种世界观——那些属于不同时代和不同文化的宗教或形而上学框架。因此大多数希腊哲学家，尤其是亚里士多德认为，自然赋予世界万物各种目的——它们不得不实现这些目的。中世纪的基督徒把世界看作一个等级体系，这个体系中的每种事
物与每个人都得到神圣造物主的眷顾，以发挥某种作用；唯 37
有造物主知道整个体系的目的，他把被造物的幸与不幸与其恪守神圣戒律的情况联系起来，戒律包含在万物各自被造的不同目的之中——这些目的在自我实现的同时，也就实现了宇宙的和谐，这是至高无上的模式，这种总体性非被造物所能及，唯有造物主才能领会。

18 和 19 世纪的理性主义者认为，除了人所创造的、用来满足自身需求的那些之外，任何事物都没有目的；他们相

信，其他任何事物均由因果规律决定。大多数事物没有任何目的，它们本来就是那样，其运动变化也本来是那样，这是一些“无情”事实。

这些是截然不同的观点，但持有这些观点的人在宇宙中看到相似的东西，相似的颜色、滋味、形状以及运动、静止的形式；他们体验到相似的情感，追求相似的目标，具有相似的行为方式。

在谈到我们对外部世界的认识时，康德认为，我们观察世界时所用的那些范畴对任何人都是一样的，是永恒的、不变的；实际上，它们使我们共同拥有一个世界，使我们能够互相交流。但是那些思考历史、道德、审美问题的人们，确实看到了变化和差异；不同时代的文化能看到、听到或思考不同的内容，这些差异与其说来自经验内容，毋宁说来自人们用来感知事物的基本模式，他们用来理解事物的那些模型，或者是他们用来观察事物的一些范畴眼镜。

某人相信，上帝创造他是为了实现某种目的，他的灵魂是不朽的，他有来世，其罪孽将受到惩罚。另一个人则根本不信这一套。这两人的世界是截然不同的。前者的行动原因、道德准则、政治信仰、审美趣味以及人际关系，将与后
38 者具有根本的、原则性的差异。

人们彼此之间的看法大相径庭，因为他们对世界的总体理解不同：随便拿几个主要观念，如原因与目的、善与恶、自由与奴役、物与人、权利、义务、法律、正义、真理、谬

误，我们就会发现，它们直接依赖某个普遍框架，它们在这框架中可以说构成了一些节点。这些观念所包含的事实，定然不是对任何时代的任何人来说都相同，但是其区别——这是科学研究的对象——不同于那些更深层次的区别，亦即戴着不同的眼镜、用着不同的范畴、有着不同的思维模式，必然会使处于不同时代和不同地域、具有不同文化和不同观念的人们产生的区别。

如此说来，哲学不是一门经验学科：它不是以批评的态度来考察什么东西是存在的，什么东西存在过，什么东西将会存在——这是常识和自然科学研究的问题。哲学也不是一种形式演绎，如数学和逻辑那样。哲学问题很大程度上不是经验现象，而是人们观察经验现象的那些方式，这是一些永恒不变的或者几乎永恒不变的范畴，人们由此来构造和辨别经验。目的与机械的因果作用、有机体与简单混合物、系统与简单相聚、时空秩序与永恒存在、义务与欲望、价值与事实——这些都是范畴、模式和眼镜。其中有些与人类经验一样古老，有些只能存在很短时间。就存在时间较短的那些而言，哲学家的问题会显得更有活力、更富有历史意义。不同的模式和框架出现于不同的时代，都有模糊不清或难以理解之处。上文所述现代物理学解释框架中的问题，就是一例。当然还有其他例子，这些框架不仅影响着物理学家或其他专家的观念，而且影响着所有好学深思者。

以政治学为例，人们试图根据不同的模式来解释其社会 39

存在：柏拉图也许是毕达哥拉斯的追随者，他试图以几何学的方式来建立人性论体系，阐述其属性与目的，因为他相信几何学可以解释一切。随之而来的是亚里士多德的生物模式。在《旧约》、《新约》以及早期教父的文献中，基督教的比喻随处可见。用家庭做比喻，能够说明机械模式（如霍布斯）无法解释的人际关系；用行军做比喻，能够突出忠诚、奉献、服从等克敌制胜所需要的品质（苏联创作了许多这方面的剧目）；把国家比作防止冲突和保护财产的交通警察或守夜人，这是很多个人主义及自由主义观念之基石；把国家理解为远远不止于那样——国家是个体建立的大合作社，以实现某个共同目标，因此它有权进入人类经验的每一角落——这激发了 19 世纪关于有机体的大部分观念；还有一些体系是从心理学或博弈论借来的，现在正流行——所有这些都是思维模式，人类及其组织、社会以及文化，就是通过它们来理解自己的经验。

这些模式经常发生冲突。由于人类经验的许多方面得不到解释，某些模式不再具有说服力，其他模式会取而代之，新的模式会突出旧的模式所忽略的问题，但是它们也可能掩盖旧的模式已经阐明的问题。哲学的任务往往是艰难而棘手的，它要发现和阐述人们思考时使用的那些隐藏的范畴与模式（换言之，即人类所使用的词语、比喻以及其他符号）；它还要揭示这些范畴与模式所包含的模糊不清或自相矛盾之处，指出它们之间的冲突，因为这些冲突会妨碍人类提出更

有效的方法来组织、描述和解释其经验（因为一切解释与描 40
述都包含某种思维模式，描述与解释的过程就是据此进行的）；此外，哲学还要在一个“更高”的层面审查这种活动本身（认识论、哲学逻辑学以及语言分析）的性质，揭示在这种二级层面、哲学的活动中发挥着作用的那些隐藏的思维模式。

人们可能提出异议说，这一切听起来都十分抽象，远离日常经验，与普通百姓的切身利益、幸福与痛苦以及最终命运关系不大。如果是这样，那么我的回答是，这种批评是错误的。不为自己描述和解释宇宙，人类就不能生存。用来描述和解释宇宙的那些思维模式必将深刻地影响他们的生活，特别是在他们尚未意识到时；人类的很多不幸与挫折，都是由于他们故意地、机械地或不知不觉地使用了某些不合时宜的思维模式。人们在政治领域过度使用有机体模式，我们这个时代的极权主义理论家把国家比作艺术作品，把独裁者比作胸怀壮志的人类生活缔造者，谁能说清这一切究竟造成了多少灾难？人们滥用父系权威的比喻和模式以解释社会关系，特别是君主与臣民、牧师与普通信徒的关系，谁能说清几百年来，有多少好处害处肇端于此？

人类若希望在地球上建立一种合理秩序，或者正确理解不同人群的诸多不同利益——这种认识是不可或缺的，唯因如此，人们才能理解这些利益所起的作用、它们相互作用的方式及其影响，以便找到切实可行的妥协办法，使他们可以

正常生活，既满足了自身的需求，又没有压制别人的同样基
本的愿望与需求——那么，这种希望便在于揭示这些社会模
41 式、道德模式、政治模式，特别是它们扎根其中的深层的形
而上学模式，这样就能看清这些思维模式是否有效。

哲学家永恒不变的使命是，考察一切看似独立于科学方法或日常观察的观念，如范畴、概念、模式、思维或行为的方式，尤其是它们发生冲突的方式，以建造别的、自身矛盾不多、不易被曲解的（尽管不可能完全做到这一点）明喻、暗喻、象征以及范畴体系。如下说法当然是合理的：盲目坚守早已过时的观念，莫名其妙地怀疑任何形式的自我批评，不顾一切地反对任何形式的理性分析，不允许我们理解自己的生活原则和目标，是混乱、灾难与恐惧的主要原因之一，无论这种原因的心理根源或社会根源究竟是什么。

这种对社会来说是危险的、对理智来说是艰难的、经常
是痛苦的、吃力不讨好却很重要的活动，就是哲学家的工
作，无论他们探讨的是自然科学、伦理道德、政治学，抑或
纯粹的个人问题。哲学的目标始终不变，它要帮助人们理解
42 自身，让他们在阳光下生活，而不是在黑暗中挣扎。

启蒙运动时期的哲学家

当人们提出关于自己或他人的问题时，哲学就出现了，这些问题虽然各不相同，却有一些共同特征：它们往往很宽泛，都是一些原则问题，很少或者没有任何实用价值。它们还有一个更明显的特征：我们好像没有任何明确的、公认的办法来回答这些问题，也没有任何专家可供我们咨询。这些问题本来就非同寻常：提出问题的那些人似乎并不清楚他们需要什么样的回答，他们甚至不知道应该如何寻找答案。

举例来说，如果我们问："谁在 1955 年的冰岛看见过乌鸦？"我们知道应该如何回答这个问题——正确答案显然来自实地观察，博物学家是这方面的专家，我们可以求助于他。可是如果人们问："宇宙中存在物质对象吗？（宇宙也许是由心灵及其状态组成的呢？）"我们应该如何回答呢？从表面看，这两个句子有相似之处。如果我问："滑铁卢战役发生在 17 世纪吗？"我们知道应该如何寻找相关证据，但是如果有人问我们："宇宙在时间上有开端吗？"我们应该如何回答呢？如果有人问："你敢肯定他认识你吗？"我们知道应该如何回答。但是如果有人问："我能清楚地知道，别人心里在想什么吗？"我们应该如何作答呢？"为什么爱
43 因斯坦的理论优于牛顿的理论？""为什么科学家的预测比巫医的预测更可靠？"（抑或反之）前一个问题比后一个问题容易回答。"方程 $x^2=2$ 有几个正根？""无理数存在吗？"前者比后者容易回答。"'蒙昧主义者'一词的确切含义是什么？""'如果'一词的确切含义是什么？"前者比后者容

易回答。“我该如何修理这台坏了的打字机呢？”“我（或人们）该如何生活呢？”这两个问题看来不属于同一种类。

在回答上述每组问题的第二个问题时，人们似乎总会莫名其妙地遇到某种障碍：第一个问题有公认的、毋庸置疑的寻找答案的办法，第二个问题就不是这样。可是这类问题似乎很明确，并让有些人觉得很费解，令人苦恼。人们试图一劳永逸地解决这些问题，以免它们在新的时代重新出现，却未能如愿，这是为什么？不能做出明确的回答，会给人造成这样的印象：哲学没有任何进步，只有互不相同的主观意见，没有探索真理的客观标准。

这些问题的历史，以及解决此类问题所用的那些方法的历史，其实就是哲学史。不同时代的不同思想家试图发现这些问题的答案，他们所用的基本观念及其方法——他们理解此类问题的那些方法——在多种力量的作用下，会发生变化，这些力量包括前一个时代的哲学家做出的回答，当时流行的道德、宗教与社会观念，科学知识的水平，特别重要的是，当时的科学家所使用的那些方法；如果他们取得辉煌成就，并且迷住了同时代人以及此后几代人的想象力，科学家的方法就会有特别重要的意义。

这些问题的主要特征之一是（只是到了我们这个时代，该特征仿佛变得更加清晰）：无论它们可能是什么，它们既非经验问题，又非形式问题。换言之，经验问题，无论科学 44
的问题，抑或常识的问题，都能用观察或经验的例证来回答，哲学问题则不然。“何为至善？”“我怎么能肯定，你的感觉和我的感觉一样？我怎么能肯定，我真的理解你说的话，而非半懂不懂呢？”从表面看，我们不能用人类知识的两大工具——经验研究或演绎推理——来回答这些问题；形式学科，如数学、逻辑或语法，经常使用演绎推理。

事实上我们几乎可以说，哲学与其他学科的关系史，在某种程度上，就是把经验问题（以及归纳问题）或形式问题（以及演绎问题）与人类观念中的其他问题分开，再把这些问题归入经验学科或形式学科的历史。举例来说，天文学、数学、心理学、生物学等学科正是以这种方式，从包罗万象的哲学中（它们曾经是哲学的一部分）分离出来，作为独立的学科，开展了卓有成效的研究。如果人们不知道应该如何回答这些学科的问题，这些学科就仍然处于哲学领域，它们的问题就可能与其他问题混为一谈。实际上二者没有多少共同之处，人们尚未清楚地认识二者之间的区别。科学与哲学的进步似乎与经验学科、形式学科逐步分割为两个领域密切相关；然而，这种分割总会留下一些没有解决的（往往是未经分析的）问题，这些问题既普遍，又晦涩，更重要的是，用经验方法或形式方法似乎（或确实）无法解决，这些特征
45 赋予这些问题一种属性，我们通常称该属性为哲学。

人们用了很长时间才认识到这个真理（如果这是真理的话）。人们通常认为，哲学问题与其他问题处于同一层面，可用同样的方法来回答，尤其是有些方法已经正确地回答了

其他问题，事实证明，它们要么是经验的，要么是先验的，尽管二者的区分并不总是很清楚。通过某种新的有效的方法，某个研究领域，如物理学或生物学，取得了举世瞩目的成就，这时人们往往会把这种方法用于哲学问题，得出幸运或不幸的结果，这是人类观念史上长期存在的一种现象。

数学方法在 17 世纪取得了前所未有的巨大成就，哲学领域也有其印记，不仅因为这时数学尚未与哲学彻底分开，而且因为数学方法（根据固定不变的规则与“不证自明的”公理进行演绎，检验内在一致性，先验方法，以及数学特有的清晰性与严密性标准）也被用于哲学；这种模式不仅主宰了这个时期的自然科学，而且主宰了这个时期的哲学。随之而来的是巨大的成功与同样巨大的失败；当人们满腔热情地，甚至不顾一切地把某一领域卓有成效的方法，机械地用于另一个并不相同的领域时，就会出现这种情况。

如果说数学模式主宰了 17 世纪，那么在此后的一个世纪里，机械模式，特别是牛顿的体系，成为世人的观念典范。哲学问题实际上是独特的（sui generis），与力学问题、数学问题（或生物学、心理学、历史学问题）都无甚相似之处。但不同的思维模式会对哲学产生截然不同的影响，正是这种新的模式把迥然不同的 18 世纪哲学家联系在一起。 46

18 世纪的人们相信，人类“无所不知”是一个可以达到的目标。在西欧历史上，这也许是该观点出现的最后一个时期。物理与数学在前一个世纪取得了史无前例的巨大进步，人们对物质世界与真知的本质的认识发生了变化，我们不得不说，时至今日，这个时代仿佛一道屏障，横亘于我们和以前几个世纪之间，使中世纪甚至文艺复兴时期的哲学观念显得遥不可及，富于幻想，有时甚至难以理解。把数学方法——及其语言——用于可感事物的可测属性，成为人们发现和阐述真理的唯一正确的方法。笛卡尔与斯宾诺莎、莱布尼茨与霍布斯试图给自己的理论提供一种数学结构。人们能说出的事物，必然能用类似数学的术语来陈述，因为欠准确的语言会掩盖错误的推论、模糊不清的观念以及蛊惑人心的迷信与偏见，这是不可信的神学宇宙论或其他独断论的特征，新科学正是要扫除进而取代这一切。这种情绪一直持续到 18 世纪，牛顿成为最大的单一影响力。牛顿对物质世界做了前所未有的解释，换言之，通过少数几个范围极广、解释力极强的基本规律，我们起码能在理论上确定宇宙中所有物体的所有微粒的属性与运动，这方法拥有无与伦比的精确性与简单性。秩序和清晰从此主宰自然科学领域：

> 自然与自然规律隐匿于暗夜阴影。
> 47 上帝说“要有牛顿！”于是一切皆光明。[1]

可是形而上学、逻辑学、伦理学，以及与人的社会生活

[1] 参见上文引用（第 36 页注释 1）。

有关的所有古代学科，仍然处于混乱状态，以前那个顽固不化的时代遗留下来的模糊不清的观念和语言，仍然处于统治地位。很自然甚至是不可避免地，被新科学解放出来的那些人一定会把他们的方法和原理，用于一个比外部世界的事实显然更迫切需要秩序的学科。这个任务确实具有极其重要的意义：因为没有正确而清楚地认识人类心灵的主要"能力"与作用，人们就无法弄清，他们能在多大程度上相信各种观念或推论，应该如何确定人类知识的起源和界限，不同知识要素之间的关系究竟是什么。除非弄清这些问题，否则人们无法戳穿愚昧无知的言行或江湖术士的骗局，无法将物质世界的新面貌与他们感兴趣的事情——道德行为，审美原则，历史、社会以及政治生活的规律，情感与想象力的"内在"机制，以及人类非常关心的所有其他问题——紧密地联系起来。自然的科学已经建立，心灵的科学还有待建立。

二者具有共同的目标：在观察（包括"向内"与"向外"的观察）和实验（如果需要的话）的基础上，提出普遍规律；根据获得证明的规律，得出具体结论。所有真问题都会有许多错误答案，正确答案只有一个；一旦被人发现，这个答案就成为最终答案，永远正确。人们所需要的，是一种可靠的发现真理的方法。"无与伦比的牛顿先生"[1] 已经使用

[1] John Locke, *An Essay concerning Human Understanding*（《人类理解论》），'Epistle to the Reader'（"致读者的一封信"）。

48 了这样的方法；如果遵循相同的规则，其观念领域的模仿者必将获得丰硕成果。如果这些规律是正确的，它们所依赖的那些观察是真实的，推理过程是正确的，我们就能得出正确的无懈可击的结论，就能认识此前尚未探索的领域，就能把现在这种愚昧无知和主观臆断，转化为一个不同要素都有逻辑关系的、清晰而连贯的体系——这是自然的神圣和谐在理论界的摹本或翻版，人类由于无知、懒惰或刚愎自用，一直不知道这个体系的存在。对理性动物来说，理解这一点就意味着在观念和行为中实践它，因为只有它能使人类幸福、自由而合乎理性。

要人们相信某些研究结果，就必须确保研究工具的有效性。从笛卡尔提出怀疑法，一直到 19 世纪，欧洲哲学在认识论上始终带有这种偏见，时至今日仍然如此。研究了人类知识的种类与范围之后，把结果直接应用于政治学、伦理学、形而上学以及神学等传统学科，以根治其混乱状态，是 18 世纪哲学家努力实现的目标。他们所使用的那些原理正是在 17 世纪出现的新科学的规范；人们不能根据中世纪时被奉若神明的“自然”原理（例如在没有外力作用时，所有物体将处于静止状态；天体为了实现自我目标而选择的“自然”轨道必然是圆形），在没有实验证据的情况下，就进行先验演绎。开普勒或伽利略提出的那些定律，建立在观察（例如丹麦天文学家第谷 · 布拉赫积累了大量的观测数据）和实验（例如伽利略做的那些实验）的基础上，与这些“自然”原理正好相反。

观察与实验意味着要使用准确的测量方法，于是人们凭借某些通常是以数学方式表述的、高度精确的定律，把许多 49
不同现象联系在一起。因此人们认为，只有实在的可测量的方面是真实的——这些方面可由方程式来描述，方程能把某种现象的一个方面的变量，与其他现象的可测量的变量联系起来。先前的自然观念（自然是由不可约的不同属性与不相通的“自然”种类混合而成）应该被彻底抛弃。亚里士多德提出的目的因范畴（万物都有实现自身内在目的的“自然”倾向，以此来解释自然现象，也可回答事物为什么会存在、它要发挥什么作用的问题——从理论上说，人们不可能为这些观念提供任何实验资料或观察证据）也被抛弃了，因为它不符合科学原理，实际上，拿那些没有意志或目的的无机物来说，这个范畴简直不可思议。有些现象有规律地同时发生——可以观察到事物和事件的秩序和联系——有了描述那些的规律就足够了，能描述宇宙间可以描述的事件，预测宇宙间可以预测的事件，无需求助于一些难以理解的力和实体。空间、时间、质量、力、动量、静止——力学中的一些术语——即将取代目的因、实体的形式、神的目的以及其他形而上学观念。实际上，中世纪的那一套神学和本体论将被彻底抛弃，让位于能够表示宇宙的某些方面（感官可知的事物，或以某种方式可以测量或推断的事物）的观念。

这种态度不仅特别清楚地体现在洛克、休谟的著述中，在贝克莱的著述中亦是如此。洛克与休谟都很推崇自然科学，贝克莱则专注于否定自然科学的形而上学假设。在他们看来，思维模式自然是当代物理学和力学的那种模式。在牛顿以及牛顿以前的物理学家看来（洛克也许更熟悉后者的著作），人们
50 应该用统一的微粒来描述物质世界，物质运动的规律即微粒相互作用的规律。英国经验主义哲学家把这种观念用于人的心灵，他们的著作开始主导欧洲观念。他们认为，心灵仿佛一个盒子，里面装着与牛顿式微粒相对应的心灵微粒，他们称之为“观念”。观念是一些截然不同、各自独立的实体，它们是“单纯的”，没有可进一步分割的部分，换言之，它们是真正的原子，起源于外部世界的某个地方。它们进入人的心灵，恰如许许多多沙粒跌入沙漏；进入心灵以后，它们会以某种方式要么继续独立存在，要么组成复合体，一如外部世界的物体都是分子或原子的复合体。洛克试图阐述观念在我们心中的起源史及其运动方式，以及观念的组合与分解，仿佛当代化学家正在分析某种化合物的成分及其物理属性。

在洛克看来，观念，起码是反思式观念，是一种内部眼睛，对应于人的外部眼睛（观看外部世界的）。洛克把知识定义为“感知我们某些观念的联系、一致性或者不一致性、矛盾性”[1]。他所理解的“感知”能够检验两个观念，仿佛它们是不同的微粒；人的内部眼睛能看出两个观念是否一致，

[1] *An Essay concerning Human Understanding*（《人类理解论》），4.1.2。

以及声称它们是相联的那个命题是否正确，一如人的外部眼睛能够检验两种颜色的物体，看出这两种颜色是否相配。

贝克莱在批评洛克关于抽象的普遍观念的理论时，主要针对如下观点：观念是实体，有的观念却没有非常明确的形
象。洛克用“抽象观念”来解释普遍名词的用法，但是在贝 51
克莱看来，这种说法是自相矛盾的，因为普遍名词如果是观念，它们就应该是具体的实体，而非抽象的，换言之，抽象观念是不确定的，不可能为感官或想象力提供任何具体属性。无论他对洛克的批评是否公平，这种评论都表现出一个明显特征：洛克与贝克莱（还有休谟，以及其他许多当代经验主义者，尤其是法国的经验主义者）都认为，心灵是一个容器，观念仿佛一台结构复杂的老虎机上的计数器与数字，不停地转动组成图案。牛顿的三维空间变成了心灵的“内部”空间，这是内部眼睛——反思能力——的领地。

因此，哲学应该转化为一门自然科学。通过反思，人们就能发现哲学应该探讨的那些事实。和其他所有真正意义上的研究一样，哲学必须以经验观察为出发点。休谟能够反映这种看法：“人的科学是其他科学唯一坚实的基础，因此，我们能为该科学所提供的唯一坚实的基础，必须建立在经验和观察之上。”[1] 哲学实际上是一种科学的心理学，有些人狂热地追随该理论，尤其是在法国，哲学变成了生理学——这

[1] *A Treatise of Human Nature*（《人性论》），Introduction。

是行为主义或“物理主义”的雏形。洛克与休谟的法国信徒（孔狄亚克、爱尔维修、拉梅特里）把这种理论推向极端。孔狄亚克用“简单”观念来重建人类的全部经验——如最复杂、最高级的观念或“灵魂的运动”，最微妙的想象力的活动，最敏锐的科学探索。“简单”观念，换言之，就是可以认为由我们的这一或那一感官所提供的不同感觉，可以说，
52 每一种都能够精确测定并归入其在感觉之流中的合理地位。伏尔泰、狄德罗、霍尔巴赫、孔多塞及其追随者是那个时代伟大的宣传家，其著作早已跨越法国国界，为许多国家的读书人所接受；无论相互有多少分歧，他们都认为，感觉主义的方法至关重要。尽管莫佩尔蒂、博尔德以及狄德罗的作品中已经出现了“有机物”——反原子论——的观点，其中的某些观点也许影响到康德，但是主流思潮没有变化：人们喜欢把世界万物分析为最终的、不可再分的原子式成分，无论这些成分是物理的，还是心理的。

休谟认为，“数学、自然哲学［即自然科学］以及自然宗教在一定程度上都依赖于人的科学”，因为哲学的任务是探索世界万物的最终要素。休谟的心灵理论是机械论，是根据牛顿的万有引力理论建立的；观念的组合在心灵中发挥作用的方式，一如引力在物质世界发挥作用的方式。他把观念的组合描述为“一种吸引力，我们会发现，这种力量在心灵世界所发挥的作用，与它在自然界一样神奇；其表现方式也

是形式多样，一如其在自然界的表现”。[1]

拉梅特里把真正的哲学家理解为工程师，他能把人类心灵这件仪器拆解为不同组件；伏尔泰把哲学家看作杰出的解剖学家，他（伏尔泰在称赞洛克）能解释人类的理性，一如解剖学家能够说明人类身体的发育。法国启蒙思想家及其在别国的信徒撰写了很多哲学著作，在这些著作中，关于科学的比喻随处可见；18 世纪初，巴特勒把自然界理解为一个有机体，半个世纪后，佩里把自然界比作一块怀表。人们用科学的方法来研究“自然道德”与“自然宗教”（人皆有之，但是在不道德行为最少的——农村或原始——社会里，其存 53
在尤为明显），一如他们研究动物或植物的生命。狄德罗把社会生活比作一个有许多车间的大工厂。

作为一个基督徒和主教，贝克莱丝毫不反感这种经验主义，相反他觉得，只有这种哲学才符合唯心主义，唯心主义是其全部信念之源泉。在他看来，洛克的经验主义还不够彻底。从某种意义上说，贝克莱是正确的；洛克崇拜 17 世纪的科学，他似乎把这种科学用于心灵现象，然而这种科学绝非严格的经验主义。相反，在伽利略和笛卡尔看来，感官世界模糊不清，令人费解；很多现象只能用定性的术语来描述，换言之，对严格的、可量化的、科学的世界观来说，这是无法接受的。科学所研究的“第一”性质本身不能直接由

[1] *A Treatise of Human Nature*（《人性论》），1.1.4。

感官感知。

世界上有这样两个领域：一个是可量化的、可精确测量的领域，占有空间的物体存在于该领域，它们具有运动与静止、明确的形状、固态、特定的温度（这是微粒在运动）等属性；另一个是由颜色、气味与滋味、不同程度的冷与热、高低不同的声音等组成的领域，这些属性是主观的，因此不可靠。洛克的基本原则是，认识起源于感觉，但是他发现，要想具有连贯性，“第一”性质与“第二”性质都要同样多地依赖感性证据，这样他就很难解释为什么偏偏“第一”性质具有那样的重要性和优先地位——自然科学似乎赋予了它们这样的地位。所以他犹豫不决，一方面他要考虑连贯性，另一方面他又三心二意地说，第二性质以某种方式来自第一性质，与其说它们是可以感知的，毋宁说它们以某种方式引发某些感觉经验。他发现在物质实体的问题上，他也遇到同样的困难；在物理学家看来，感官当然不会也不可能直接感
54 知物质实体，因此对严格的经验主义来说，物质实体这个观念是不可接受的。

贝克莱坚决反对物理学的这种“让步”以及各种妥协及其诉求。实际上他觉得，这种二元论并不符合他所倡导的彻头彻尾的经验主义。物质的主观感觉与其客观属性的对比是可疑的。感觉是认识的唯一源泉。世界由思想、感情和感觉组成——这些都是行为者心中的“观念”，都是上帝及其创造物（人）心中的观念。此外别无他物，我们起码可以说，

物质世界就是如此。他认为物质世界具有经验主义的连贯性，又相信精神实体的存在，他把二者联系起来。精神实体即永恒的灵魂或精神，这是一些能动的存在物，与那些被动的实体不同，精神实体的存在不依赖于人们的感知，也不依赖于以其他方式出现于人们的经验之中：我们没有这些实体的“观念”，却有它们的“概念”（17 世纪时，贝克莱的先辈就是这样称呼这些不可感知的意识），这些概念也许包含某些关系，不过这些关系显然也是不可感知的。他在这方面的立场是柏拉图主义与感觉主义的奇特结合；从休谟开始，贝克莱的批评者经常指责他缺乏连贯性，其实不然。

在贝克莱看来，这种概念是难以理解的：外部实体远离可能的感觉经验，以至于从理论上说，人们不可能形成关于它们的观念。他既是彻底的唯心主义者，又是连贯的感觉主义者。他所有论证的基础是：科学术语声称不可感知的物质是存在的，但与此同时他又主张，我们的全部知识必须以我们能够感知的事物为依据，而且只能以此为依据；如果不受这些术语的迷惑，我们就能坚持正统基督教的立场，相信宇宙本质上是精神的。对洛克与休谟来说，数学代表最完美的知识——数学是清晰性和毋庸置疑的确定性之典范，与此相 55
比，其他知识都是有缺陷的；但贝克莱认为，数学暗示我们，有在世界上并不存在的虚构实体。他认为，几何图形不是理想实体，不受所有真实的实体必须通过经验观察来证明其存在这一点制约，几何图形与其他事物一样，都是感觉的内容。从理论上说，一条线包含一定数量的、可数的最小可感物（minima sensibilia）——如果是奇数，该线就不能被精确地等分，无论几何学家会说什么。经验论和唯名论会走什么极端，由此可见一斑；只是在这种意义上，这个古怪论点也有几分趣味。

洛克和休谟对数学的看法是真实可信的，尽管他们对数学推论的阐释不能完全令人信服，但是他们和莱布尼茨一样，都已清楚地认识到数学推论与经验事实的陈述之间的区别。特别是休谟，很清楚形式蕴含的陈述与事实蕴含的陈述之间的区别；形式蕴含的陈述即逻辑、算数或代数的陈述（他对几何学的讨论模糊不清，而且犹豫不决），事实蕴含的陈述即主张事物真的存在的那些陈述。其实他的主要贡献恰恰在于，他已经清楚地认识到，诸如必然性和同一性等概念，严格说来应当属于形式学科——理性主义者称之为“理性的真理”，因为其对立面是自相矛盾的（与“事实的真理”正好相反，后者不能通过任何纯粹形式的方法来检验）——在描述世界的知识领域，它们没有任何地位，而以为它们有地位，在很大程度上就是错误的形而上学得以存在的原因。

通过观察外部世界，通过反思，抑或通过概括这些“能力”所取得的资料，我们还是找不到必然性和同一性等关系。因此它们不是连接真实实体的真实关系，我们也不可能在现实世界找到它们。所以知识应当分为两大类：一类知识

宣称它具有“必然性”，这种知识依赖于形式标准，不能提

供任何关于世界的信息。另一类知识宣称它能提供关于世界的信息，这种知识只有或然性，不是绝对可靠的；如果我们所谓确定性是指逻辑或数学的确定性，那么这类知识就没有确定性。两类命题的这种区分，和“综合命题”与“分析命题”、“经验命题”与“先验命题”的区分密切相关，一场哲学大讨论由此发端，这场讨论把康德从独断论的迷梦中唤醒，成为现代哲学史的转折点。

康德哲学是很多19世纪观念的源泉，他与此前的理性主义和经验主义传统彻底决裂，从而结束了前人把哲学变成一门自然科学的大胆尝试。他是第一个清楚地认识哲学的任务的思想家。他认为，哲学的任务是——而且始终是——不要回答经验问题，那是其他专门学科的任务，从另外一个层面看，那也是普通常识的任务。哲学也不可能是一门纯粹演绎的学科，如逻辑或数学等形式学科。哲学的主要问题既不能通过经验研究而找到一种明确的解决方法（例如观念的起源问题——人们试图回答，观念“从何而来”，这是心理学家、生理学家、人类学家等研究的问题），也不能根据自明或先验的公理进行演绎而获得解答，如经院哲学家和理性主义者所坚持的那样，因为在一个人看来是自明的公理——或者信仰和直接启示——在另一个人看来，可能就不是自明的。康德是认识到这种真理的第一位大哲学家。他正确地指出，单纯的演绎不能增加我们对事物或人类的认识，也不能回答或解决那些看来具有哲学意义的问题。他提出的问题和

使用的方法（无论是否有效），主要是为了分析那些最普遍、
57 最广泛的概念和范畴。根据陈述所需的不同证据，以及所预设的不同概念之间的关系，他区分了我们所做的不同种类的陈述。

康德特别清楚地指出，人们把两个问题混为一谈，这是18世纪哲学的主要错误，具体地说，日常经验中判断与范畴的种类问题，完全不同于经验、信念或态度的“起源”问题。“事必有因”，“这张纸不可能在同一时间、同一处既是蓝色又是棕色”等命题，与“爱尔兰没有蛇”，“昨天我头疼”等命题，显然具有不同的逻辑原理（不仅具有不同的起源）。如果有人怀疑，所有事件是否都有一个原因、毕达哥拉斯定理是否正确、这张纸在同一时间能否既是棕色又是蓝色，那么为他收集更多例证，如不同事件之间的关系；或者收集更多直角三角形与测量三个边的平方的工具；或者收集更多的纸，有些纸全是棕色，有些纸全是蓝色，但是没有一张纸同时全是棕色，又全是蓝色，这样做纯属徒劳。反驳该怀疑者的这些方法毫无用处，因为让某人相信这些命题是正确的，与我们证明某些关于世界的事实命题是正确的，两种方法显然不同，换言之，提出某种经验证据，我们就能证明事实命题。这里的问题是，“为了证明某个命题是正确的，人们应该提出哪些合理的证据或保证呢？”这个问题完全不同于以下问题：“我或你（或其他任何人）如何知道某个命题是正确的？”后一个问题的答案来自发生心理学，它取决

于很多偶然因素与一个人的人生际遇。 58

伟大的古典经验主义者有这样一个共同特征（连休谟也不例外，尽管他非常了解不同的逻辑类型，而且成功地、令人信服地证明，恰恰因为归纳推理绝不可能变成演绎推理，所以我们有理由说，我们不可能在事实领域发现确定性）：他们把两个问题混为一谈，他们认为，对后一个问题（知识的起源或认知的方法问题）的某种回答，自然蕴含着对前一个问题（某个命题包含哪些概念，证明该命题的真实性的正确方法是什么）的某种回答。

这种混淆之所以出现，是因为这些哲学家总是把两个不同的问题合并为一个模糊不清的问题：“我们如何才能认识命题 X？”这个问题既不是问：“像 X 这样的命题，有哪些合理的证据或证明？”也不是问：“我们对 X 的认识（或印象）来自何处？”这种混淆的一个最好例证，出现在洛克《人类理解论》第一卷，洛克告诉我们，以儿童为例，他们生来并不知道不矛盾律，洛克似乎认为，这能证明这种命题的逻辑属性。知识的起源问题是一个事实问题，像霍布斯、洛克那样，经验主义者认为，知识不是“先天的”，不是上帝或自然在我们出生之前就“印在”我们心灵之上的，也不是来自“直观”，并没有一种不同于甚至优越于感官的渠道；他们的意思是，只有心理学——它被正确地理解为一门经验科学——才能回答这一问题。人们努力证明，哲学存在于这样的经验方法之中（如果不以观察为基础，它会有什么价值

呢？），正是这种努力既培育了18世纪观念中最有启发性的深刻洞见，又造成了有害于它的重要错误——把哲学等同于
59 科学。

康德并不是没有这一缺陷，不过他的确把哲学的重心从两个问题——“从什么可以推论出什么？”“无论在心灵之内，抑或在心灵之外，世界上究竟有哪些实体？”——转向考察那些我们借以思考和推理的最普遍的概念和范畴概念。那是一些基本观念或基本关系，如时间、空间、数量、因果性与物质性，我们似乎无法摆脱那些概念，或只能在很小的范围内摆脱，即使是借助了想象力也不例外。讲解具体学科的教科书是不讨论那些概念的，因为它们太普遍、太宽泛，从表面看，它们不适合任何分类，既非经验实体，亦非形式实体。哲学史在很大程度上致力于探讨这些问题，它们的主题很难分类；这些难题困扰着许多人的心，人们解决或阐述这些问题的方式，与他们解决某个具体学科的难题的方式截然不同：在某个具体的领域，求得答案的那种方法无论多么难找，它本身都不会是一个难题。不同的时代有不同的哲学问题，进步（或倒退）不会是一条直线，因为决定着人们会以何种方式和概念来思考、感觉和交流的那些因素，会影响人类的语言和观念，使之发生变化——那些因素的作用方式似乎没有任何规律可循。

这些考虑离18世纪经验主义大哲学家的观念还相当遥远。在他们看来，万物皆在灿烂的阳光下，在其继承者中，

极少数人不这样认为。科学在物质世界成就了伟大事业，它一定能在心灵世界再创伟业；进一步说，它一定能在社会关系、政治关系领域再现辉煌。根据理性的规划，牛顿已无可辩驳地证明物质世界的结构；根据理性的规划，洛克、休谟及其法国信徒好像解释了人类思想感情的内在世界；理性的 60
规划也一定适用于社会领域。人是自然事物，仿佛树木与石头，我们可以用研究原子或植物的方法，来研究人们的交往方式。一旦发现人类行为的规律，并将其融入理性的社会学——类似于物理学或动物学的一门学科——我们就能用最有效的、符合物理事实和心灵事实的本质的方法，来研究、阐释并满足人类的真实需求。自然界是一个宇宙：这里没有任何不和谐的事物；我们应该做什么，我们应该如何生活，什么能使人公正、理性或幸福，这些都是事实问题，某一问题的正确答案，不可能不适用于其他问题。因此，建立一个完全公正、完全道德、完全满意的社会的理想，并非空想。

不仅自然科学家及其支持者和代言人怀有这种看法。理性主义者莱布尼茨、其信徒沃尔夫以及他们的追随者，同样是满怀信心地坚持这种主张。他们认为，理性思维是我们认识宇宙的一种方式，大大优于经验方法。与经验主义的对手相比，他们可能更坚定地相信，真理是一个单一而和谐的知识体系，以前的一切体系——宗教、神话和宇宙学——不过是许多不同的道路，有的长一些，有的宽一些，有的弯路多一些，有的暗一些，它们都通往相同的理性目标；所有学科、所有信仰、最狂热的迷信以及最野蛮的习俗，都会随着文明的进步而“洗掉”它们的非理性因素，都会在最终的正确哲学中实现和谐融通，这种哲学能为所有时间、所有地点的所有人，解决所有的理论问题和实践问题。这种崇高信念激励着推崇理性的莱辛、信仰科学的杜尔哥、信仰上帝的摩西·门德尔松以及不信上帝的孔多塞。这是他们的共同
61 信念，尽管他们具有大不相同的性情、观点和信仰。有神论者和无神论者、必然式进步的信仰者和怀疑一切的悲观主义者、坚强的法国唯物主义者和多愁善感的德国诗人与思想家，仿佛结成了统一战线，他们坚信，一旦发现客观答案，就能解决一切问题；一旦找到客观答案——为什么会找不到呢？——所有人都能清楚地理解这种答案，它将永远有效。

诚然，不同的声音首先在德国出现，然后出现在英国；18 世纪中期，这种声音开始变大，它认为，人或人类社会与无机物或动物界并不相似，将其看作相似的而混为一谈，必将导致灾难。约翰逊和柏克、哈曼与赫尔德（从某种意义上说，还有孟德斯鸠和休谟），发动了这场反叛，这场运动注定要发展壮大。不过，这还只是一些互不关联的怀疑。

毫无疑问，把科学方法真正用于管理人类事务，已经取得丰硕成果，人类的痛苦减轻了，不公平的现象减少了或得到防范，愚昧无知被戳穿。教条被推翻，偏见与迷信被牢牢钉在耻辱柱上。人们越来越相信，如果经常用奥秘、黑暗和权威来为独断专行辩护，往往是许多掩盖自私、懒惰或愚笨

的卑鄙谎言，这判断常被成功地证实。人类试图证明，世界万物都按照机械方式运动，高明的技术能够根除所有罪恶，人类灵魂的工程师和人类肉体的工程师也许存在。事实证明，这个核心理想虚妄不实。不过，后来的事实证明，其错误赶不上它在 19 世纪遭到的批判，因为那时的思想家用同样错误的论据抨击它，无论在观念上，还是在政治上，其影响都更有害，更残酷。18 世纪最有才华的思想家所展示的观念力量、诚实、清晰、勇敢及其对真理的无私的爱，时至今日，仍然无与伦比。这是人类生活中非常美好而乐观的一个时代。 62

人类观念史上最大胆的创新者之一

1744 年，詹巴蒂斯塔·维柯逝世，从此他成为观念史上的一个特殊人物。在自己的祖国，他名声卓著；在其他国家，却很少有人知道他的名字。关于他的观念，甚至专业的哲学家们也很少提及，至少英语国家的情况是如此。然而他是人类观念史上最大胆的创新者之一。他的名声主要归功于两个人：一个是历史学家儒勒·米什莱，在维柯去世前不久，米什莱曾这样评价他："维柯是我唯一的老师。他所谓生命力的原则、**人类创造自身**的原则，是我著述与教学的指南"[1]；另一个是哲学家贝内代托·克罗齐，在漫长而多产的学术活动中，他曾不厌其烦地称赞维柯的才华。然而，维柯无论在他那个时代，还是在我们这个时代，始终处于主流哲学传统的边缘。他的观念还不是真经，还属于伪经——他还是一个古怪的、特立独行的人物；专门研究哲学史、意大利思想与文学或者 18 世纪早期历史的人，才会对他感兴趣。仿佛半个世纪前作曲家当中的柏辽兹，或者 19 世纪画家当
63 中的皮耶罗·德拉·弗朗切斯卡，他是一位只有少数人敬重的大师，这个领域的多数著作家对他都是轻描淡写。

维柯的成就却令人惊讶。他提出的关于人和人类社会的

[1] Preface to *L'Histoire de France*（《法国历史》）, Jules Michelet, *Oeuvres complètes*（《米什莱全集》）, ed. Paul Viallanneix (Paris, 1971—) iv 14; quoted in M. H. Fish's *The Autobiography of Giambattisa Vico*（《维柯自传》）, trans. Max Harold Fish and Thomas Goddard Bergin (Ithaca, New York, 1944), 79。

本质的观念，既大胆，又重要；他抨击当时人们所理解的知识的本质，揭示或指出一种到那时为止人们从未讨论过却非常重要的多样性；他实际上创造了文化观念；直到我们这个世纪，人们才认识到他的数学理论具有革命意义；他预见到浪漫主义者与历史主义者的美学，几乎改造了这一学科；他实际上创造了比较人类学和比较语文学，创立了历史研究和社会科学研究的新方法；他对语言、神话、法律、象征以及社会发展与文化发展的关系的理解，体现了一个天才人物的真知灼见；他第一个做出了自然科学与人文学科的著名区分，从此这种划分成为学术研究的一个重要问题。可是与古代哲学家不同，与笛卡尔和斯宾诺莎、莱布尼茨和洛克、贝克莱和休谟、康德和黑格尔不同，他一直处于主流传统之外。尽管有人赞同他的观念——例如柯勒律治、雷奥帕蒂或米什莱——但是被他们发现以后，他很快又湮没无闻了；19世纪末，他再次被人发现，又再次被人遗忘，只有在他的祖国例外。

今天，人们对他又产生了兴趣，但是这种兴趣看来不会持续很久——维柯肯定会被再次忽略，不过，思想家们会再次发现他，他们为其湮没无闻打抱不平。这种遭遇的主要原因也许是，他的著作晦涩难懂而且杂乱无章。他的观念是一片盘根错节的森林地带，包含着新颖的思想、深奥的典故与引述、突如其来的注解与题外话——思想丰富、奇特、模糊不清、引人入胜、富于暗示，却没有可读性。太多的新观念

在同一时间蜂拥而至，争相表现；他想就太多话题发表太多
64 见解；不同的观点相互冲突，又相互掩盖；这虽然赋予其所
有著述一种澎湃的生命力，却无助于清晰或优雅。读者会被
他攻击，会觉得手足无措，直至精疲力竭；任何观念都没有
得到恰当的表述或进一步的展开，也没有组织成一篇连贯的
文章。读他的文章会很累人。正如比才对柏辽兹的评价所
言，他是一个没有任何才能的天才。但他说的很多东西都非
常重要——新颖独特，令人信服。

维柯的人生有点像他的著述：缺乏安排，灰心丧气，没有被充分认可。他父亲是那不勒斯的一个穷书商；他知识渊博但缺乏条理，很可能也是因为，他既有机会读书，也有机会与他父亲的顾客交谈。青年时代早期发生的一起事故让他落下终身残疾，损害了他的健康。他始终处境窘迫，一生都在努力养活自己和全家，他觉得很难让学者们对他的著作感兴趣，不过在生命的最后几年，他开始有名气了。他当过那不勒斯大学的修辞学教授，可惜这个职位工资不高，迫不得已，他经常为一些支持他的名人代笔，以贴补家用。简言之，他是一个穷困潦倒、脾气暴躁、多少令人同情的学者，只要有条件，他就著书立说，可惜他所处的那个社会未能认识其卓越才华。尽管他一直渴望被社会认可，但是当他形成了《新科学》的核心观念时，他知道，“进入一个此前无人涉足的领域”这句老话完全适用于他：他知道他做出了天才的发现，这个信念一直支撑着他。

这个发现是什么？其中心思想如下：人类能够理解自己
的历史，其方式不同于，而且在维柯看来，要优于他们理解
自然事物的方式。唯因如此，要理解某物，不仅仅是描述
它，或者把它分析为不同的组成部分，就必须懂得它是如何 65
出现的——事物的产生与发展；而某物的本质恰恰在于成为
它那样的事物。简言之，真正的理解总要追本溯源，对人
类及其成就的真正理解总是历史的，而非超时间的或者分
析的。

17 世纪末，人们并未忽视历史研究。事实上，学识渊博的文物专家，包括教会内外的所有人士，正在为现代历史学打基础。然而，只有数学家和自然科学家才是那个时代真正的学界大师，他们的成就是那个时代的骄傲，在他们看来，历史研究值得怀疑。在维柯的青年时代，笛卡尔及其信徒主宰着思想界，笛卡尔清楚地指出，真正的知识以清晰的、不可反驳的公理以及这些规则的应用为基础，根据这些前提，人们能严密地推导出某些结论，建立一个各方面都有逻辑保证的知识体系。

只有在这种无比坚实的基础上才能建立真正的知识体系。变化是历史结论的显著特征，可是变化的规律何在？什么历史公理已被证明是毋庸置疑的？历史或许像旅行，是一种惬意的消遣，然而，即使对古代世界做最详尽的研究，人们也不会获得像自然科学的巨大进步显然已经取得的那种意义上的新知识。在科学领域，科学家以前人的研究为基础：

后一代能比前一代看得更远、更深，因为他们站在前人的肩膀上；但是在人文学科领域——在寻找过去的知识时——我们顶多能知道他们知道的那些事情。我们对自然界的认识远远超过古人，但是，笛卡尔问道，最博学的罗马研究者能知道西塞罗的女仆不知道的事情吗？这是进步吗？此外，历史学家的研究方法丝毫不科学，既无证明，又无实验，因
66 此它们不值得重视：他们的结论也许有趣，却无关紧要。真正能推动知识向前发展的人，是不会在这些问题上浪费时间的。

还有一个领域也开始抨击历史研究。15 世纪中叶以后，怀疑主义者已经指出，人们几乎没有理由相信历史学家：他们可能主观臆断，心怀偏见；纵然不是贪财受贿、腐化堕落的雇佣文人，但是由于虚荣、爱国热情、党派精神或愚昧无知，他们也可能歪曲真理。一切历史归根结蒂都是以目击证人的证词为基础。如果历史学家本人参与了他所描述的这些事情，他就会不可避免地支持某一派系；否则他不可能清楚地知道那些重要信息，因为只有参与者才能知道内情，他们不可能泄露这个秘密。因此，历史学家要么参与他所描述的历史事件，因而支持某一派系，要么不参与这些事件，而可能为那些歪曲事实、从中渔利的人所误导；还有一种情况，他可能远离正确的信息源，知道的不多。所以历史学家们很容易互相矛盾，不同时代持有不同观点，甚至不同历史学家也持有不同观点，这是众人皆知的事实。

这种系统化的闲谈有何用途？如果某人试图脱离文献资料，只依靠现存的文物古迹，那么这些还不足以证明历史学家想要描述和解释的那些人的真实生活、动机、目的和行为。文物古迹差不多适用于任何理论，它们过于空洞，提供的信息太少。

维柯最初深受触动——与其说是受皮洛信徒（人们经常
这样称呼他们）的怀疑主义，毋宁说是受笛卡尔主义者的正
面进攻触动。自然科学，尤其是数学的巨大成就是不可否认
的，它们无所不在，引人入胜，不过他的兴趣在其他方面。
从性情看，他是古文物家，也是法学家，喜好法律、制度，
特别是罗马帝国的历史；他待人真诚，直觉敏锐，精通文 67
学，想象力丰富，对风格、观点与表达方式的细微变化非常
敏感——但是他不能感知抽象体系的结构或外部世界的数量
特征。他这种类型的人能发现经验中那些难以把握、不可分
析的特征，却不能认识那些可测量、可定义、能归入清楚的
合乎逻辑的科学体系的事物。

他高举反叛大旗：他承认，笛卡尔对数学的论述是正确的、可证明的、完全清楚的、不可反驳的，但这是因为数学不能给我们提供任何关于世界的知识。数学是人类观念创造出来的一个体系，仿佛一种游戏，规则是由人类制定的，其目的明白易懂，因为它们正是为了这一目的而被制定的。数学是人创造的，它不是实在（reality）的摹本。他大胆地否定了自毕达哥拉斯或柏拉图以来人们一直持有的一种观点，

即数学命题体现了完美无缺的永恒真理，它们高于不断变化的世界，符合实在的最普遍特征——数学是实在的骨架或永恒结构。与数学不同，现实世界绝非清澈透明：它晦暗不明。

他重新提出古代基督教的一个真理：人能完全理解他自己创造的事物。如果像上帝一样，人能无中生有（对上帝来说，认识即创造），他就能理解他的创造物，因为他是创造者——万物是其自由的创造性意志的产物。唯有上帝完全理解世界，因为他创造了世界。至于人，他不可能完全理解外部世界，因为他没有创造世界。我们完全理解几何学，因为我们创造了它；如果能创造物质世界，我们就能完全理解它，可是我们不能创造宇宙。物理学中有我们无法理解的事物，即物质本身，我们只知道它来自外部，我们不能像上帝
68 那样认识物质，它来自上帝的意愿——从某种意义上说，它是上帝的观念。我们只能理解我们创造的事物：数学、艺术作品、法律体系与规章制度，因为我们创造了它们，所以我们能从内部认识它们。

这本来是中世纪的理论，霍布斯发展了它；维柯用它来区分两种不同的知识，其成熟的理论发表于 1710 年。正如上帝知道人一样，莎士比亚知道（维柯没有用这个例子）哈姆莱特是什么，因为他创造了这个人物，但是莎士比亚不知道一块石头或一棵树是什么，因为他没有创造它们。我们可以说，一棵树长什么样，在它身上发生过什么事情，也就是说，在一个外部观察者看来，那些事情意味着什么，但是我

们不可能“理解它”，因为我们不可能变成一棵树，也不可能创造一棵树。我们永远不可能透彻理解自然界的某些事情，因为我们不可能创造物质。笛卡尔确实主张由清楚明白的观念构成的知识，这适用于数学，因为数学不在“自然界”，而在“我们心中”，它确实可知，但是它不提供任何关于世界的知识。

至于外部事物，只有清晰、明确还不够。“例如，当我不舒服的时候，我不可能知道不舒服有什么形状；我心里很难受，我不知道其边际何在”；但是“不舒服的观念鲜活而真切，毋庸置疑”。[1] 我能说它不是真的吗，因为它不能被定义、不能被测量、不能被分析为同一的基本因素？性质不符合笛卡尔提出的那些范畴，就不是真的了吗？我们的力学知识多于物理知识，如霍布斯所言，在力学领域，我们可以随意使用那些零件。我们理解我们的使用方法，因为那是我们制定的；但是外部自然所遵循的规律，却不是我们创造的，我们只能记录和描述，却不能理解，因为只有按照自己 69
的目的创造了它们的人，才能理解它们。因此数学、物理学与通常所说的自然科学，并非人们所夸耀的知识之典范，可是从古希腊到文艺复兴以及此后的年代，它们一直被看作知识的典范。

[1] *De antiquissima italorum sapientia*（《先贤的智慧》），chapter 4，section 2（靠近结尾处）。

可是有这样一个领域，在这里我能获得比这更多的认识，没有必要只记录事物的统一性——什么事物发生于什么事物之前或之后，或者与什么事物同时发生——我还可以进一步追问："它为什么会发生？""其目的是什么？"如果我解释自己的行为，我不仅要描述它，而且要说明我的动机、我之所以这样做的理由以及行动计划，我的行为是这个计划的一部分。这也是我的生活方式的组成部分，我能把自己的生活方式告诉别人——至少从理论上说，我能随意地修改它、接受它或者抛弃它，我必须对此负责。当我有意识地做某件事情时，我起码知道，我的行为显然是有原因的；我不仅可以问，我的身体正在做什么，而且可以问，**我的目的是什么**，我的行为是为了什么，我想做什么。我绝不能对树木、石头甚至动物提出这些问题，即使它们有某种动机，我也不敢谎称我看得透这些动机。

如果我能反思自身，根据目的——或根据希望、恐惧、愿望、决定、怀疑、爱、恨、自私、原则等——来解释我的行为，那么我也能用它来解释别人的行为，因为我与他们交往时，已假设他们和我一样。如果我可以这样理解我的现在，我就可以通过回忆和想象力的再创造，来理解我的过去；我就可以用同样的方式来理解与我有关的那些人，例如我的家人、我的宗族、我的城市、我的阶级、我的职业、我的民族、我的教会、我的文化，乃至整个人类。与生物学家不同，我不仅是通过观察身体动作、推测原因，来认识他

们。通过直接的类比，根据别人对我的反应，根据我与他们
的交往，我也能理解他们。和我一样的被造物对我讲话，我
能理解他们。在文明时代，他们使用高级语言，但是人们还 70
通过其他方式进行交流——例如手势、象形文字、唱歌、跳
舞，文字的出现可能远远早于口头语言。他们互相讲话，还
与不可见的力量讲话，他们相信，这些力量比他们更强大，
是他们的主宰——例如早期文明所信仰的众神、古希腊人和
罗马人心目中的森林女神以及犹太人和基督徒所崇拜的真
神。他们以礼拜的方式与神明交流。

人们希望交流，希望表达自己的思想感情，希望建立共同的制度，以表达其信仰、希望、心愿、恐惧和想象，于是他们创造了社会制度。我们是人，所以我们能够理解别人的经验；我们可能出错——这种知识不是绝对可靠。这样的互相交流，建立在人们对不同的动机、观点和生活方式的理解之上，从理论上说，这种互相交流的基础不同于我们对外部世界的认识，因为归根结底，对外部世界的认识只能记录已发生的事件或发生的方式，我们全然不知为什么会发生这种事件，甚至不知道这个问题是否有意义。这种理解也不同于形式学科——如数学、逻辑以及各种比赛规则，我们完全理解这些学科，因为是我们创造了它们，可是（和我们对自身的认识不同）它们不能为我们提供关于实在的任何知识，也不能告诉我们，什么事物真的存在。后一种知识能让我们在心中重温过去。

这就是维柯迈出的重要步伐。他提出这种观点的时间大约是1720年，当时他正醉心于重新撰写人类历史的宏伟愿景，他要根据人的行为，根据人们对文物古迹的研究，根据人类行为留下的冰冷遗物，重写历史；历史学家的著作也许真实，也许不真实，他没有依赖这类著作，而是依赖人们创造的事物，他们用这些事物与其他人或上帝进行交流：例如
71 古代文物、词语、艺术作品以及社会制度，其他人也能理解这些事物，因为他们也是人，因为这些交流是在人与人之间进行的。

当我读一本书或听一个人讲话时，我能理解他在说什么，换言之，我知道他想做什么。自然这部大书只有上帝能读懂；社会制度则不然——例如神话、传说、语言结构、礼仪、诗歌、艺术作品、法律以及习俗——人类创造了它们以表达自己的思想感情；因此通过想象的同情机制，别人也能理解这些制度。这棵树比那棵树高，水能灭火，恺撒征服了高卢人，如何计数，如何骑马，这类知识完全不同于另一类知识，例如什么是爱国，什么是敬畏上帝，什么是嫉妒对手，什么是反抗暴君，什么是祈祷，什么是挨饿，什么是使用权力，什么是维护原则，什么是叛徒，什么是发动革命。

维柯的理想是建立一门真正的新科学：从“内部”看，换言之，从参与者而非旁观者的角度看，通过他坚称可能的、有时却很艰难的一种方法——凭借想象力（fantasia），“进入”在时间或空间上远离我们社会的那些人的心灵——

去考察他们创造了什么，他们曾经是什么，他们做过什么，他们遭受了什么苦难；新科学应该以此为基础。为了实现这个目标，需要让前人的作品直接与我们交流，这样我们就会明白，他们如何理解世界，他们希望做什么，世界如何显现给他们，他们如何适应、理解、改造和征服这个世界，他们如何互相征服，如何建立新的关系，如何创造，如何表达自己的思想感情，如何采取行动。维柯在青年时代就读过卢克莱修的著作。卢克莱修不是基督徒，更糟糕的是，他信仰伊壁鸠鲁的无神论，胆小怕事的维柯却是一个高度专制而势力强大的教会的成员，因此他并不强调这一点；然而他深受卢克莱修的影响，具体地说，卢克莱修认为，人类会从残酷的野蛮状态迈向更加文明的生活方式。维柯告诉我们，只有通过极其巨大的努力，我们才能进入那些野蛮而残酷的原始
人的想象之中，他们与我们截然不同；不过他们是人，因此 72
也是交流者与行为者；如果我们尽了自己最大的努力，那么无论如何，至少能在某种程度上重建他们的世界。随着他们更接近我们的时代，他们会变得更容易通过“移情作用”来理解。

基本原则仍然是，人类只能真正理解他们创造的事物；他们理解得最好的，是自己创造的那些事物，但是他们也能理解别人创造的事物，因为创造是集体行为，原始社会尤其如此。因此，神话绝非邪恶的牧师所散布的关于实在的不真实的故事，他们并非愚弄弱智民众的骗子；神话既

不是诗人创造的、用来怡情养性的人造饰品，也不是哲学家创造的、能更有效地表达真理的方法；神话实际上是早期先民天生就有的、理解和管理世界的方式，是决定着他们的视野的一些概念和范畴。当罗马诗人说，万物都充满了朱庇特主神，他的意思可能是什么？一方面，朱庇特是长满胡子的雷公，是众神之主；与此同时，他还是天。雷电同时还是无边无际的天空，这个说法对我们没有意义；但是对原始人来说，雷公一定是有意义的，原始人清楚地表达了他们那个社会所具有的视野；现在的任务是，我们必须进入一种情境，由此我们才能逐步理解，既然他们以这种方式表达自己的思想感情，那么在他们看来，世界究竟如何——这就是维柯所谓“可信的不可能性”[1]——对他们来说，这种明喻、暗喻和象喻，是描述世界，表达思想感情的自然方式。

对古希腊人来说，波塞冬既是挥动三叉戟的人，又是掌管着世界上所有海洋的神；西布莉既是悍妇，又是大地之神；赫拉克勒斯既是一个英雄，同时又是许多英雄。希腊人还有阿哥斯的赫拉克勒斯、雅典的赫拉克勒斯以及底比斯的
73 赫拉克勒斯；他是多，也是一。对我们来说，这是陌生的，甚至是无法理解的，但是这并不意味着对希腊人来说也是如此。（维柯认为）我们一定能进入这些远古的野蛮人的意识，以他们的方式观察世界；这样，也只有这样，我们才能理解

[1] *New Science*（《新科学》），paragraph 384。

他们的诗歌、神话、制度、礼仪及其社会，才能明白我们从何而来。

理解的意思是，弄清与别人交谈的那些人的看法——他们的谈话也被我们偶尔听到。通过研究某些话语的历史，我们能明白，这些话语所指的事物究竟是什么意思，人们对它们的看法是否发生了变化；在我们想理解的那些人的生活中，这些事物发挥了什么作用。维柯所做的词源说明有时异想天开，但其观念新颖而丰富；语言旨在表达观念，它与观念是一体的，语言的变化不仅能证明观念的变化，它还是观念之变化的重要组成部分。神话、艺术、法律以及宗教的历史，都是如此。人类历史是创造世界的人们的活动史，分期史是一代又一代的人对这些世界的态度的历史，是集体生活的历史，人类在这些生活中先后发挥了不同的作用。艺术不仅是一种装饰——它是一种正在说话的声音，它要通过具体的物质形态来表达一种观念。

维柯认为，所有民族注定要经历相同的文化周期：从原始社会到野蛮状态和严厉的寡头政治，然后是富豪统治、民主制、言论自由、怀疑论，最后走向衰落；从虔诚、严厉、处罚，到逐步宽容与奢侈，直到崩溃。此后可能出现几种情况：要么软弱而堕落的民族被某个充满朝气的、尚处于早期发展阶段的民族所征服，要么回归某个强大的矢志复兴的统
治者（如奥古斯都，维柯在考察历史时，主要以罗马为对 74
象）所重建的坚定的道德信念，要么彻底崩溃，返回原始洞

穴，再度开始一个新的周期。[1]

唯独犹太人例外，因为上帝已经赐予他们真理，他们已经找到自觉的道路，不需要进化了，上帝（或神）让其他所有民族接受进化，却未必将他的用意启示给他们。正因为我们缺乏历史想象力，我们才觉得，古人的诗歌与神话仿佛一些幼稚的错误。如果我们不理解原始社会，那么我们绝不可能理解这个社会的那些壮丽诗篇，例如荷马史诗——它们是当时人们的思想感情的自然表露。在维柯看来，荷马不是唯一的作者，一个人凭空想象了那些诗歌，像后来的某些诗人那样；他代表了整个希腊民族，他们正在庆祝其勇敢的生活方式，正如但丁在第二个文化周期——人类的中世纪——的相应阶段所写的那些诗歌。

文化有自己先定的历史，各种文化都有各自的特点、主要风格以及生活方式，某种整体性结构把所有这些方面联系起来，因此某些种类的语言习惯、视觉艺术、宗教信仰与宗教形式以及诗歌与散文，总是对应于某些经济结构——事实上，由某个基本模式统一起来的文化，决定着人们的所有

[1] 维柯最著名的论述之一，是他所谓“二度野蛮状态”——当日趋发展的奢靡生活、唯物主义和利己主义摧毁社会关系之后，人类社会将陷入这种状态。（他认为，宗教权威是社会关系不可或缺的要素。）如果出现这种情况，那么人类纵然聚集在一起，他们却“生活得像野兽一样，精神和意志极端孤独，几乎没有哪两个人能够达成共识”。他们沦为“温文尔雅的”低级的原始人（《新科学》，第1106段）。“后工业化社会”让人失去人性，这种现象的现代批评家几乎不可能对“异化的人”做出比这段话更好的描述。

活动——这个新观念是维柯提出的最新颖、最富创造性的观点之一。举例来说，人们普遍认为，古罗马人的最早的法律“十二铜表法”来自梭伦统治时期的雅典；在他看来，根据以上理论，这显然是错误的。从历史的角度看，这种传播是不可能的。他观点的事实依据是当时罗马特有的拉丁语成语（十二铜表法的语言）以及我们所知道的、体现于传说中的早期罗马帝国的习俗（传说往往有某种“真凭实据”或者说真实性）——这些生活方式及作为其表达方式的语言，与梭伦时期的雅典文化毫不相容，那种文化同样是由语言、法律、习俗以及文物来表述的，那一种文化不可能转化为这一种文化。文化差异非常之大。 75

根据这种历史分期法与历史归属法，人们不仅有理由说某首诗、某个花瓶或某场战争不属于某个时代或某种文化，而且有理由说它不可能属于这个时代或这种文化，因为它不符合这个时代的其他特征——这是人们对某种文化结构的认识，现在的艺术史、技术史以及经济史（仅举少数几例）都建立在这种认识之上——这种方法实际上是维柯发明的。除了意大利，其他国家的人都不读他的书或理解其观念（即使在意大利，读他的书的人也不是很多），这是一个不幸而奇怪的事实。维柯当时的影响，可能只限于那不勒斯的法学家，但是这无损于其观念的原创性。

历史理解不同于我们认识或把握外部世界的方式，不同于科学方法，无论演绎法或假说—演绎法，抑或归纳法；不同于形而上学的“直觉”或概念分析（无论我们如何定义它们）；也不同于形式科学的方法，如逻辑、数学、博弈论、纹章学等——无论这种观点在何种程度上是正确的，它都是维柯名垂青史的一种资格。他的本质观也是如此，在他看
76 来，本质不是静止的，而是在流变：人的本质不是一个永恒不变的核心，自然规律的倡导者却认为，任何时代、任何人的本质都是相同的；维柯认为，人的本质是一个不断发展的过程，是一种生成（nascimento），本质（natura）起源于此；人类历史上发生的所有事件，只能发生于大循环模式中的某个适当位置。

由此看来，大约十九个世纪以前波利比乌斯的悲叹——如果哲学家（而不是祭司）负责管理人类社会的开端，他们本来可以避免很多错误和愚蠢行为——显然是荒谬的。维柯对波利比乌斯和理性主义者的回答是，除非是在文化的早期阶段，否则哲学不仅不会，也不可能出现。发展的顺序是永恒不变的，巫术的出现必然早于理性思维。人们观察世界的方式各不相同，这些观察方式依赖于人类已经达到的发展阶段：每个阶段都有自己的思维方式和表达方式。因此，荷马史诗的美与力量只能属于野蛮社会，主宰着这里的是冷酷无情、野心勃勃而又贪得无厌的寡头统治者，这是荷马史诗的发祥地；它们不可能再现于一个以法律纠纷、哲学和散文为文化特征的时代，因为这个时代缺乏那些自发的、栩栩如生的明喻和暗喻，只有它们才能表达对于复杂程度与自我意识

十分有限的早期文化很自然的观点。

如果说神话是一道门，我们可以由此追溯人类观念的发展，“进入”先人想象中的那个宇宙，那么暗喻则不同于现代的暗喻，不像维柯那个时代的法国评论家所批评的那样，是一种自觉的、虚假的、巴洛克式的装饰，这些批评家拿这些丰富的暗喻，和“伟大时代”的伟大作家所具有的古典式直白与明晰，进行不利的对比。暗喻和明喻开始出现时，是一种自然的表达方式。如果英雄时代的诗人说心中热血沸腾，那是因为在他们看来，与他们所熟悉的世界上其他任何事情相比，愤怒之情更像一腔沸腾的热血。如果这个“英雄时代”的人们说到河流的嘴、花瓶的唇、大地的脖子、矿石的脉络、大地的内脏（或者微笑的天空、低语的波浪、哭泣 77
的垂柳），他们的目的不是要增强语言的效果，刻意追求诗性或传达神秘玄奥的真理，相反，这种语言自然而又自发地表达了他们所感知的世界。

万物有灵论和拟人论是两种集体意识，属于不同的社会组织，会随着该社会组织的消亡而消亡；起源于这集体意识、作为文明的某个阶段的声音的诗歌，它所具有的那种力量和崇高精神，不可能在世界历史上再次出现，除非人类历史的永恒的周期式发展，又一次达到了相同的文化阶段。希望原始人能用我们所谓本义文字来描述他们的宇宙，是一种全然无知的表现，这种观点不懂得人类是如何发展的，他们是什么，因为人类**就是**其诞生、上升、到达顶点，然后衰落的过程。在我们看来是有意为之的一些暗喻，实即我们的祖先与生俱来的表达方式，他们要表达自己所看到的、感到的、听到的或担心的事情——与他们有着密切的联系的一切。人们必须以这种方式来理解所有的艺术，把它看作一种自然而然的反应方式和表达方式。正是在这种意义上，艺术是通向历史之门户。

据称，认识真理或正义的唯一正确的方式是存在的；从理论上说，自然规律是任何人在任何时间、任何地点都能把握的真理。很久以前，亚里士多德暗示了这种观点，斯多葛主义者坚持这种观点，与维柯属于同一世纪的格劳秀斯也持这种看法；在维柯看来，这些说法不堪一击。原始人没有，也不可能按照永恒不变的、超越时空的原则来生活，因为如果那样，就不可能有发展或历史变化，只能有永恒的循环，一如动物的生命。人是一种具有自我改造能力的动物，某些需求满足后，他会改变自己的性格，产生新的需求，选择新的生活方式：他就是永恒的成长，神意指引着他，作用于他的情感和缺陷。固定的、永恒不变的、适用于所有时代和所有人的“核心观念”并不存在，人类生活与人类历史中的一
78 切，只能被理解为某个过程中的一些变化因素。人们能认识这个过程，因为它遵循着一种可以理解的模式，维柯已经发现了该模式的永恒原理，在这个模式中，精神因素、经济因素与社会因素相互交织。

与其他天才的创新者一样，在新视野的支配下，维柯也

会过分强调自己的发现。欧几里德，甚至修昔底德都是他们时代的产物，但即使不从他们各自的文化背景来考察其观念，人们还是能够理解（尽管不是完全理解）他们的语言。不过维柯的观念具有革新力。他是历史主义和文化社会学的真正鼻祖；他首次提出，各种形式的艺术或文化，在各自的时代都是合理的；如 W. 刘易斯所言，他是反对“人文科学进步之魔鬼”[1] 的第一人。最重要的是，他区分了两种知识：理解一个笑话，一首诗，一种性格、观点、价值体系以及某种文化，不同于理解数学知识、科学知识、实用技能以及日常的实际知识。最让他出名的，却是他的所有理论中原创性和可信度最低的一种理论，即历史循环论。他生前已经厄运缠身，死后还是厄运不断。

他那个时代的名人基本上不知道他。少数几个意大利学者做了一些他们力所能及的事情；他的信徒——杜尼、切萨罗蒂、费兰杰里——努力提高他的知名度。但他那个时代最著名的思想家还是基本上不了解他的著述。即使某学术期刊的一个编辑，以及一两个不重要的德国学者，多少注意到他的著作（他总是不知疲倦地向当时的名人传播自己的著述），没有任何证据能够证明孟德斯鸠读过他的书。（后来有一两个评论家宣称，孟德斯鸠重复了维柯的观念，这种说法似乎没有根据。）

[1] 参见同名著作（London，1954）。

意大利的法学家和批评家从他那里获益匪浅，他们认为某些法国学者也是如此。但是没有任何证据表明伏尔泰或丰
79 特奈尔、沃尔夫或休谟曾听说过他。然而他却预见到后来一个世纪，德国古典学术研究领域所取得的某些最辉煌的成就。“如果毕达哥拉斯还记得，他前生曾在特洛伊城下战斗，”1831 年米什莱这样写道，“这些大名鼎鼎的德国人就应该记得，他们都体验过维柯的观念。《新科学》这部小而杂的著作，几乎囊括了所有的大批评家，还绰绰有余。”[1] 当这一事实摆到著名的荷马专家 F. A. 沃尔夫以及同样著名的罗马史专家 B. G. 尼布尔面前时，他们都显得不是很愉快。

柯勒律治、托马斯·阿诺德、马克思、狄尔泰、叶芝以及乔伊斯（例如《芬尼根守灵夜》有很多维柯式论断和暗喻）都承认他的才华。但是除了在他的祖国，除了专门研究文学史或观念史的人，其他人并不读他的书。哲学家和哲学史家还是对他不感兴趣，只有少数几个例外。这显然就是他那些著作的命运，正如他自己的理论对人类本质的论述，它们将被遗忘，然后再次出现，成就了短暂的辉煌之后，再度
80 湮灭无闻，直至下一轮回，如此反复，以至无穷。

[1] Preface to *Histoire romaine*（《罗马史》）: *Oeuvres complètes*（《全集》），参见上文第 63 页注释 1。

俄国观念史

观念史是什么？这不是一个清楚而自明的概念。像“政治史”、“经济史”以及“社会史”等术语，无论其边界多么不清，无论它们有多少重叠，都不是一个模糊不清的概念。它们旨在描述某些多少可以界定的人群：这些人做过什么，遭遇如何；他们怎么与人交往；有些人在某些方面产生过重要影响，改变了同胞的生活，他们的成就和命运如何；他们与外部自然的关系、与其他人群的关系如何，他们的制度——立法、司法、行政、宗教、经济和艺术的管理体制——是如何发展的，等等。同样的道理，无论会有多少困难，从理论上说，我们很容易理解，艺术与科学的历史指的是什么：何为艺术作品，何为科学发现或发明，以及取得这些成就的条件，都是比较清楚的问题。但是何为观念史呢？是观念的历史吗？是些什么观念？谁提出的这些观念？这些观念不属于任何一个有清晰定义的领域；数学观念、哲学观念、科学观念、美学观念、技术观念以及经济观念，都有各自“学术”领域的历史。可是把这些历史简单地排列组合在一起，显然写不出一部具有普遍意义的观念史。

撇开这个问题，为了便于讨论，我们暂且承认可以提出以下问题：哪些观念，或者更模糊地说，哪些看法流行于某
81 个时代的某个社会；进一步说，我们能够，事实上也很想了解，在该社会的历史上，某个转型期的某些观念产生过哪些影响；此外，我们也许有理由说，某个观念流派夸大或低估了某些观念或一般而言的观念所发挥的作用——唯心主义

者、马克思主义者或实证主义者是正确的或错误的，因为他们认为，如果某个人或某个团体心目中没有形成某些信念或某种思维方式，某次革命或某场战争就不可能爆发。这些观念或态度是否某种非思维过程——如地理、经济或生物——的附属物，或者反过来，它们是否一些独立因素，不能根据它们以外的其他任何事物来解释，历史学家、哲学家与社会学家往往莫衷一是。这些思考与分歧所针对的问题是什么？如果不是具体学科的具体观念，那究竟是什么？有人说是普遍观念。何为普遍观念？这个问题更难回答。最后我们只能得到一种大致的猜测。

所谓“普遍观念”，我们指的是不同的观点、态度、思维习惯与情感特征，它们有的模糊不清，尚无定义，有的已结晶为宗教制度、法律制度、政治制度、道德体系、社会观点、心理倾向，等等。这些制度及其组成部分共同具有的特征之一是，与很多科学命题和常识命题不同，人们似乎不可能通过准确的定义或大家都认可的标准，来检验这些制度及其组成部分的有效性或真实性，也不可能通过大家普遍认可的一些方法，来证明它们是可行的或不可行的。关于它们，人们最多只能说，它们应该处于中间地带，在那里我们会发现不同的意见、普遍的思想原则和道德原则、价值观念的标准和价值判断、观念倾向、个人的看法与公众的态度——一
切被粗略地概括为“观念背景”、“舆论”、“风俗”以及“普 82
遍看法”的东西，我们通常称之为意识形态（这种说法起源

于马克思）。这个定义不清但内容丰富的领域及其发展变化，就是观念史或“思想史”应该描述、分析和解释的对象。

这些历史，其存在本身就是人类自我意识发展的一种征兆，也是其结果，自我意识的发展导致了以下两大领域的划分：一方面是我们刚才讨论的这个领域——这是意识形态、基本观点、态度、神话、理论解释等人文学科的家园；另一方面是一些井然有序的王国，这里的概念和命题来自更高级、更准确的学科和领域。作为知识的一个门类，观念史诞生于18世纪的意大利，成长于德国（从某种意义上说，也成长于法国和英国）。它很快传遍了东西方。在19世纪和20世纪，俄国出现了一种其他任何国家都未曾有过的强烈的历史自我意识，与此同时，俄国比其他任何国家都更关注意识形态领域的问题。

“社会观念史”或“观念史”之类的名称，经常见诸俄语文章。文化历史学家或文明历史学家曾诞生于其他国家，俄国却是舆论史、普通知识分子的信念和一般观念史的故乡；这些人受人文学科与自然科学的进步以及政治、经济与社会现象的影响，但是他们不一定投身于这些专业事务——这些历史所反映的，不是专家的观点，而是业余爱好者的看法。这一现象的历史原因很多：19世纪初期，沙皇俄国的知识分子与世隔绝；西方式的人文学科与俄国的现实互相对立；俄国正在崛起为一个世界强国，与此同时，浪漫主义思潮，特别是德国的浪漫主义，却方兴未艾；知识分子对宗

教的信仰日趋淡化，他们开始寻找道德和心灵的替代物；政 83
府压制自由的政治活动与社会活动，人们开始想方设法地寻找自我表达与个性发展的方式——特别是以激烈的反抗形式——他们进入观念领域，因此观念成为知识分子的鸦片，尽管苍白无力，这却是难以付诸行动的他们唯一的精神替代物。这个题目很大，不能在这里讨论。无论出于什么原因，我们都能肯定，与其他任何地方相比，俄国人历史中对待观念的态度更严肃，观念的作用更大、更独特。不过，这里出现了一个看似矛盾的现象：这些观念很少诞生于俄国的土壤。

现在，我们应该重新提出以上第二个问题：观念史应该研究谁的观念？对于曾在人类历史上发生过作用的某些思想观念，要追溯它们的起源或作者，这种研究也许毫无意义，因为它庸俗化了人们对观念和行动的看法。谁是民主观念的发明者？谁是权利观念的发明者？义务、荣誉、个体的客观性、进步以及其他一些概念和范畴，已经主宰了西方世界，谁是它们的发明者？尽管如此，我们还是可以指出某种联系。西方政治理论的基本观念，不是起源于印度或犹太地区，而是起源于希腊；数学与自然科学理论也是如此：斯多葛主义者最早发现了现代意义上的因果关系，他们与伊壁鸠鲁主义者最早开始辩论意志自由问题的解决方法。据我们所知，《圣经·耶利米书》可能最先清楚地区分了个人义务和集体义务；作为人与人之间的两种主要关系，爱与正义的比较并非起源于希腊（尽管有《安提戈涅》），但是与人的情感无关的自然规律却起源于希腊，等等。

新的开端——能够改变人的思想和行为的那些观念——确实出现了。人们正确地把根本性的创新归功于柏拉图和亚
84 里士多德、伊壁鸠鲁和欧几里得、《以赛亚书》和《新约》的作者、《罗马法典》和《拿破仑法典》的作者、笛卡尔、康德、马克思、达尔文和弗洛伊德。毫无疑问，这些人都有各自的观念先驱，我们能在别的地方找到其理论根源；但是正因为他们提出了这些理论（无论是如何形成的），才造成了重要的不同，才对别人的思想感情和生活习惯产生了明显的影响。甚至在自然科学领域之外，在某些观念领域，这种追根溯源的方法仍然比较可靠：斯宾诺莎是高等批评的真正鼻祖，孟德斯鸠是历史比较研究的创始人，圣西门建立了技术专家治国论，等等。

在这个发展过程中，俄国人发挥了哪些作用？在数学和自然科学领域，俄国诞生了一批又一批天才人物。俄国人在诗歌领域的成就辉煌灿烂；19 世纪的俄国小说举世无双；时至今日，一代又一代的音乐大师在俄罗斯的土地上茁壮成长——自 19 世纪初以来，俄国文化绝非死水一潭。但是在观念领域，她的显著特征不是创造，而是对他国观念做出独具特色的回应。事实证明，俄国的这个特征是现代世界的一个重要特征。客观真理是存在的，人们能够发现这种真理，个人与社会都能按照它来生活——在现代世界，俄国人的这一观念特征，比其他任何国家的人都更为明显。用极其

严肃的态度来对待观念，这使其焕然一新；这是马克思和弗洛伊德的基本观念的一个关键性结论，他们认为，观念与实践是统一的。一种观念无论诞生于何处，作家、艺术家、批评家、大都市的少数知识分子，以及在他们影响下，其他地方日益增多的、受过一定教育的、真诚而有理想的人，都会根据这一观念来发现真理，进而改造自己的生活。根据某些被认为正确的前提进行严密的推论，即使得出的结论不合心意，这是一种能力；相信只有当一个人把握了真理，并且按照真理生活，他才能成为一个真正的人，才会拥有幸福、创 85
造力、智慧与美德，这是一种理性的信念；缜密的推理、求知的热情、尊严和勇气以及理性的信念——俄国的先进分子从未抛弃理性时代流传下来的这些信念。无论如何，正是凭借这些信念，他们才能改天换地。

其他人也曾发明或发现了某些观念，欣喜若狂，有人如获至宝，有人玩赏品味，有人认为这些观念表达了他们独创的自我张扬的个性，有人则视之以科学的超然态度，以此为科学研究的一部分，但是他们的个人生活或内心生活，往往属于另外一个领域或另外一个层面。俄国知识阶层，或者在 19 世纪俄国观念史上（以及在 20 世纪俄国革命史上）留下足迹的那些人，却走得更远：他们毕生致力于他们认为是正义的事业，矢志不渝；在西方，除了宗教生活，这种情况并不多见。知识阶层并不包括——远远不能包括所有受过教育的俄国人，但他们是这些人当中最活跃的分子。他们并不总是言行如一（受过教育的俄国人都知道，反对农奴制最强烈、最著名的两个人——涅克拉索夫和屠格涅夫——实际上并没有解放自己的农奴）。可是他们的言论鼓舞了其他人，使其成为英雄烈士。

首先，他们宣传人的本质是统一而不可分的观念，并身体力行。职业化的观念（某人作为专家的活动，要与其作为一个普通人的活动分开，社会生活要与个人生活分开，人就是一个演员，时而扮演这一角色，时而扮演那一角色）在俄国的影响力，始终不如它在西方的影响力。职责的划分，专业的划分，有条不紊的社会制度，每个人都有自己的地位与职业，无论在理论上，还是在实践上，这从未成为俄国人的基本观念。甚至在 18 世纪早期，F. 普罗科波维奇不仅是主教、教会官员和神学家，而且是社会与政治领域的改革家与
86 教育家。至于罗蒙诺索夫，俄国观念发展的哪个领域对他来说是陌生的呢？作为诗人、物理学家、语法学家、教育家、作曲家、政府官员以及学识渊博的圣人，这位“俄罗斯的列奥纳多”当之无愧地排在那些多才多艺的杰出人物之列，他们代表着俄国文化。毫无疑问，在一个没有真正学术传统——尽管波兰信仰罗马天主教，其邻近地区偶尔出现异端思想以及西方观念的渗透——也没有发生过文艺复兴或宗教改革的国家，受过教育的少数精英，必须满足其愚昧无知的同胞的一切文化需求。诺维科夫没有多少学识，却充分发挥了自己的潜力；他能彻底开发自己在观念、艺术以及社交

方面的天赋——尽管就那么多。在哪个国家，著名的化学家或真正的弹道学家，同时又是著名的作曲家呢？无论他们的作品多么美观，哪个国家的艺术家不是把自己看作物品的创造者，而是把自己看作先驱和预言家，仅仅因为他们自觉地承担了向民众宣讲的义务？在俄国（还有哪个国家可与之相比？），人们把这个举动看作精英所肩负的使命——实际上是一种神圣的义务——只说真话，只说他们真正相信并将用生命来表达与捍卫的观点；人们认为，对这个目标的任何背离、欺骗或自我放纵，不仅在美学上虚妄不实，在道德上也是一种背叛。

知识分子的大多数代表人物都程度不同地体现了这一特征。谢尔巴托夫和当代欧洲，特别是德国的历史学家一样，严肃认真，乐于告诫他人，诺维科夫为公众利益而献身。冯维辛是旅行者、评论家，首先是讽刺性喜剧家，他的主要目的甚至比西方同辈更有爱国热情和说教意味。著名的历史学家卡拉姆津为祖国的未来殚精竭虑，他相信，他用挚爱、辛 87
劳与文学才华所记录的历史，只是一个崇高的开端。他是俄国保守主义的奠基人，一如柏克是英国保守主义的创始人。虽然这两位始祖的中心观念也许都起源于法国、德国以及古代世界（卡拉姆津的某些观念来自拜占庭与希腊东正教），但是他们所强调的，不是准确地阐述历史事实，而是如何将这些真理用于现在或将来。他们对道德与社会问题的关注，不仅在他们那个时代，而且在整个19世纪都发挥着主导作用。普宁是这种真理普遍化倾向的更好例证。与洪堡相比，他只是个小人物，但是他志存高远：他毕生致力于翻译启蒙运动的观念，以满足俄国人民之需求；人们可能已经想到，他的翻译与原文相距甚远。

至于恰达耶夫，众所周知的《哲学通讯》颇具特色，其新颖之处不在于它提出了新观念，而在于它公开指责自己的祖国，因为她的文化落后于西方，因为她没有真正属于自己的或独创的观念。恰达耶夫的批评及其对西方传统观念与文化的神化，是人们理解此后出现的俄国“社会观念”的一把钥匙。这种批评的重要性是显而易见的，它为后来的作家定了调子，也敲响了关键的音符，直到俄国革命以及此后的年代，这些声音始终在俄国所有重要作家的作品中回荡。这种批评已经点出了一切：它宣布，俄国的过去是一片空白或混乱不堪，唯一正确的文化存在于继承了古罗马传统的西方；东西方教会的分裂剥夺了俄国的生存权，她被留在野蛮状态，孕育的过程夭折了，其他民族必须引以为戒，俄国是众多国家当中的一个怪物。

还有关注自我，是俄国人的显著特征，这一特征基本
88 上来自德国，可是与德国人的作品相比，俄国人的作品更多地体现了这种特点。英国、法国，甚至德国的作家，都在写生活、爱情、自然或人与人之间的关系，俄国则不然，尽管深受歌德、席勒、狄更斯或司汤达之影响，作家的作品却只谈俄国，俄国的过去、现在与未来，俄国人的性格

以及俄国的优点与缺点。所有“该死的问题”（这种说法也许是海涅的发明）在俄语中变成了众人皆知的 proklyatye voprosy[1]——关于俄国的命运（sud’by）问题：我们从哪里来？我们要到哪里去？为什么我们成为现在这样的人？我们应该教育西方，还是向它学习？在心灵的阶梯上，我们“宽广的”斯拉夫胸怀是否优于“欧洲人的”性格——我们这一种源泉可以拯救全人类，抑或我们只是患了幼稚症，还处于野蛮状态，注定被别人取代或毁灭？“多余的人”[2] 的问题已经出现；恰达耶夫与《叶甫盖尼·奥涅金》的作者是亲密朋友，这绝非偶然。这种观念特征同样表现在恰达耶夫所做的一种与此相反的推论中，这个推论也必然影响到此后的作品；恰达耶夫问道：在世界各国都出席的盛宴上，俄国人姗姗来迟，她还年轻、缺乏修养和历练；与历史悠久、文化发达的那些社会相比，她有没有某些明显的优势呢？朝气蓬勃而充满活力的俄罗斯人民，也许能受益于他国的发现与发明；他们那些前辈曾为生活与文化而奋斗，他们却无需遭受那样的痛苦。姗姗来迟不也有很大的好处吗？赫尔岑和车

[1] 这个俄语单词好像是 Mikhail L. Mikhailov 于 1858 年创造的，他用这个词来翻译海涅的诗歌 *Zum Lazarus*（《拉萨路》，1853/1854）中的 die verdammten Fragen（该死的问题）：参见 Stikhotvoreniya Geine, *Sovremennik*（《当代》），1858 no. 3, 125; and *Heinrich Heines sämtliche Werke*（《海涅全集》），iii 225。——编注

[2] 我们所熟悉的“多余的人”这个概念，来自屠格涅夫的 *Dnevnik lishnego cheloveka*（《多余人日记》）：参见 1850 年 3 月 23 日条目。——编注

尔尼雪夫斯基、马克思主义者和反马克思主义者，将以越来
89 越强烈的乐观主义重复这个观点。

最核心、最具影响力的问题仍然是由恰达耶夫提出的。他问道：我们是谁？我们应该走什么道路？我们的教会——唯一的真正的基督教会——是否为我们保存着一些举世无双的珍宝（如亲斯拉夫者所主张的那样），而罗马天主教徒和新教徒都已丢失或毁坏了这些宝藏？西方人看不起这些东西，以为它们既粗糙，又原始，实际上，它们乃生命之源——在后基督的（post-Christian）日益堕落的世界上，这是唯一的纯粹的生命之源，是这样吗？还是反过来，西方人至少在一定程度上是正确的：如果我们要发言，要发挥作用，要让世界看到我们是何种人，难道我们不该向西方学习，掌握他们的技术，在他们的学校读书，努力效仿其人文学科与自然科学，或许还有其生活的某些阴暗面？此后的一个世纪，观念领域的战斗仍以恰达耶夫划出的战线为界：战斗所用的武器是思想观念，无论起源于何处，在俄国，思想观念变成了人们最关心的事情——常常关系到他们的生死存亡——在英国或法国从未出现过类似情况；即使在浪漫主义时期的德国，也从未达到这样的程度。基列耶夫斯基、霍米亚科夫和阿克萨科夫这样回答，别林斯基和杜勃罗留波夫那样回答，卡韦林提出第三种回答。

思想观念起源于西方，它们在俄国人的逻辑与情感中发生变化，然后获得一种足以让它们的创造者惊讶得瞠目结舌的

影响力。西方的观念理论与社会运动哺育了俄国知识分子：这些理论包括法国18世纪的怀疑主义、科学唯物主义和实证主义，德国的历史主义、浪漫主义和唯心主义，法国大革命的理论、信条及其后果，拿破仑建立的新的理性体制，19世纪早期的欧洲革命（中央集权的法国充当了样板），圣西门、傅立叶、欧文、卡贝和勒鲁的乌托邦，迈斯特、博纳尔德和谢林的反击，孔德、费尔巴哈和施特劳斯对形而上学的猛烈抨击，西斯蒙第、密尔、斯宾塞和达尔文主义者的社会理论。这些理论在俄国都有坚定的信徒。因为阅读别林斯基抨击时政的著名文章，陀思妥耶夫斯基遭流放；而这文章又是民主激进观念的表 90
现，这种观念正在文明世界的每一个角落，以理性、正义和自由的名义，号召大众起来反叛。别林斯基逝世后没过多久，欧洲大陆的所有大都市皆以此为信条，相继爆发革命。

西方思想家全神贯注地思考以下问题——心灵与肉体的关系、科学真理与道德真理的关系、个人与社会的关系、历史发展的模式、人类前进应有的目标（也许是被迫趋向的目标）、自由与决定论的关系、文化与大众的关系、经济因素与政治因素何者居于优先地位——这些问题引起了欧洲最优秀的思想家的深切关注。这些问题虽然也对俄国的社会实践不无影响，对大多数人来说，它们仍然是理论。但是在俄国的激进分子以及反对他们的保守分子看来，这些问题刻不容缓，人们准备为这些事业献出自己的未来和生命，比如后来他们曾为支持或反对民粹主义、马克思主义或诸如此类的某种信念而战（甚至献出生命）。读过屠格涅夫的《父与子》（甚至《前夜》与《处女地》）的人可能觉得，他生活在车尔尼雪夫斯基、杜勃罗留波夫、卡韦林、安年科夫所描述和抨击的那个世界。西方从未发生过这样的事情：在观念上和道义上，知识阶层的献身精神是完全彻底的，不假思索的，有时甚至是狂热的；他们的性格纯洁无瑕，对真理的追求矢志不渝；任何背信弃义之举——例如通敌，无论这个敌人是国家，还是教会，或者支持某种反启蒙主义的势力——都会使他们惶恐不安。所有这些都可能是人类历史上绝无仅有的。除非把握了这个特征，否则人们无法清楚地理解此后的俄国历史，既不能理解其观念史，也不能理解其社会、经济与政治的历史。

91 这些心理特征的发展史则另当别论。只要说马克思主义的种子撒在了最肥沃的土壤里，就足够了；人们彻底放弃旧世界，满腔热情地投身于社会改造。在欧洲，只有雅各宾派和清教徒有过这样的激情，这种情绪有利于马克思主义的种子生长发育。

把这种态度当作所有受过教育的俄国人的观点，就大错特错了。因为这并非19世纪以前出生的俄国人的典型看法——19世纪前数十年，俄国的艺术和观念与西方同时代的艺术、观念潮流有很多相似之处，人们通常不了解这一点。当梅里美翻译了普希金的散文，当波佐·狄·博尔戈称恰达耶夫为“完美无缺的俄国人”，这些发现可能在西方引起惊讶，但是其实不该如此。根据西方的任何标准，彼得堡和莫斯科都是高度文明的社会（如《战争与和平》所描述的那个世界），19 世纪早期的俄国文学与艺术在很大程度上直接反映了这种社会状况。与此相反，屠格涅夫《父与子》中的巴扎罗夫，如果不是对“60 年代的人”的一种讽刺漫画，就是一种别具风格的、夸大了的肖像，皮萨列夫自豪地说他觉得巴扎罗夫很亲切，他宣传了一种朴素而彻底的实证主义，到 19 世纪末，这种思潮的典型性有所减弱。车尔尼雪夫斯基、皮萨列夫、特卡乔夫以及涅恰耶夫，代表了最强烈、最狭隘的教条主义，还有陀思妥耶夫斯基那执迷的、同样非典型的想象，以及契诃夫对于徒劳无益的研究，这些因素共同构成了众所周知的“斯拉夫灵魂”，在西方，人们经常错误地认为斯拉夫灵魂真的存在。

俄国革命前的两个朝代，俄国知识分子的领袖们，无论
激进派还是温和派，无论马克思主义者还是反马克思主义
者，以及那个时代的作家和艺术家，既不缺宽广的知识面，
也不缺均衡的想象力、批判性思维，也不缺冷静的常识——
尽管人们经常认为，他们没有这后一种能力。谁要是怀疑这 92
一点，他就该撇开车尔尼雪夫斯基的《怎么办？》或皮萨列
夫的《美学的毁灭》，看看 1905 年那次流产了的革命前以
及随后几年的文学艺术，更应该看看当时的社会政治文献。
俄国文化的“白银时代”——科学（包括社会科学）、人文
学科以及纯艺术的白银时代，是欧洲大发展的重要组成部
分，而不是一种偏远的、野蛮的、怪异的、发展不平衡的文

化所独有的成就。

后来的一代更富于怀疑精神。俄国知识分子的幻想破灭了，受过教育的人与没有受过教育的人之间，出现了一条鸿沟。受过教育的人与社会的“有机”联系消失了，他们批判社会，本来是为了改造它，现在，他们不能对社会产生任何影响。老一代知识分子的封笔之作，是以书信的形式完成的：一位年迈的著名评论家和他同时代的朋友——才华横溢的、有良好教养的、著名的象征主义诗人，讨论那个曾经哺育他们成长的世界的没落。批评家米哈伊尔·格尔申宗是犹太人，他坦言，过去并没有被忘记，更没有被埋葬，这副重担把人压得粉碎——有些人饱受西方及希伯来文化之熏陶，沉迷于历史，对这些人来说，无论如何，传统都是一副重得难以承受的担子。诗人维亚切斯拉夫·伊万诺夫是“希腊”文化的代言人，也是拜占庭传统的继承者，他试图把西方古代文化与基督教、狄奥尼索斯与基督合而为一。他认为，这种综合即使不能改造并拯救民众，也能改造并拯救个人。一种文明正在衰落，这是其最终的、迷人而悲惨之绝笔。从某种意义上说，它毁于自己造成的巨大灾难，它的目光故意避开“新大陆”，而革命以后的俄国社会将开足马力驶向那里。
93 当今时代，两大世界之间出现了一种划时代的（就该词的字
面含义而言）对抗。俄国知识分子的文献，从几乎被遗忘的
过去的历史中所勾起的，正是此前两个世纪那种文明中的社
94 会政治观以及西方对它的影响。

被神化的那个人

1856年，伊凡·阿克萨科夫走访了位于欧洲大陆的俄罗斯的一些省区中心城市，在描述这一旅程时，他这样写道：

> 任何一个喜欢思考的年轻人，任何一个在我们这偏远地区生活的乌烟瘴气中渴望新鲜空气的人，都听说过别林斯基的名字……如果你想找一个诚实的、对被压迫者的不幸遭遇怀有同情心的人，或者如果你想找一个诚实的、敢于斗争的法官，那就到这些省区城市，到别林斯基的信徒中去找吧。[1]

我们显然是在考察一个重要现象——19世纪30至40年代，满怀理想主义信念的俄罗斯青年，痛恨当时的社会、观念以及道德状况，他们自然而然地把别林斯基看作自己的领袖。回顾这一时期的知识分子——屠格涅夫、赫尔岑、安年科夫、陀思妥耶夫斯基，我们会发现，他们也强调别林斯基的这个方面，称他为俄罗斯知识分子的“良知”，雄心勃勃而又无所畏惧的政论家，勇于反叛的年轻一代的理想；在俄国，许多人都有某种感受，但是他们要么不会，要么不敢公开地说，唯独他具有这样的性格与口才，能清晰而严厉地表达民众的心声。

[1] *Ivan Sergeevich Aksakov v ego pis'makh*（《书信中的阿克萨科夫》，Moscow, 1888—1896）, iii, 290—291。

维萨里昂·别林斯基的名字是19世纪最大的俄罗斯神话，独裁政体的支持者与东正教会的信仰者都憎恨他。也因如此，他成为19世纪自由与革命运动的理想化的鼻祖；事实上，他是1917年达到顶峰的那场政治运动的创始人之 95
一，它所推翻的，正是他到晚年厌恶与抨击的一种社会秩序。自从别林斯基逝世后，俄国所有的激进派作家都宣称他是他们的始祖；19世纪60年代的左翼作家——俄国革命的宣传者涅克拉索夫、车尔尼雪夫斯基、皮萨列夫、杜勃罗留波夫——以及追随他们的社会主义者拉夫罗夫、普列汉诺夫、列宁及其信徒都公开承认，在19世纪40年代进行的一系列英勇的社会斗争中，别林斯基是最早的英雄之一，并且与赫尔岑都是最伟大的英雄人物之中的两位。

显然，我们起码可以说，他是俄国社会发展史上一位引人注目的人物。赫尔岑在那些无与伦比的回忆录中展示了自己的才华，它们已被翻译为几种欧洲语言；别林斯基却仍被尘封于俄语之中，在西方仍相对鲜为人知。[1] 然而，在文学

[1] 本文作于1947年。此后，别林斯基的一些著作被翻译为其他语言。下列三部著作收录了作者的一些已被翻译成英语的文章：V. G. Belinsky, *Selected Philosophical Works*（《哲学著作选集》, Moscow, 1948; 1956）; Ralph E. Matlaw (ed.), *Belinsky, Chernyshevsky; and Dobrolyubov: Selected Criticism*（《别林斯基、车尔尼雪夫斯基、杜勃罗留波夫批评文集》, New York, 1962; repr., Bloomington and London, 1976）; W. J. Leatherbarrow and D. C. Offord (trans. and ed.), *A Documentary History of Russian Thought from the Enlightenment to Marxism*（《俄国观念史：从启蒙运动到马克思主义》, Ann Arbor, 1987）。——编注

领域，他是系统的社会批评的真正鼻祖和大师，19 世纪后半叶，这种方法产生了很大影响；他反对用审美的、宗教的或非理性的态度对待历史和艺术，是其最出色和最令人敬畏的反对者。从 19 世纪开始，直到 20 世纪，他的观念成为学术大辩论的中心战场：互相对立的俄国文学批评流派、印象主义者与现实主义者、唯心主义者与唯物主义者、审美主义者与社会主义者，以及截然相反的艺术观、社会观与生活观，各抒己见。苏联时期，这场辩论结束了，胜利者
96 压制失败者的意见，别林斯基被封为新生活的创始人。但在西方，这些问题仍悬而未决。唯因如此，他非常值得我们研究。

从表面看，他的个人生活平淡无奇，甚至令人沮丧。1810 年或 1811 年，他出生于申巴市一个贫困家庭，这是俄国中部奔萨省的一个城市。他父亲是海军军医，后来开了家小诊所，开始酗酒。童年时期，他瘦弱，不苟言笑，患有肺病，生活穷困，但是他很快引起了老师的注意，因为他酷爱文学，满腔热情地追求真理，热情到让人觉得尴尬。作为一个受资助的贫困生，他去了莫斯科，在被视为贵族之家的莫斯科大学，饱尝出身寒微的穷学生必须经历的所有苦恼与辛酸，后来他被大学开除，理由不详，可能是因为他写了一个不合时宜的、具有颠覆性的剧本，谴责农奴制。一位思想激进的美术教授收留了他，鼓励他写文学评论。从 1835 年起，别林斯基在不同刊物上发表了大量的文

章与评论。它们倡导新的真理，从此受过教育的俄罗斯人分为对立的阵营。别林斯基以卖文为生，因此他越写越多。大部分文章都是仓促而成，很多文章华而不实，缺乏想象——纯粹是为了赚取稿费。但是他的优秀作品，虽然遭到很多敌意的批评，直到现在仍被视为俄罗斯的经典，流芳百世。

别林斯基看上去像个农民，他的举止笨拙、鲁莽而神经质；在陌生人面前，他特别腼腆，常常是闷闷不乐。和好朋友在一起，例如年轻的激进分子屠格涅夫、博特金、伊万·阿克萨科夫、巴枯宁、格拉诺夫斯基，他总是生机勃勃，妙趣横生。讨论文学问题时，每到激烈之处，他总是目光闪亮，眼睛瞪得很大，踱来踱去，声音洪亮，语速很快，言辞激烈，时而咳嗽，时而舞动双臂。在社交场合，他出奇地笨拙与胆怯，有一次他打翻了一瓶
酒，弄脏了茹科夫斯基的宫廷制服。他赶紧离开晚会，一 97
路跑回自己的宿舍，倒在床上，精神几乎要崩溃，一连睡了三天。赫尔岑在自己的回忆录中说，别林斯基很善于辩论：

> 只有当他与别人辩论时，或是被别人激怒了，他才善于辞令；如果他觉得受到了伤害，如果他珍视的信念遭到怀疑，那么他脸部的肌肉会发抖，他有话要说（哎，你真该看看他那时的表现），他仿佛一只猎豹，迅速扑

> 向论敌，把对方撕成碎片；他会让对手陷入荒谬，不可救药。与此同时，他会用令人惊讶的诗情与才华，阐发自己的观念。[1]

别林斯基的一生跌宕起伏，观念上、道德上的危机接连不断，他的健康受到严重危害。他选择的科目是文学，对纯文学的因素，对词语的声音与节奏及其包含的形象、诗意和审美情感，非常敏感，但是在他的生命中，这些并非最重要的因素。观念的影响才是最重要的因素；观念不仅表现为一些判断或理论，而且具有一种我们更熟悉，却更难以表达的含义，这种意义上的观念不仅包括思想，而且包括情感、本能与行为方式。这种意义上的观念总是让别林斯基兴奋不已，有时他会处于激奋的道德状态。让他苦恼不已的问题有：个体与自身的关系，个体与其他个体的关系，个体与社会的关系，特别是个体与艺术家想象力的作品的关系。别林斯基的问题总是与道德有关。在他看来，观念不仅是有趣，令人愉快，甚至不仅是从理性的角度看很重要。观念的关键在于正
98 确与否，错误观念必然有害，必须抛弃。所有图书都包含某种观念，虽然有些图书的观念性不很明显，这就是文学批评家的研究对象。

[1] *My Past and Thought*（《往事与随想》），part 4, chapter 25: SS ix 31。

要理解这一点，请看以下不同寻常的例子：别林斯基印发了一份短篇书评，探讨最新出版的俄文版《威克菲尔德牧师》，这篇并不出名的评论清楚地表达了他的立场。[1]别林斯基不喜欢戈德史密斯的这部名著，他认为，通过威克菲尔德牧师这个人物形象，戈德史密斯表达了如下思想：冷漠、愚笨或不称职，归根结底要胜于斗士、社会改革家或积极进取的新思想倡导者所具有的那些品质。威克菲尔德牧师被描述成一个心灵纯洁的好人，富于基督徒的顺从精神；作者暗示，这种天生的良善有些令人厌恶，但是它优于精明、理智或行动。

在别林斯基看来，这是一种极端恶劣的异端邪说。所有图书都要表达某些观念，都建立在一些深层的基本假设之上，如美学的基本假设、心理学的基本假设以及关于社会的基本假设；作者对威克菲尔德牧师的看法是庸俗的、错误的。他是在赞美这样一种人，这种人不参与生存斗争，而是袖手旁观，不承担任何义务，纯洁无瑕；一旦进入社会，他们只能上当受骗，惨遭失败，但是在精

[1] 本文作于1947年，写作此文时，别林斯基研究者普遍认为，这篇（没有署名的）发表在1847年11月的 *Sovremennik*（《当代》），1847, vol. 6.1, part 3（'Russkaya literatura'），77—86的书评是别林斯基写的。可是后来人们发现，其作者是 A. D. Galakhov，并且他曾在 'Moe sotrudnichestov v zhurnalakh'，*Istoricheskii vestnik*（《历史导报》）26（1886），312—335的第323页提到该书评。他的观点非常接近别林斯基的观点，也许是受了别林斯基的影响，所以我把他们的观点保留于此。——编注

神上和道义上，他们是胜利者。这很接近众所周知的俄国理想：圣愚，即陀思妥耶夫斯基笔下的白痴或托尔斯泰小说中的普拉东·卡拉塔耶夫。对别林斯基来说，这是在赞美普通的俄国资产阶级所持有的那种“得过且过”的人生态度，他们都是冈察洛夫的著名长篇小说中那位可怜的奥博洛莫夫。这是在为懒惰开脱罪责，也是一种不诚实的表白，这种态度把怯懦当作高级智慧，把失败
99 与妥协当作对人生的深刻领悟。我们可以说，这有些夸大其辞，它把可怜的威克菲尔德牧师描述得过于荒唐可笑。这个例子清楚地说明，新的社会批评理论开始用于文学评论。人物评价不再取决于他们是好人还是坏人，他们的内心世界是善的还是恶的，而要看他们与世界的关系。

对别林斯基来说，书和观念是头等大事，关系到人的生与死、获救与受罚，因此他对它们的反应是极其强烈的。别林斯基是道德家，他提倡世俗道德，坚决反对宗教信仰。在他看来，宗教是对理性的侮辱，神学家是江湖骗子，教会是阴谋集团。他认为客观真理是可知的：科学能够揭示自然界的真理，历史能够揭示社会领域的真理，是非感能够揭示人们心灵深处的真理。如果你想理解人生的真谛，生活得有意义，那么你必须认清，哪些是永恒的、非常重要的，哪些是短暂的、华而不实的。

为此你必须潜入生活大潮之下——如弗吉尼亚·伍尔

夫所言，生命之流仿佛一个“半透明的袋子”，[1] 从生到死，我们一直生活在这个袋子里。你必须细心观察海底的结构、风力的大小以及潮汐的流向，你的目的不是认识这些现象，而是要把握它们的活动规律，以便驾驭你的生活之舟。你可能遇到千难万险，饱经风霜，愈挫愈勇；你的目标是真理和社会正义，这是值得你追求的唯一目标。停留于表面，忘情于对表面现象和自身感受的生动描述，不是道德痴呆，便是蓄意作恶，热衷此道的人将自取灭亡。唯独完整无缺的真理是美的，它不可能是丑陋的、有害的或无关紧要的；它不可 100
能存在于事物的表面，也不可能存在于生命之流的潮起潮落中。真理藏在深处，只显现给的探求者，因此它不适合于中立者或超脱者，而适合于有道德义务者；对后一类人来说，为了探求真理，为了把自己和其他人从错误的观念、习俗和自欺欺人的行为中解放出来，他们愿意牺牲自己的一切。这是俄国知识阶层的信条——别林斯基是其首倡者——也是他们从道义上和政治上反对专制、教会以及民族主义的行动纲领，因为这些是沙皇政府的三大支柱。

如果别林斯基觉得某种观念具有新意或重要性，甚至真理性，他就会欣喜若狂，用有语病却热情洋溢的句子，把自

[1] [Virginia Woolf]，‘Modern Novels’（《现代长篇小说》），*The Times Literary Supplement*（《泰晤士报文学增刊》），10 April 1919，189，col. 4。这篇没有署名的文章经伍尔夫修订后，取名为‘Modern Fiction’（《现代小说》），收录于其文集 *The Common Reader*（《普通读者》，London, 1925）。

己的发现公之于世，仿佛等待就会导致灾难，因为民众的注意力摇摆不定，容易分散。此外，人们应该满怀热情地宣布他们所发现的真理，心平气和的表述也许不能揭示其不可或缺的重要意义。热情洋溢的别林斯基确实发现并过分称赞了几位毫无价值的作家和批评家，他们的名字早已被人遗忘。但是在这个过程中，他也确实最早发现了光芒四射的“俄罗斯文学的太阳”亚历山大·普希金；他发现并恰如其分地评价了莱蒙托夫、果戈理、屠格涅夫、陀思妥耶夫斯基，以及一些二流作家如冈察洛夫、格里戈洛维奇、科尔佐夫。

当然在别林斯基成名以前，普希金的文学才华已经得到社会的认可，但是别林斯基明确指出了普希金的重要意义：他不仅是一位才华横溢的诗人，而且是名副其实的俄国文学与现代俄语之父，他决定了俄国文学的发展方向及其在民族生活中的重要位置。普希金不仅是此前遥远而陌生的领域上的拓荒者，而且是最深层、最有民族特征的俄罗斯传统的集大成者；作为诗人，他恰如其分地把自己看作一位先驱和先知，凭借其诗歌艺术，他让俄国社会意识到，虽然俄国内乱
101 不断，陷入严重的无政府状态，虽然与其他民族相比，她的国际地位无足轻重，但是她有自己的精神追求和政治权利。

俄国的批评学并不局限于文学，而是与道德、政治、制度以及精神生活的各个方面融为一体；在这个领域，普希金占有十分特殊而重要的位置。一个诗人完全主宰一个大国的想象力以及她所服膺的自我认识，这种事情实属罕见；但

丁、莎士比亚、荷马、维吉尔、歌德也改造了各自国家的国民思想，却没有达到如此高的程度。

别林斯基首次是在普希金身上看到了俄罗斯的太阳，在这颗巨星的光辉照耀下，俄罗斯人民的思想感情迅速成长。普希金是一个欢快、优雅、挑剔而轻浮的人，他觉得别林斯基对他的评价十分离奇，他说别林斯基“性情古怪，不知道为什么，他好像崇拜我”。他有些害怕别林斯基；在他看来，别林斯基不能登大雅之堂，因此他们未曾会面。

实际上，别林斯基试图根据普希金的诗歌艺术和普希金的性格特征，来阐述他所理解的创造性艺术家是什么样和应该是什么样，无论他自己是否认识到这一点。有些批评家，他们的主要目的和技能就是对艺术现象做批评性或历史性的分析，但是别林斯基不属于这样一类。他厌恶细节，不喜欢精雕细刻的学术研究；他博览群书，但缺乏系统性。他不停地阅读，不知疲倦地吸收新知识，他的精神处于高度兴奋的忘我状态（朋友们称他为“疯狂的贝萨里翁”[1]），直到最后一刻。然后他奋笔疾书，夜以继日。他是一位出类拔萃的文学批评家，具有一种独特的才能，其程度在西方可以说无人能及：他对一切文学印象的反应都有一种令人惊讶的清新与热情。他和其他著名评论家的区别正在于

[1] 原文 Bessarione Furioso，贝萨里翁是文艺复兴时期著名的希腊学者，枢机主教。——译注

此：他的见解完全是直接的；在他和对象之间，没有任何
102 阻隔。

对于所有关心祖国状况的俄罗斯人来说，核心问题是社会问题；对别林斯基的生活和工作最具决定性的一个影响，或许是他的社会出身。他出身贫寒，他的家乡一穷二白，属于落后地区的一座无名小镇。从某种意义上说，莫斯科的确教育了他，使他变得温和，但是他质朴的个性依然如故，他的文风是自我意识的、粗犷的，有时甚至是咄咄逼人的。这种文风现在开始流行于俄国文学，长盛不衰。别林斯基之所以用这种语气说话，主要是因为这种气势宏大、情感丰富的语调，这种粗犷风格，对他来说，就像对贝多芬来说，是与生俱来的。别林斯基的追随者继承了这种风格，因为他们属于愤怒一族，这种风格向来都是愤怒与反抗的语气，它预示着暴力反抗即将到来的严肃；被侮辱与被压迫的广大农民，用粗犷的声音向全世界宣布，可耻的旧制度带给他们的苦难生活即将过去。

别林斯基是第一个，也是最具影响力的“一代新人”，这是一些激进主义者和革命者，他们不仅动摇了，而且最终摧毁了俄罗斯文学中典型的贵族传统。那些文学精英，普希金的朋友们，拿破仑战争以后虽然从国外学到很多激进的观念，有些还是十二月党人的追随者，但是总的来看，他们属于保守派，即使其观念不保守，其社会习惯和气质特征也是保守的，他们与宫廷和军队关系密切，具有强烈

的爱国热情。在别林斯基看来，这似乎是一种落后的世界观，他坚信，俄国的主要任务是向西方学习，而不是教导西方；亲斯拉夫运动起源于浪漫主义的错误认识，有时则起源于盲目的民族主义的妄自尊大；西方的科学突飞猛进，这是俄国摆脱落后状态的唯一希望。

就观念而言，这位物质文明的倡导者大声疾呼，俄国必须采纳西方文化；就情感而言，他比同时代的任何人都更像俄国人，心情也更郁闷。他不会说任何外语，除了俄 103
国，他无法适应其他任何国家的生活；在国外，他觉得痛苦不堪，备受迫害。他认为西方习俗值得尊重与模仿，可是对他来说，那是难以忍受的。一到国外，他就非常想家；一个月之后，他会因为思乡而陷入狂乱。由此看来，与同时代的任何人，甚至与陀思妥耶夫斯基相比，他更能代表真正的斯拉夫气质与生活方式。

观念信念与情感偏好（有时甚至是身体偏好）之间这种深刻的内在冲突，是典型的俄国病。19 世纪在向前推进，社会各阶级之间的斗争变得更加激烈而鲜明，让别林斯基苦恼不已的这种心理冲突也变得更加清晰：革命党人，无论社会民主派、社会革命派，抑或共产主义者，若不是贵族或大学教授——易言之，就职业而言属于某个国际团体的成员——他们都会毕恭毕敬地向西方学习，他们认可西方文化，尤其是西方的科学、技术、政治思想以及政治制度；可是当他们不得不移居国外时，他们却发现国外的生活比其他形式的流放更难忍受。与约翰逊博士或威廉·科贝特一样，我们不能说别林斯基是一个自觉自愿的政治流亡者。

从某种意义上说，这种既爱又恨的奇特心理，内在于当代俄国对欧洲的态度：一方面是思想上的尊敬、嫉妒与羡慕，希望仿效并超越；另一方面是情感上的敌对、怀疑与蔑视，觉得自己是笨拙的、多余的，是局外人。因此面对西方的价值观念，他们时而顶礼膜拜，时而藐视嘲弄。最近访问过苏联的人不可能忽视这种现象：思想上的缺陷与情感上的优越合而为一，一方面认为，西方是令人羡慕的，因为那里的人们善于自我克制，聪明、高效，事业有成；另一方面，
104 又认为他们麻木、冷漠、吝啬、工于心计、画地为牢，没有远大的目标或宽广的胸怀，缺乏气冲霄汉、势不可挡的情感；他们不能放弃一切，甚至牺牲自己，去应对某种历史机遇；他们的生命不可能出现姹紫嫣红的景象。这种观点常常出现在别林斯基最具个人特色，也最有代表性的作品中，如果不是他思想中最有价值的因素，也是最有俄国特色的因素。离开这个观念，人们就无法理解俄国的过去和现在，这一特征在今天比以往任何时候都更加清楚。

别林斯基确立了文学与生活的关系，就连有些不同意他观点的作家，如列斯科夫、冈察洛夫以及屠格涅夫（他们从某种意义上说都在追求艺术的理想），也不得不承认这种关系。他们也许不能接受他的理论，但是都受制于他那种无形

的力量，至少不得不与他划清界限。如果他们不是他的追随者，他们也会觉得必须把这件事情说清楚。举例来说，屠格涅夫一方面受到福楼拜的影响，另一方面，他过世的朋友的幽灵对他产生了很大影响，他徒然试图安抚二者；因此他花了很多时间来说服自己和俄国民众，说他的立场在道德上是站得住脚的，他并没有背叛或逃避自己的义务。弄清某人在道德上和社会上的正确位置的做法，始终存在于俄国文学之中，直到唯美主义者和象征主义者在伊万诺夫、巴尔蒙、安年斯基以及勃洛克的率领下，起来反对这种习俗。这个运动虽然成绩辉煌，但是寿命不长；苏维埃革命试图复兴别林斯基的理论与艺术的社会标准，尽管是以一种粗陋的，难以辨
认的功利主义的形式。 105

一个没有狂热激情的革命者

1812年4月6日，亚历山大·伊万诺维奇·赫尔岑出生于莫斯科他父亲家中，大约六个月后，拿破仑占领了这座城市；1870年1月21日，他长眠于巴黎，这时，法兰西第二帝国已日薄西山。赫尔岑的父亲，伊万·阿列克谢耶维奇·雅科夫列夫，出生于莫斯科的一个古老而富裕的贵族家庭。在国外旅游期间，他结识了符腾堡一个低级官员的女儿路易莎·海格，并把她带回莫斯科。他让她做家里的女主人，也许是由于社会地位悬殊，他们一直没有结婚。她儿子亚历山大没有继承父亲的名字，而是取名赫尔岑，仿佛是为了纪念其出生的背景。

在其他方面，人们似乎把赫尔岑看作他父亲名副其实的儿子和继承人：他接受了当时只有出身高贵的俄国人才能享有的正规教育；他有过好几个私人教师，给他留下深刻印象的有两位，一位是法国政治流亡者，秘密支持雅各宾派，另一位是俄国学生，具有比较温和的激进思想；1829年，他考入莫斯科大学，学过哲学、文学以及自然科学方面的课程，或者只是当时被莫斯科大学归入自然科学的课程。

和欧洲的其他年轻人一样，激进思想破晓时分，他钦佩法国社会主义者和德国唯心主义哲学家的著作；参加莫斯科的文学沙龙时，他会坚决而又风趣地捍卫他们的观点。和他同时代的人喜欢（或者不喜欢）他，因为他性格欢快，富有
106 魅力，热情洋溢，坚定不移，想象力丰富，知识渊博；他感觉敏锐，他的思想反应敏捷，迅如闪电，勇往直前，“善于

捕猎”（如他的一个朋友所言）；他还精通辩证法；更重要的是，他把宽宏大量的道德理想主义与辛辣的、毫不留情的、极具杀伤力的讽刺性幽默融为一体。

在职业生涯的早期，赫尔岑就发现自己在政治上受到怀疑，这很可能是因为他谈论并支持左派的社会观。后来他任职于政府部门，却两度被流放，每次的罪名都是持有“危险”观念。无论是在被流放时期，还是在莫斯科或圣彼得堡，他都笔耕不辍。他写过杂文、短篇小说和长篇小说，还发表过其中的某些作品，所有这些作品都充满了强烈的反抗精神，抨击当时的社会环境和政治制度。在尼古拉一世统治时期，这种精神在不同程度上成为俄国所有奋起反抗的青年知识阶层的特征。他的朋友屠格涅夫、巴枯宁、斯坦科维奇、格拉诺夫斯基、别林斯基、奥加廖夫，以及那开创了俄国知识分子传统的、著名的青年激进群体的其他成员，尤其体现了这一特征。

赫尔岑的早期文献反映了当时人们最关心的一些问题：这些文章主要讨论历史和哲学——历史学家组成的“新的”法国社会学派（他翻译过奥古斯丁·梯叶里的梅罗文加王朝纪事），亲斯拉夫者的民族主义，以及不同的人文学科和自然科学在主题和方法上的差异。此外，他写过的文章还包括几篇带有黑格尔哲学色彩的论文，探讨 19 世纪的人所肩负的真正使命，以及自然与历史的关系；几篇自传体文学作品；还有一篇文字优美、趣味盎然的文章，论述彼得堡精神与莫斯科精神之不同；最后是一个长篇大论，探讨浅薄涉猎与卖弄学问的不同危害。

与其他文章相比，最后一篇可能是思想最深刻、写得最好的一篇。业余的艺术爱好者容易被别人影响，容易情绪激动，但是他们思想浅薄，透过望远镜看事物，只见森林不见
107 树木；与此相反，专家学者透过显微镜看世界，故弄玄虚，心甘情愿地追随枯燥迂腐的德国学术榜样。赫尔岑对这两种人做了生动有趣而又令人信服的比较。在他看来，这两种观点都是错误的，也是荒唐可笑的；不过总的来说，他对业余的艺术爱好者的批评，多于他对专家学者的批评；因为前者害怕全神贯注于学问和艺术会丧失他们弥足珍贵的、独一无二的个性，这个可怕的前景令他们畏葸不前；后者却愚笨迟钝，提心吊胆地坚守在自己的狭隘领域。

赫尔岑的短篇小说和长篇小说很有代表性，它们深受席勒、法国浪漫主义者、乔治·桑以及那个时期慷慨激昂的“反抗文学”的影响，猛烈抨击传统道德和社会压迫。他最有名的长篇小说《谁之罪?》探讨了当时普遍存在的一种社会现象——一个富有但并不快乐的俄国青年地主（“多余的人”）[1]，妄图与其社会环境抗争——后来在赫尔岑的同时代人所写的长篇小说中，这是一个众所周知的人物，这些作家包括冈察洛夫、陀思妥耶夫斯基、托尔斯泰，尤其是屠格

[1] 参见上文第 89 页注释 2。

涅夫——他是许多俄国的哈姆莱特之原型，一方面，他过于理想，过于诚实，不能接受传统社会的肮脏与谎言；另一方面，他过于软弱，过于温文尔雅，不能积极根除这些弊病；因此他总是不合时宜，必然危害自己与别人的生活，因为社会弊病已经把他折磨得神经过敏，社会风气与作者所珍视的道德理想背道而驰——根据作者的社会信念和宗教信仰，社会也许已经腐败得不可救药，也许还有复兴的希望。

1846 年春，赫尔岑的父亲去世了。现在，既然生活有了保障，他便开始问自己要从事什么事业。他怀有远大的理想，他很清楚这一点，他希望有所成就，名垂青史。他不可能成为一个优秀的政府官员，这一事实清楚地告诉他，对于一个满腔热情、才华横溢、酷爱自由、胸怀浪漫主义理想、有志于公共事务的青年贵族来说，俄国是没有发展空间的。108
1847 年冬，他带着妻子、母亲以及其他家眷，前往巴黎。从此他再没有回过俄国。

缓缓地越过德国、进入法国后，这队旅行者终于抵达法国首都。在巴黎，赫尔岑积极投身于观念感情的大碰撞，来自欧洲各国的政治流亡者百家争鸣。他的思想品格引人注目，给这些才华横溢的优秀人才留下深刻印象；传说中的西方的那些政治思想家，几乎把赫尔岑和巴枯宁看作自己的一员——野蛮而恐怖的俄国居民中最早被这样看待的两位——把他们当作严肃的社会批评家和思想家。与那些有教养的俄国旅行者不同，他们没有被看作来自异国他乡的、有才华的、受人欢迎的游客，也没有被当作懒散而好奇的过路人。欧洲显然是在酝酿新的革命，赫尔岑被卷入这场日益高涨的大潮中。

1848 至 1849 年，他游览了瑞士、萨瓦和意大利；他目睹了罗马和巴黎的动荡岁月，他对那些激动人心的事件的描述，已经成为敏锐观察与文学才思之典范。他毫不掩饰自己的同情心：他痛恨王宫贵族、警察与士兵、银行家、资产阶级的政客以及那些鼓吹良好的判断力与社会秩序的作家；他把蓝领——巴黎的工人——理想化，热情讴歌善良而单纯的罗马民众；他拥护共和派、革命派、罗马的三位执政官、加里波第、罗马的民众领袖老西塞罗、萨菲以及马志尼。他用喜爱和讽刺的语气谈论其朋友巴枯宁，在他看来，巴枯宁是俄国最伟大的政治宣传家，在革命的第一天具有无比重要的意义，到了第二天就会带来巨大灾难。赫尔岑钦佩和喜爱蒲鲁东、米什莱、瑞士的激进主义者詹姆斯·法齐以及卡尔·福格特；具有革命思想的德国诗人、瓦格纳的朋友格
109 奥尔格·赫尔威克和他的夫人，是赫尔岑的挚友。

赫尔岑与妻子（她也是赫尔岑的大表妹）娜塔莉以及赫尔威克的关系，开始变得越来越像《谁之罪？》里面的故事情节：一个风度翩翩的陌生人爱上了一个婚姻美满的有夫之妇，因为她的丈夫信任他，结果他既毁了自己，又毁了他的朋友——这简直是对现实的辛辣讽刺。赫尔岑已经意识到这种相似性，并猛烈拒斥。他笔下的“多余的人”别尔托夫，

至少还能感受良心上的巨大痛苦，具有勇敢的牺牲精神，与他相比，赫尔岑觉得，赫尔威克是一个可耻的市侩和无赖，有一个同样令人憎恶的老婆。赫尔岑以真诚的表白与痛苦的细致描述，记录了这起事件的方方面面；对他这样一个自尊心强而感觉敏锐的人来说，这完全出乎人们的预料。被情人抛弃后，娜塔莉回到丈夫身边，一年后在丈夫的怀抱离开人世。

祸不单行。在热那亚海域的一场暴风雨中，赫尔岑的母亲以及他的一个儿子溺水身亡。欧洲革命在不同的国家相继夭折。赫尔岑的个人生活与政治生活屡遭不幸，于是他离开法国，移居英国，在他看来，这是一个自由而凄凉寒冷的国家。他时而住在伦敦市区，时而住在周边，直到 19 世纪 60 年代中期。他在伦敦开办了自由俄国出版社，19 世纪 50 年代，他开始出版两份俄语期刊《北极星》与《警钟》（最早的两期分别出版于 1855 年与 1857 年），系统的革命宣传——以及活动策划——由此发端，俄国流亡者把矛头直指沙皇政府。

赫尔岑在伦敦经常搬家，他的住所成了很多国家，特别是波兰的激进主义流亡者的朝圣地；始终对波兰人热情友好的俄国人为数不多，他是其中之一；意大利人也是他家的常客，他很早就喜欢上了意大利。他对法国人的态度比较含蓄：以前的民众领袖及其随从者的自高自大，夸夸其谈，偏执单一，为精通讽刺艺术的赫尔岑提供了太多素材。他觉得 110
匈牙利人对科苏特的神秘崇拜，与其说令人敬畏，不如说荒诞不经；在他看来，德国人，特别是马克思及其友人，令人难以忍受。

经常去他家的那些人当中，英国人却寥寥无几。他诚心诚意地拜访过年迈而昏聩的欧文，他与卡莱尔通过信，也很敬重密尔。约瑟夫·考恩以及其他激进主义者帮助过他。但是总的来说，在英国，他的影响并不大，他对东道主的态度是既羡慕，又厌恶。他最好的朋友仍然是他早年结交的那些人，都是他那个时代的一些俄国人——最重要的当属诗人奥加廖夫，19 世纪 50 年代，他们一起在伦敦安家落户；再就是巴枯宁，他从西伯利亚的流放地逃出，19 世纪 60 年代，赫尔岑对他的看法和从前一样，既生气，又宽容。前来看望他的俄国人络绎不绝，他深感欣慰；这些人包括作家和新闻记者，喜欢在政治上冒险的自由派贵族，斯拉夫派的宿敌，把他看作前一个时代没用的文物的热血沸腾的青年激进分子，持不同政见的东正教神父，大学教授以及各行各业的老相识。他的威望与日俱增，这些人团结在他周围，实际上，他家成了反对俄国政府的活动中心。

赫尔岑成了欧洲的名人，他主编的刊物《警钟》，旨在揭露俄国社会的种种弊端，它指名道姓地进行批判；19 世纪 50 年代末至 60 年代初，其影响力最大，即使在圣彼得堡政界，它也发挥着独特的作用。1863 年，波兰起义被镇压，此后，《警钟》的影响力急转直下——几乎每一个有爱国心的俄国人都痛恨波兰，面对这种压力，《警钟》仍支持波兰人民。他在伦敦漫无目的地住了一段时间，奥加廖夫的太太很有才华，却患有神经衰弱症，赫尔岑与她合不来，他并不总是住在那里。此后，赫尔岑去意大利和瑞士旅游，1870年1月21日，他在巴黎与世长辞。他被安葬在法国尼斯市，坟墓上立着他的一尊塑像。 111

早在伦敦生活期间，他就开始撰写那部享有盛誉的自传或传记体回忆录——《往事与随想》，此书最终使他成为著名作家。这是文学和政治领域的一部杰作，堪称19世纪俄国著名长篇小说之一。该书没有规范的格式，不同事件依松散的时间次序排列，赫尔岑记录了私人和公众的一些经历，描绘了不同的人物性格与尴尬处境，分析了当时以及后来的欧洲与俄国的社会政治形势；书中还有一些零散的个人观察、日记片段、讽刺诗、历史及心理短评、游记、某些政治或历史思想对他产生了哪些影响或发生了哪些作用。该书生动而详细地描述了赫尔岑的情感及其生活中的一些事件、他的所见所闻、谈话内容以及心灵的忏悔；书中还有一些妙趣横生而令人难忘的短文，它们记录了伦敦以及其他地方的不同政治流亡团体所表现出的不同特征与古怪行为，描述了他们生活中的一些事件，反映了他们之间以及他们与英国人之间的关系——这个巨大的、由完全不同的要素构成的混合物，这个由叙事性与描述性写作天赋所创造的混合物，与同类作品相比，是空前绝后的。《往事与随想》是一部才华横溢的自传；在19世纪，尽管传记体作品异常丰富，这本书依然是一部出类拔萃的作品。迄今为止，它已被翻译为多种语言，但是只有在作者的祖国，这部著作才被看作一部重要经典，其思想内容与主题范围堪与《战争与和平》相媲美。

除了这部名著，赫尔岑在长达二十余年的政论活动中，还撰写了许多论文、信函、杂文以及公告——这是海外的自由俄国之声，它呼吁革命——其中的佼佼者不仅是优秀的新闻报道，而且是杰出的艺术作品。他是 19 世纪欧洲局势最
112 敏锐的观察家之一，在这个方面，唯有马克思和托克维尔可与之相比。《法、意信札》（他称此前的一个版本为《马里尼大街信札》）是他分期寄给莫斯科友人的一些信函，激进的俄国期刊《现代人》将它们公开发表；其中的某些文章，全面而深刻地分析了 1848 至 1849 年欧洲革命期间西方的社会政治形势。他一生都在观察、记录和分析法国、英国与俄国的国家大事以及个人生活，发表论文与随笔。这些文章虽然缺乏系统性，但妙趣横生，影响深远，它们散见于苏联版三十卷本赫尔岑全集之中；时至今日，它们仍然是我们了解上世纪中叶欧洲社会生活的珍贵资料。

比大多数这类历史素描更重要的，是赫尔岑所谓《隔海相望》的长篇大论。该文旨在考察 1848 年欧洲革命失败之后果及其教训。作为一篇论文，从俄文版来看，它全面展示了作家赫尔岑所特有的性格：尖锐，嘲弄，想象力丰富，爱憎分明，热情洋溢而富有诗意，能言善辩，思想深邃，文风高雅，感人至深。该文旨在回顾自由民主的理论及其用语——欧洲革命失败后，这些理论随即倾覆；文章所含政治

伦理观念，不仅是有益的思想漫步，而且表述了一种颇有独创性的社会道德哲学，直到我们这个时代，人们才充分阐述了一些与此类似的观念。

《隔海相望》在探讨 1848 年革命失败的原因时，既没有采用著名的托克维尔回忆录那种超脱的讽刺性语气，也没有把某种社会理论用于分析当代事件，不像卡尔·马克思就同一题目写的两篇（理当）著名的论文。赫尔岑的文章既没有为某些个人和政党辩护，也没有试图证明某种历史哲学。 113
他与托克维尔和马克思有相似之处，因为他试图描述当时的局势，考察不同党派、个人与阶级的观点、理想和需求及其社会历史根源，思索本次革命的主要支持者背叛革命的方式与原因，揭示那些社会政治纲领的空洞与模糊——这一切均起源于那些理想远大却胆小怕事的自由主义者的担忧、糊涂与逃避，他们既要破坏旧的社会制度，又离不开这种制度，他们既想点燃导火索，又不想引爆炸药。

赫尔岑的论文没有分析这次革命的社会或经济原因，而是着力攻击当时欧洲几乎所有的左翼演说家都在宣扬的一种理论（著名学者蒲鲁东、德国无政府主义者马克斯·施蒂纳以及其他几个无人理睬的无政府主义者不在此列），他们认为，人类承担着一种神圣的使命，必须把自身或他人献给某种伟大的正义或政治事业，献给某种绝对原理或抽象名词，因为它们能够激发强烈的情感，如民族、民主、平等、人性或进步。

赫尔岑认为（或许是由于施蒂纳的影响），这些不过是古代宗教的现代翻版，古代宗教以人为牺牲品，起源于某些非理性的信仰（植根于神学或形而上学），它们宣称某些巨大而险恶的势力真的存在，这些信仰曾经是盲目的宗教崇拜的对象，后来随着原始宗教的衰落，遂蜕化为政治辩论的术语。这些宗教宣称，只要使用某些公式或符号，通常被认为是犯罪或精神失常的一些行为——谋杀、折磨或侮辱毫无自卫能力的人——就会发生变化，人们不仅认可这些行为，而且予以赞美。

114 与此相反，赫尔岑明确主张：在一个有限而明确的范围内，人是自由的；他既非自然力的无用玩物，亦非统一的历史原料中一块无足轻重的材料，某个未知的神灵把他摆在那里，巨大的历史洪流会将其吞没——黑格尔所谓历史的“屠宰场”[1]——然后他注定将经历富有创造性的自我牺牲，精神的进步会因此而变得更加壮丽辉煌。这是许多历史浪漫主义者心目中的形象，反革命的右派与革命的左派都这样认为。实际上，这种形象已成为尔后德国的许多思想与艺术的内容，它反复强调，死亡与升华具有最高价值，如果需要，所有的民族与所有的文明，都要通过战争、革命以及其他形式的剧变来实现这种价值，这些形式虽然可怕，但是它

[1] Georg Wilhelm Friedrich Hegel, *Sämtliche Werke*（《黑格尔全集》），ed. Hermann Glockner (Stuttgart, 1927—1951) , xi 49。

们以理性为向导，具有历史必然性，因此它们是神圣不可侵犯的。

赫尔岑拒不接受这种理论，他认为这是虐待狂的神话，没有任何道德合法性，也没有任何经验证据。在他看来，道德既不是一成不变的客观法则，也不是发展变化的客观规律；它不是一套万古不变的律令，理性的人类不得不发现并遵守这些规则，无论它们是由某个人格神制定的，还是人们在“自然界”或通过某种可知的“历史规律”发现的。他认为人类创造了自己的道德；没有利己心，就没有活力与创造力，在利己心的驱使下，个人要对自己的行为负责，而不能以自然或历史为借口，不去做在他看来是真的、善的、美的、正义的或令人愉快的事情，无论他有什么原因。

赫尔岑否认从理论上说，能够制定普遍而永恒的道德法则，这种否认丝毫没有拜伦式的自我夸张或尼采式的自我炫耀，在19世纪，这样的理论并不多见；事实上，直到20世 115
纪，这种理论才充分展露，成为经验主义者与存在主义者之间的一座桥梁，那些经验主义者具有丰富的道德想象力，那些存在主义者则具有明确的历史意识，他们的观点发人深省。赫尔岑的观点既打击了右派，又打击了左派：这种观点反对浪漫主义历史学家，反对黑格尔的《法哲学》，在一定程度上，它也反对康德；它反对功利主义者与超人，反对托尔斯泰与艺术的宗教，反对“科学”伦理学与“进化”伦理学，反对所有的教会。赫尔岑的观点是经验主义，也是自然主义；这种观点承认，某些价值观念，对于信仰它们的人来说是绝对的，但是它也承认发展变化；它没有被决定论或教条的社会主义所吓倒。它具有彻底的独立性。

有人诉诸普遍原理，为野蛮行径辩护，为屠杀成千上万的人辩解，他们承诺，在遥远的未来，千百万人将因此而过上幸福的生活，因此他们呼吁，为了这一遥远而无可比拟的福祉，人们应该宽恕那些闻所未闻的悲惨遭遇和不仁不义；赫尔岑猛烈抨击这种观点。他认为，这是一种有害的错觉，也许是在故意骗人，因为遥远的目标可能无法实现，而以它们作辩护的巨大的痛苦、不幸的遭遇和违法犯罪行为，在当前则不容置疑。我们对未来所知甚少，不能做出准确预测，因此肯定对立面、用虚伪的允诺来设法宽恕我们的野蛮行径所造成的恶果，这些做法不是精神失常，就是蓄意诈骗。我们无法保证，千百万民众一定能过上我们满怀信心地许愿给他们的幸福生活；但是我们清楚地知道，现在千百万人将无声无息地死去。对赫尔岑来说，远期目标根本不是什么目标，而是荒诞不经的错觉——目标必须近在咫尺，必须化作“劳动者每天的工资，或工作带给他的快乐”。[1]

116 生活在 20 世纪的人，几乎用不着别人提醒，就能回想起著名的利他主义思想体系的专制统治与镇压群众的解放者；一方面是“普选权问题上的数学泛神论”，“迷信共和政

[1] *From the Other Shore*（《隔海相望》）：SS vi 34。

体”，[1] 另一方面是少数派的冷酷、傲慢。赫尔岑在一百多年前写下了这篇文章，那是一个民主之声日益高涨的时代，大敌是冷漠无情的个人主义以及教会与封建王朝的专制主义，与此相对的，是19世纪的社会主义者、天主教徒、左派黑格尔主义者、实证主义者以及宏大的形而上学与宗教思想体系的构造者所提出的许许多多乌托邦理论。

这是主流思想，赫尔岑从理性与情感两个方面予以回击，在他看来，这些思想可能危及个人自由与人权。作为一个置身于西方文化传统之中的思想家（赫尔岑虽然赞美俄国农民，但是和托尔斯泰一样，他的民粹主义思想来自卢梭，而不是来自俄国本土），他思想开明，多闻阙疑。他与伊拉斯谟、蒙田、贝尔、丰特奈尔、伏尔泰、贡斯当、洪堡以及英国的哲学激进分子属于同一传统，他们坚决反对任何形式的专制统治。僧侣、国王或独裁者会压迫人民，许许多多宇宙论也会压迫人民，这些理论剥夺人的本性，极力贬低个人的作用，限制个人自由，压制自我表达的愿望，迫使个人屈尊俯就宇宙的重要定律与法则，因为这些定律与法则永恒不变，无所不能，万古长存，在这些理论看来，人类的自由选择不过是一种可怜的幻觉。

对赫尔岑来说，这些思想体系均虚妄不实。在《隔海相望》一书中，他不仅抨击教会或军队的反动行为，抨击他们

[1] *My Past and Thoughts*（《往事与随想》）：SS xi 70。

对自由的仇恨以及对民众的野蛮行径，而且鞭笞资产阶级的卑鄙与嫉恨，因为他们坚决压制一切新颖的、独立的或公开的事物。与马克思或布克哈特一样，他清楚地感觉到，人类已经在劫难逃；不同的是，在马克思和其他的黑格尔主义空想家的著作中，反对邪恶的旧世界的那种巨大的、摧枯拉朽的力量，已经获得解放，胜利的歌声响彻四方；与此相反，赫尔岑不愿屈服于任何势不可挡的力量，无论这种力量多么合乎正义或理性。他不蔑视或仇恨弱势，也没有浪漫主义的悲观思想，这种思想是后来出现的虚无主义和法西斯主义的核心。如果共产主义——人民革命——得以横扫欧洲，那将是“可怕的、血腥的、不仁不义的和转瞬即逝的”，[1] 它将以被压迫者的血和泪为理由，扫除有教养的人所珍视的一切。

117

与那个时代的启示性预言家不同，赫尔岑认为，社会政治的大变革既非不可避免，亦非壮丽辉煌。他告诫自己的朋友，要远离“弗利吉亚帽”[2] 或群众的红旗，因为他们也很凶残，一如统治阶级那“带血的屠刀”。[3] 他这样做，不是由于浪漫主义的失望情绪，而是有积极的意图，在他看来，知识、理性、意志力和勇气能够帮助我们躲避危险，改变人类的发展道路。当然，我们的努力也许来得太晚了，也许欧洲——

[1] *From the Other Shore*（《隔海相望》）：SS vi 104。
[2] 同上，SS vi 46。弗利吉亚无边便帽又称自由之帽。在 18 世纪美国革命和法国大革命中广为传播。
[3] *Letters from France and Italy*（《法、意信札》），第 14 封信：SS v 211。

西方——已经开始沉没；俄国也必须在这次海啸中沉没吗？

在写给著名的法国历史学家儒勒·米什莱的一封公开信中，赫尔岑清晰地阐述了他对祖国的希望与担忧。米什莱是著名诗人密茨凯维奇的朋友，后者是遭受俄国压迫的所有受害者中最伟大的一位，也是来自被瓜分的波兰——“欧洲的殉道者”——的政治流亡者中最伟大的一位，米什莱曾义愤填膺地撰文声讨俄国人，斥之为野蛮禽兽，不配与欧洲各国交往。赫尔岑的回信语气温和，他确实同情波兰人民。在给米什莱的信中，他还阐述了一些乐观向上的、实际上是乌 118
托邦式的思想观念，他对西方世界的前途越来越悲观，因此他把希望寄托于这些思想观念。

他发现，俄国农民的公社组织是一条出路，于是他挥毫泼墨，热情颂扬慷慨大度而秉性纯朴的俄国性格；西方世界正在衰落，其污浊的人性与有害的怀疑态度尚未污染俄国性格。不知是通过什么方式，他说服自己相信，心地纯朴的俄国农民天生怀有社会主义倾向，有能力解决本世纪“最难的社会问题”——一方面，人们要求个人自由，另一方面，社会必然要求越来越多的中央集权，如何使二者协调一致；如何既保障个人生活，又不把社会“原子化”——迄今为止，西方世界尚未解决这个重要难题。[1] 人们既参加集体劳动，

[1] *Letters from France and Italy*（《法、意信札》），第 4 封信：SS v 62；cf. SS xii 112。

又拥有个人的权利与自由——在赫尔岑看来，马克思、卡贝、路易·布朗对这些权利和自由没有任何兴趣——俄国农民将用这种回答震惊世界。

诚然，农民公社未能使俄国摆脱拜占庭帝国的噩梦、鞑靼人的枷锁、德国官僚的大棒或沙皇的皮鞭；但是，用西方的科学技术武装起来的、打不垮的俄国农民，将给世人上一堂关于社会组织的重要课程。无论是感性的还是现实的，俄国的民粹主义在很大程度上发源于这种毫无根据的乐观情绪，而非其他任何观念，赫尔岑也常以此安慰自己。

赫尔岑不偏不倚，四面出击，很快就遭到两方面的谴责：俄国的右派斥之为教会与国家的颠覆者；俄国的左派，特别是新一代的青年革命者，斥之为随心所欲的无神论者，
119 很富有，很有教养，很高雅，彬彬有礼，在西方过着养尊处优的生活，无法理解俄国的严酷现实；另一方面，他还是个危险人物，因为他可能发出幻灭的，甚至愤世嫉俗的声音，进而削弱革命力量——他可能变得尖酸刻薄，甚至风趣幽默，而根据当时的形势，以严肃态度对待生活的人，必须选择自己的立场，不能过多考虑个人的良知或过于高雅的需求或顾虑。

赫尔岑对“60 年代青年”的回答是，有组织的流氓活动与虚无主义不能解决任何问题；他在晚年撰写的一篇文章中，还简要描述了这一代“新人”。新一代可能对老一代如是说：“你们是伪君子，我们是愤青；你们讲起话来像卫道

士，我们讲起话来像流氓；你们对上级毕恭毕敬，对下级粗暴无礼，我们对所有的人都粗暴无礼；你们鞠躬时，心中并无敬意，我们却横冲直撞，还不道歉……”[1]

总的来看，赫尔岑的那些主张极权主义的论敌（有些是左派，有些是右派）占了上风。列宁曾多次赞扬地提到他，但是赫尔岑憎恶权力，对于他那个时代流行的许多纯正的共产主义理论，他当然是最具理解力的反对者，或许也是最具破坏力的反对者；他仇恨一切教条，他公开宣称，“人民的利益”与“犯上作乱”[2]是两个同样邪恶的口号，任何禁止人们嘲笑的观念都一钱不值——不无讽刺意味的是，赫尔岑对马克思或“马克思主义者”并无好感，他既不喜欢马克思，也不欣赏其政治理论，但是今天[3]，在他自己的祖国，由于列宁的赞扬，人们崇敬他，把他当作神圣不可侵犯的新生活方式的缔造者之一；所有这些都是历史上的一桩奇事（赫尔岑本人喜欢用辛辣的讽刺与幽默来描述它）。

19 世纪 60 年代的“虚无主义者”与后来的社会主义作 120
家显然更加诚实、更有连贯性，后者批判过赫尔岑，因为他有自由主义倾向。事实证明，他们的怀疑是有道理的。因为

[1] *My Past and Thoughts*（《往事与随想》）：SS xi 351。
[2] *From the Other Shore*（《隔海相望》）：SS vi 46。
[3] 1956 年。

赫尔岑确实喜爱自由人类的风格与色彩；他最喜欢激情、原创与美感，即使这些特征表现在寡头统治者或贵族统治者身上。他对被压迫的人民本身没有亲近感，只有义愤和对正义的期盼。他最喜欢的那些品质，往往是他们所缺乏的——想象力、自发性、人性、高雅的情感、与生俱来的慷慨大度、勇敢、宽广的视野、对何为个人自由的直觉、痛恨各种形式的奴役、专制统治、侮辱以及堕落。

无论这些美德出现在何处，即使它们表现在压迫者身上，他也会赞美它们；他拒绝接受政治口号和一概而论，无论它们多么神圣，尽管战士们为了他所认同的事业献出了自己的生命。他反复申明，思想观念不能取代经验，生活中的例外事件比比皆是，久经考验的规律和体系常常被颠覆。但是对他来说，这种态度没有让他袖手旁观或缄默不语——如休谟或白芝浩所主张的宽容的保守主义——却培育出一种毫无耐心、满腔热情、勇于抗争的性格，这种极为少见的性格把他塑造成一个没有狂热激情的革命者，一个时刻准备着进行彻底变革的人，绝不是为了抽象的原则，而是因为现实的苦难与不公，因为社会风气败坏，良知不允许人们——他们知道这是良知的声音——放任这种状况继续存在。

这种清晰明确的经验主义成为赫尔岑思想的出发点，与此同时，他又受到富于想象力的黑格尔哲学的影响，尽管他不相信黑格尔的形而上学理论。赫尔岑提出了自己的纲领，其观点之新颖，唯有我们这个时代能与之媲美：他认为，那些自古以来就让人心神不安的大问题，没有适用于所有人的答案；真正的问题必然是具体的，人们只能在具体情况下寻找答案。大问题，如“生活的目的（或‘意义’） 121
是什么？”“自然界的所有事件，为什么会以那样的方式发生？”“人类历史的规律是什么？”从理论上说，这类问题是无法回答的，并不是因为我们能力有限，问题很难，而是因为这些问题本身就是错误的，因为目的、规律、意义或原因，会随着提问者的处境、观点和需求的变化而变化；只有把这些因素当作问题的组成部分，它们才能得到准确而清晰的阐述。赫尔岑的这一深刻洞见，使他成为20世纪许多思想的先驱；在意识形态领域的专制统治日益猖獗的时代，仍然拥有思想自由与批评能力的人寥寥无几，他是其中之一。

统计归纳往往忽略实实在在的人与具体问题，赫尔岑的一些极具创造力的革命同志常常忘记这一点，但是他没有忘记。在他探讨人的生活原则时，抽象、概括在文章中的比重微乎其微，现实人物的鲜活、真实而“血肉丰满”的感觉，比比皆是，这是一些实实在在的人，他们的需求是真实的，他们在寻找能够实现的目标，其环境背景的方方面面可以在脑海中想象出来。这些分析论证表现了他使用俄语的精湛技艺，任何翻译都不可能充分反映其神韵。托尔斯泰赞赏他的作品，陀思妥耶夫斯基把他看作诗人，不是没有道理的。[1]

赫尔岑是评论家、政治鼓动家、政论家、革命家、哲学
122 家和小说家，他至少创作了一部天才的作品；他不仅在俄国文学史上，而且在俄国历史上赢得一席之地（他的朋友、批评家别林斯基在他们三十多岁时，曾这样预言），现在看来，他的这种地位是独一无二的，是不可动摇的。但他应该跨越俄国国界，以飨各国读者，即便是仅就其道德与政治观点而言。他的很多预见已被事实推翻，他那些济世良方尽可被当作乌托邦而一笔勾销，因为谁也没有使用过，也许它们行不通。但他的核心洞见直到今天依然像一百多年前他首次提出时一样生机勃勃，引人注目；与他那个时代相比，它们与我们这个时代的联系似乎更加紧密。

1979 年附记

本文写于约二十五年前，在我看来，此后发生的一切，并没有削弱赫尔岑的分析与我们这个时代的联系，我是指他

[1] 陀思妥耶夫斯基在 *Diary of a Writer*（《作家日记》）一书中，对 *From the Other Shore*（《隔海相望》）大加赞赏，还讲述了他对赫尔岑表示祝贺的过程，他说让他印象最深的是，作者的辩友不是稻草人，而是一个很难对付的辩手，他想方设法要把赫尔岑逼入绝境——“嗯，但是，当然，那就是重点所在。”赫尔岑这样回答。F. M. Dostoevsky, *Polnoe sobranie sochinenii v tridtsati tomakh*（《三十卷全集》，Leningrad，1972—1990），xxi 8。还值得指出的是，这位辩友的观点是真实的，它们来自这个时期赫尔岑的一个俄国朋友。

对1848至1849年自由主义者的幻想之所以破灭的原因分析。他不是自由主义者或立宪主义者，而是激进主义者和革命者：他坚决反对他以前的朋友格拉诺夫斯基和屠格涅夫所主张的谨小慎微的渐进主义。然而与马克思不同，赫尔岑并不认为人们的理论与实践完全取决于社会上通行的生产方式。他认为在进行重大社会变革的过程中，人们头脑中的观念（不是由某一部历史剧决定的）是决定性因素，它们可能是善的，也可能是恶的。从最近的历史事件来看，人们在右派的专制统治与左派的独裁统治之间摇摆不定（最新出现的一些政治体制竟然吸收了这两种制度中最坏的成分），并不能推翻上述论点。

赫尔岑认为，相信超自然的力量或原因，为骇人听闻的事件辩解，将危及人类生活中的所有原则；对一个好的社会来说，思想自由是必不可少的。对于与他持同样观点的人看 123
来，《隔海相望》非常清晰而生动地描述了一种危险形势：如果人们不想牺牲他们所拥有的提出怀疑和异议的权利，来换取人身安全和对权威的服从，他们需要看清这危险的局面。现在，勇敢而有教养的人，例如萨哈罗夫和米哈伊洛夫，西班牙和葡萄牙那些宽厚仁慈的社会主义者，才是赫尔岑的合法信徒。古人说，武力压不住异端；尽管有很多不幸的反例，但是这句话或许并非“虔诚的谬误”，如约翰·斯图尔特·密尔对它所做的那个悲观论断。 124

知识阶层的作用

“知识阶层”（intelligentsia）一词，和这个概念一样，起源于俄国，大约诞生于19世纪60或70年代。其含义不单是受过教育的人，也不单指知识分子。用现在的话说，19世纪的俄国属于欠发达社会。那是一个落后的社会，多数为目不识丁且食不果腹的农民，一定数量的官僚不同程度地压制着他们，一小批受过良好教育的精英阶层，要么做官，要么做经理或职员，要么成为屈指可数的律师、医生、教师以及土地测量员等——离开这些人，即使像俄国这样落后的社会，也很难说会继续存在。处于社会最高层的，是一种不说专制，也极具寡头政治色彩的制度，以及一个没有一以贯之的传统［如经院哲学或理性论证（有许多圣徒、先知和殉道
125 士，却没有作为罗马教会之基石的理性原则）］的教会；知识与学问匮乏。只有少数人能够自如地阅读外语，了解西方文化，他们觉得自己在一定程度上脱离了群众，几乎可谓是自己祖国的外国人——用现在的话说，他们“疏离”了社会。其中有些人心怀强烈的社会责任感，深切感受到一种天赋义务：帮助那些生活不够幸福、思想不够先进的同胞。

这些人逐渐形成一个团体，他们认为，发表公开演说、写文章或举办讲座，赋予他们一种直接而特殊的道德义务。假如你生活在19世纪30或40年代的巴黎，你将置身于一个新思想层出不穷而且相互碰撞的自由世界：不同的理论、思潮、宗教信仰和意识形态百家争鸣，营造出一种普遍“舆论氛围”。然而任何意识形态或观念都未曾主导那个社会，

进而发展为狂热。而俄国不同，首先，中世纪的教会大分裂使俄国脱离西欧；其次，来自外国的新观念很少能进入这个社会；加之民众的文化水平很低——在这样的国家，来自西欧的任何观念——假如它起初有一点点吸引力，都会落入一片神奇的沃土和处女地，受到热烈欢迎，这种热烈程度在西欧是不可想象的。如果出现了大的观念真空，民心纯朴，缺乏教育，许多人渴望光明，那么几乎任何观念——无论它多么稀奇古怪或不合时宜——都会在某个地方立刻引发某种共鸣。这就是 19 世纪 30 至 40 年代俄国的国情。因此他们热衷于各种理论与学说——不仅是有趣，可供他们消磨时光的东西，在某些人看来，它们还可救国救民；假如接受它们并付诸实践，人们就会有更好的生活，有些人倾慕地认为西欧正是过着这样的生活。

这些年轻人属于亲西欧派，至少因为他们正在枷锁下 126
呻吟，这枷锁剥夺了他们接受起码的正规教育的权利；他们猜想越来越多的西欧人已经拥有这种权利。因此他们把西方理想化了。和此前法国、德国的启蒙思想家一样，他们认为只有通过理性的批判，人们才能摆脱迷信、偏见、传统、教条、盲从、专制和奴性的统治。他们相信现代科学，相信人类在不断进步。他们发现，某些西方思想家——尤其是法国大革命失败后——不再坚持理性与科学，反而求助于非理性的因素，如宗教、审美、信条或直觉。某些俄国思想家亦受此影响，但是汲取西方思想的大多数人最终认为这是误入歧途：现在背叛了过去。柏克和迈斯特的思想在他们中间吃不开。俄国知识阶层——人数少，却怀有强烈的道德责任，因其同胞尚未摆脱黑暗——成长为一支团结协作、乐于奉献的队伍。合理的组织结构无法进入的这个盘根错节的社会体系，令他们与世隔绝，相互分离，因此他们呼吁团结，保持联络。他们成了国中之国的公民，是为社会进步而战的勇士，反动势力来自四面八方。

在我看来，这种现象可能出现于庞大的、社会制度和经济结构比较落后的社会，那里政府昏庸无能，教会愚昧无知，欺压百姓。由此看来，我们可以说 19 世纪的西班牙有过自己的知识阶层，或许巴尔干半岛诸国、亚洲与拉丁美洲的一些国家也有。法国则没到这种程度；知识阶层这个名称，作为单独的社会阶层，未曾出现于法国社会。英国就更
127 不用说了。我不是要（也没有能力）考察这一现象的社会根源和经济基础：我只想探究其最显著的特征。

假如你是 19 世纪的法国或英国作家，那么你很可能认为，和其他供应商一样，你也是一个供应商。一些法国作家持这种看法，他们相信艺术至上论，他们认为，作家的本职工作就是用语言写作，其所用语言要尽可能地清晰、优美或意味深长；他们认为自己是工匠，工匠制作物品，他希望人们只根据其作品来评判他。假如有人做了一只银碗，只要它很漂亮，这便是人们对他所能期望的。他的个人生活、人生信念以及行为方式，与欣赏者或批评者无关。我这里说的俄

国思想家则坚决摒弃这种看法。人承担着不同的角色——如果他是金匠，你就应该把他当作金匠来评判，其个人生活与此无关；如果他是作家，你就应该根据其小说或诗歌的价值来评判他——俄国最著名的文学家都不接受这一看法，他们认为人是一个整体，任何划分都会伤害人性，歪曲真理。这个不同点具有重要意义，我们心目中典型的俄国大作家多数持这种观点，这是他们与许多西方作家的分水岭，也是俄国人所理解的知识阶层的真正含义。

我并不是说，俄国的大作家都这样认为。18 世纪的作家——普希金及其同时代人——很大程度上就不能被看作知识阶层。果戈理和托尔斯泰等作家（尽管彼此不同）都反对上述这种观点。他们对人的看法，相当不同于别林斯基或青年赫尔岑的，有时也不同于屠格涅夫的。他们不相信理性或科学，也不相信西方；他们蔑视那些盲目崇拜“欧洲”的 128
人，因其不懂人的内心世界，人的精神生活与社会进步、科学或理性无关。契诃夫在很大程度上也持这种看法，高尔基也曾这样认为。屠格涅夫保持中立，他时而倾向这边，时而倾向那边；他从容地游移于有保留的支持与冷嘲热讽之间。时事政治评论家、热心公益事业的诗人以及俄国革命的先行者，才是真正意义上的知识阶层——他们大多为新闻记者和政治思想家，专门通过文学反抗社会，其中不乏粗制滥造的作品。

如果这是知识阶层概念的真正含义，那么我们再看看西方的情况。最近出版的一部演说集，收录了诺斯罗普·弗莱的一篇很有启发性的论文[1]，他提出一个重要论点。他说总而言之，西方思想家往往以科学为范式；因为科学是客观的，以事实为依据，没有个人因素或主观色彩，更重要的是，它不做价值判断，所以知识阶层历来看重或过于看重客观性与科学方法，以至于客观性演变为一种超然物外的态度——人们通常认为自然科学研究者就是如此，原子物理学家会愤愤不平地说，他无需考虑社会责任；他说他的唯一目标是发现真理，至于应该如何使用其科学发现，他不需要比其他任何一个国民负更多责任，无论他的国家采取什么政体。心理学或生理学研究者有时也不愿承认他们的社会责任，可是他们的实验却能给人类带来巨大变化，这些实验能使某些人拥有可怕的权力，以控制民众或改变其思想。这就
129 是科学的客观性或超然物外的态度。弗莱认为，这种观点会走得太远；科学家们所从事的研究具有显而易见的社会意义，在这些事情上，他们不可能推卸其社会责任。但是弗莱终究没有告诉我们，科学家们应该承担多少责任，他们应该做些什么。他还认为，我在上文指出的俄国知识阶层那样的社会责任感，也会走得太远。

[1] ‘The Knowledge of Good and Evil’（“对善恶的认识”），in Northrop Frye and others, *The Morality of Scholarship*（《学术研究的道德维度》，Ithaca, New York, 1967）。

遇到社会危机，这种社会责任感很容易发展为某种歇斯底里，有人曾以此为名保卫我们的社会，以防可能的或现实的腐化堕落。形形色色的书报审查制度、观念运动，以及让作家和艺术家们联合起来保卫祖国，抵制共产主义或抵制法西斯主义，抵制宗教或抵制无神论，凡此种种，皆源于此。作家艺术家联合会可能危害社会。依附于某种现存制度，为这种制度辩护，并以此为某种观念义务——如果我没有误读弗莱的思想——都是不宽容的表现，都是对言论自由乃至对自由本身的压制。不幸要通过观念和其他方式进行交流的人们，不得不在这两个极端之间求生存，找到一种行之有效的平衡状态。

这些是西方所面临的威胁。但在孕育了知识阶层的那个国家，从总体上说，知识阶层的根本宗旨是，理性地、坚持不懈地反抗现存制度，他们认为，现存制度往往会变得保守僵化，阻碍人类观念与社会进步。无论过去或现在，知识阶层始终以此为历史使命。这个词的含义不仅包括知识分子或艺术家，或受过教育的人。和没有受过教育的人一样，受过教育的人也会反对社会变革。知识分子或艺术家也会。我们今天很容易理解这一点。铁幕两边都有这种令人忧心的现象。

这个词的含义也不是完全反对现存体制。抗议者或游行
示威者反对在战争中使用原子能武器，或反对越南战争；无 130
论其道德观多么值得同情，无论其社会责任感多么受人尊敬，他们都不会只因为反对政府的某些做法而成为知识阶

层。这些人不一定相信理性的力量或科学的好处，更不会相信世俗理性所谓人类的进步是必然的，或是可取的。他们当中的某些人，要么诉诸非理性的信仰，要么想逃离工业社会，遁入朴素而纯属乌托邦的世界。

无论理由是否充分，一味的反抗还不足以使某人成为知识阶层。相信理性与进步，密切关注社会的道德状况，这二者结合是知识阶层的必要条件。当然，这种情况很可能出现在压迫最严重、社会最黑暗的国家；在自由、民主而又比较开放的社会就最不可能出现。在极端保守的社会，人们可能感到愤愤不平，可是在自由而民主的社会，他们很可能把精力投入某项熟悉的事业——做医生、律师或文学教授——而不会有任何受压迫的感觉，不会认为这样做就没有完全尽到其社会义务，也不会认为，由于没有像其他公民那样义愤填膺，他们就是在放纵私欲，违背公德。激进的知识阶层（intelligentsia militans）——最早的知识阶层就是这种，这是他们本质的一部分——发端于现实的暴政。毫无疑问，专制暴政有不同的形式，但放眼世界，把英国说成专制暴政显然有悖常理。无论社会组织或经济结构，英国可能有很多弊端；然而在这个国家，无论以什么方式，政府总是由很多选民组成，总是面临被推翻的威胁；英国可能是任何其他政体，但绝非专制暴政。因此在我看来，说英国社会也需要勇猛顽强而又组织严密的激进
131 知识阶层，显然是夸大其辞。有人也许不同意我的观点。

对19世纪的老一代知识阶层来说，投身于观念运动的一群人，如教授、医生、工程师、专家以及作家，从其他方面看，也过着普通资产阶级的生活，也有传统观念，也打高尔夫球或板球——这种想法定然使他们毛骨悚然。假如某人是19世纪末俄国的一位大学教授，只要参与观念运动，他就会坚决反对自己的政府；如若不然，在激进分子看来，他就是叛徒、懦夫、傻蛋或者出卖灵魂的人。

以思想观念为业者必须明晓事理，言行一致，生活和谐，这无疑是他们应尽的义务；他们不能言行不一（俄国批评家指责歌德说一套，做一套），不能说教授或艺术家仅仅是一种职业，仿佛铁匠或会计，职业并不赋予他们任何特殊的社会义务。但这并不意味着，在现代西方的某个社会，某人一旦意识到自己的观念义务，他就会转变为一个坚定不移的颠覆分子，就会不屈不挠地反对现存制度，因为在该体制中过得舒适者及生活受其渗透者，自然是社会进步的障碍，是人类的公敌。

如果人们不无可救药地削弱知识阶层一词的重要含义，就不可能真正讨论英国的知识阶层（intelligentsia）。他们可以讨论英国的知识分子（intellectuals），也可以讨论哪些人喜欢思考，哪些人无此喜好；他们可以讨论民众的受教育程度；可以讨论进步人士与反动分子，理性主义者与怀疑主义者；还可讨论受教育的义务。假如某人受过教育，对不同的观念很感兴趣，至少熟悉这些观念（例如政治上并不活跃

的第一代布卢姆斯伯里团体成员，或安德烈·纪德的法国信徒)，如果你对他说，不进行政治反抗就是逃避自己的社
132 会责任，就是认可怯懦的错误意识形态，他可能如此作答：“只有在某些情况下，你的说法才能成立。”举例来说，根据马克思的假设，人必然属于自己的阶级，他必然参与阶级斗争；他要么属于发动进攻的阶级，要么属于进行抵抗的阶级；要么属于进步阶级，要么属于应该被消灭的那个阶级。但如果你不接受这些假设，你就不会有随之而来的义务。持批评态度，志愿参与论战是一回事；认为由于这些人只是极少数，他们构成了一种持续的打击力量——在这场激烈的、永无止境的抵抗中，他们时刻准备着投入战斗，直至献出生命——是另一回事。

二者是不同的。在俄国，它们却是同一回事，其历史原因如上所述。无论过去或现在，其他国家也曾有过类似情况；在美国或以色列，一些东欧移民的孩子就是如此；今天亚洲和非洲的很多国家可能也是；但那里人们自满地认为这种观点不会直接而自动地用于专制程度不高的国家。美国正热衷于讨论这个问题，人们提出很多疑问，处于一个特殊的立场。巨大的恶势力出现了——正在那里受到正当的抵制。在我看来，无论出于什么原因，当今英国，反文明的势力既非如此强大，亦非如此邪恶；嬉皮士或激进派学生，反战派或反美人士，无论人们如何看待其行为或目标，这些人都与老一代知识阶层迥然有别，除了这一个共同点：捍卫人类的

尊严，反对残暴、虚伪、不公平或不平等。历史上的所有进步运动莫不如此——虽然早期基督教或佛教并非知识阶层反叛的结果。这不是书生气或文字游戏。某些观念甚或标记在人类历史上发挥过重要作用，它们的品格应该受到人们的尊重。 133

自　由

何谓政治自由？在古代世界，特别是在希腊人看来，自由的意思是某人能够参与其城市的治理。他有权参与法律的制定或废除，只有在这种情况下，法律才是有效的。自由意味着某人不是被迫服从别人**为**他制定的，而非**由**他制定的法律。这样的民主制度意味着，政治与法律可深入生活的每一个角落。人们离不开，也不想离开这种监管。民主派都认为，任何人都有接受批评或调查的义务；需要的话，他们应该接受法庭的传讯或其他安排，因为所有公民都有权参与法律的制定与维护。

现代世界提出一种新观念——本雅明·贡斯当清晰地阐述了这种观点——除非在特殊情况下，公共权力不宜干涉私人生活。古代世界提出的主要问题是："谁来统治我？"有人说，应该由君主来治理国家，还有人说，应该由最优秀的人、最富有的人、最勇敢的人、最大多数人、法院或所有人一致表决，来治理国家。在现代世界，还有一个同样重要的问题："政府的权力应该有多大？"古人认为，生活是一个整体，法律与政权涵盖了生活的方方面面——人们没有任何理由认为某个方面的生活可以不受政府监管。回顾历史，也
134 许是因为教会曾反对世俗国家干预教会事务，或者国家也曾反对教会干涉国家事务，也许是因为私有企业和工商业发展了，希望摆脱国家的干预，或者是由于其他原因，在现代世界，我们都认为，公共生活和私人生活之间有一条界线；无论私人生活的范围多么狭小，在这个范围内，我可以为所欲

为——我想怎么活就怎么活，我愿意相信什么就相信什么，我想说什么就说什么——如果我不妨碍别人所拥有的这些权利，没有危害社会秩序，因为社会制度以社会秩序为基础。这是古典自由主义理论，美国和法国所颁布的各种人权宣言，洛克、伏尔泰、汤姆·潘恩、贡斯当以及约翰·斯图尔特·密尔的著作，完整地或部分地表述了这一观念。我们所谓公民自由或文明价值观，主要指这些观念。

人需要保护，以免受到别人或政府的侵害——世界上没有哪一个国家曾完全接受这个假设。我所谓古希腊思想或古典思想，可以推论的形式表述如下："你认为，个人有权选择他所喜欢的生活方式。请问：这适用于所有的人吗？如果某人愚昧无知，思想不成熟，没有文化，精神失常，丧失了健康成长的机会，他就不知道如何选择。这个人不可能真的知道他想要什么。如果某些人知道人的本性是什么，人需要什么，并能以某种方式，为别人做一些他们本来也会做的事情（假如他们比现在更聪明，更有知识，更成熟，发育得更好），请问：这些人是在限制别人的自由吗？这是在干涉别人的行为，但其目的是帮助这些人做他们本来会做的事情（假如他们有足够的知识或健全的心智），而不是让他们屈服于非理性的动机，行为幼稚可笑，为其人性当中的动物性所左右。难道这也是妨碍自由？父母或老师要求调皮孩子去上学或好好学习，在他们看来，孩子尽管不懂，其实喜欢学习，因为孩子是人，人都喜欢学习；果真如此，那么他 135

们是否限制了孩子的自由呢？当然没有。老师和父母唤醒了其沉睡的或真实的自我，满足了其需求，与此相反，表层自我追逐转瞬即逝的需求，孩子长大成人后，这些需求将自然脱落。”

如果你用教会、政党或国家替换了父母，你就能提出一种理论，现代多数政权皆以此为基础。据说遵守这些制度就是尊重自我，因此这不是奴役，因为这些制度充分体现了我们的聪明才智，自我约束不算约束，自我控制不算奴役。

这两种观点及其变种之间的斗争，一直是现代社会最重要的政治问题之一。一方认为，不让酒鬼喝酒并非限制其自由；较之酗酒发狂损害健康与心智，不让他喝酒，他会更健康，他更可能做一个好人和好公民，他会更自信，有更大的自由。不懂这个道理，那说明他病了，他不知道自己真的需要什么。另一方也不否认人们应该阻止危害社会的行为，人们有理由防止病人自我伤害或危害其孩子或别人的健康，但是他们并不认为这种限制也是一种自由，尽管这种做法有充分的理由。人们应该限制自由，以确保其他方面的利益、安全、和平或健康；人们应该限制今天的自由，以确保明天会有更大的自由；然而限制自由毕竟不是给予自由，无论理由如何充分，强迫就是强迫，而非自由。这些人认为，自由只是诸多价值观念之一，如果它有碍于实现其他重要目标，干
136 扰别人实现这些目标，它就必须让路。

另一方的回答是，这种观点预先假定，人类生活可以分

为私人生活与公共生活两部分——它假定在私人生活领域，人们总是想做别人不喜欢的事情，因此他们需要保护，免受别人的干扰——然而这种人性论的基础是完全错误的。人是一个整体，在理想社会中，每个人的能力都能得到充分发挥，谁也不会做别人可能厌恶或阻止的任何事情。改革者与革命者的首要任务，就是推倒人与人之间的这些高墙，把所有事情摆到光天化日之下，让人们毫无隔阂地生活在一起，果真如此，那么一个人想要的，也正是所有人想要的。不想被人打扰，无需诉诸某种公断——某人的家庭、雇主、政党、政府或全社会——就能做他想做的事情，这些想法是不适应社会的表现。向社会要求自由，其实是向自己要求自由。社会主义者试图通过变革财产关系来解决这一问题，某些宗教团体试图通过消除批判性思维来解决问题。

一种观点（人们可称之为有机论）认为，所有分割都是错的，人权观念不容践踏的观念仿佛一堵高墙——在不好的社会中，人们可能需要这些高墙把他们隔开，但是在井然有序的正义世界，它就没有任何用处，因为所有的人汇聚成一条不容分割的大河。第二种观点或自由主义者认为，就人所拥有的最低限度的独立性而言，人权和私人领域的观念（在这个领域，我不受政府监管）是必不可少的，一个人要想发展，要想走自己的路，就必须有这种独立性；因为多样性不是人类的一种转瞬即逝的状态，而是其本质特征。这些思想家认为，剥夺这些权利，建立一个共同的、具有自我指

导力的社会——在这个社会，所有人都奔向某些共同的理性目标——也就消灭了个人选择的领域，无论这个领域多么狭
137 小，没有它，生活似乎毫无意义。

极权的独裁政体以一种粗糙的、有人认为是扭曲的形式，支持这两种观点的一方，自由的民主政体则倾向于另一方。当然这些观点的变种与结合，以及二者之间的妥协，是可能的。大约文艺复兴以来，这两大思潮互相对峙，并主宰
138 世界。

卡尔·马克思的哲学

卡尔·马克思主要不是一个哲学家。其名声源于以下两个方面：他以惊人的毅力，揭示和阐述了人在社会中的行为规律，并发起一场社会运动，号召人们按照这些规律改造生活。他是社会学家和经济学家，也是活跃的革命家，在他那里，哲学不是一门独立学科，而是其人的理论的组成部分。不过他最初是哲学家，其哲学思想尽管缺乏整体性和连贯性，人们还是可以根据其早期著作（多数作品是他过世后才发表的）把它们串起来。现在的马克思主义哲学，包括他本人发表的著作及其遗稿、其合作者恩格斯（他提出了"唯物辩证法"一词）的形而上学著作、后人对这些著作的解读以及注释家对它们的发展。正统的共产主义者所信奉的哲学理论，名曰"辩证唯物主义"，这个词是俄国社会主义者格奥尔基·普列汉诺夫的发明。

哲学作为一门具体学科引不起马克思的兴趣，重要原因之一，无疑是他所信奉的黑格尔哲学，马克思的很多思想均起源于此。黑格尔认为，把思想观念孤立起来进行研究可能是徒劳无益的，因为它们是个人和群体活动必不可少的组成部分；除非把它们看作整个人类活动的一个方面，否则它们
139 就是完全不可理解的。人们绝不能认为理论与实践是不同的。真实的观点、动机和观念，不仅体现在人们显而易见的思想观念中，还体现在他们的行动以及不假思索的行为中。进一步说，即便是为了科学研究，把某一活动孤立起来，无视其在整个人类活动（这个活动是人类活动的一部分）的历

史演变中所起的作用，必将误解这一活动。进行“抽象”这种倾向本身昭示了某种受社会和历史制约的错误思想，马克思致力于解释并消除这一思想。要理解马克思的哲学理论，就必须弄明白在他看来人是什么，其行为方式是如何产生的。

马克思的很多思想起源于18世纪法国唯物主义激进派，与其他重要思想家一样，马克思首先认为，人是自然界的一个物体，一个有血、有肉、有骨头的三维物体，科学家发现的那些自然规律，既适用于其他物体，也适用于人类。他和唯物主义者一样，不承认非物质的灵魂、任何形式的精神实体以及上帝的存在；在他看来，神学和形而上学都是谬论，它们窃取了自然科学的地位，只有自然科学能为所有事实问题（例如，哪些规律决定着个人和社会的发展）提供正确答案。

马克思认为，人和自然万物的主要区别在于，人会制造工具。人生来就有一种特殊能力：他不仅能使用工具，而且能创造工具，以满足其基本需求——衣、食、住、安全以及生育后代等。这些发明又改变了人与外部自然的关系，也改变了他自己及其社会，还促使他不断创新，以满足这些变化所带来的新的情趣与需求。与其他动物相比，只有人让他的本质与世界发生了这些变化。对马克思来说，技术能力是人的根本特征：人对生命过程的认识以及为生命确定的方向（人们所谓历史），皆归功于此。人是被创造的，人与人各不 140

相同；不是其本质中某些固定不变的内在原理使然——这些原理根本不存在——而是因为劳动，要满足自己的需求，他们就不得不工作。为了维持生命或提高生活水平，他们劳动和创造，其劳动和创造的方式决定着他们的社会结构。

18 世纪的唯物主义者认为，科学方法以经验观察和严密推理为基础，这种方法告诉人类，应该如何提问，如何寻找答案。在此之前，人类历史在很大程度上是本来可以避免的错误的历史，是遮蔽心灵的愚蠢行为和错误观念的历史，是无知与迷信的漫漫长夜，天才的光辉偶尔照亮夜空，人类的领袖——国王、牧师或武士——常常用此来控制人类。

在马克思看来，人类历史并非如此简单。和社会学鼻祖黑格尔与圣西门一样，他认为关于个人或社会的永恒真理并不存在，有人说这些真理普遍有效，任何人在任何时间、任何情况下，都能发现它们。马克思说，人类发展过程中的任何技术进步，都开拓了各自的观念与道德境界。观念的形成与人类活动的其他方面紧密相连：观念是——而且只能是——人或社会团体实现其目标的武器，好比别的工具、发明或行为方式，例如军队、弹药、农业、奴隶制或封建制。人发明的技术决定人的观念和生活方式，而不是后者决定前者：需求决定观念，而非观念决定需求。风车创造了封建制度，织布机创造了工业革命：这句名言集中体现了马克思所理解的决定人类历史的根本因素。对马克思来说，风车创造
141 了某种社会结构，这种社会结构又创造了人们的观念与生活

方式，这些观念与生活方式能够巩固与维护这种社会结构，阻止人们反抗社会——换言之，阻止人们反抗这种形式的权力分配，无论他们是否意识到这个问题。

马克思认为，人的精神生活具体表现为道德、哲学、政治、司法、宗教、艺术作品以及规章制度，它们只能被看作整个社会生活的组成部分，社会用以满足其需求的那些方式，很大程度上决定着它所追求的目标。发明和发现会改变催生了它们的需求——也会改变人们的生活方式，又创造出新的需求、新的发明以及新的社会秩序。理解社会生活的关键，总是在于把握某时某地人们的生存斗争方式，或者为满足基本需求而斗争的方式，或者为争夺权力以满足这些需求而斗争的方式。这是所有社会的决定性因素，把握其特征，人们就能解释——并预见——某个社会的思想观念、道德规范、社会制度以及人类的休闲方式的发展变化；最重要的是，他们还能解释和预见权力结构的发展变化，人们的世界观必然要适应这些变化。

这是对社会生活发展的一种技术性解读，这种解读完全是历史的；它认为人类的进化道路是独一无二的，所有人的生命必然沿着这条道路前进；无论人类是否认识这条道路，它都决定着他们在某一发展阶段所有的观念、心愿、希望、担忧和自我表达的方式。这种解读声称，确定了人类在这条道路上的具体位置，就能解释他们的物质生活与精神生活。说人或社会有永恒真理，定然荒谬绝伦。因为在人的生命中，任何事物都不是永恒的：真理皆存在于人类观念与他们所考察的事物的某种关系中；事物和观念都不是静止不动的，它们随着不断变化的历史条件而发生变化。因此对不同
142 的人来说，事物会显得迥然不同：有些人被限制在社会的某个范围之内，不能伸展自如，变革或摧毁这个社会对他们有利；另外一些人却与社会和谐无间，所以他们会本能地或有意识地反对变革。

举例来说，任何社会真理或道德真理，都不会对两个阶级同样有效。对马克思来说，思想信念与道德情感都是行为方式，它们的有效性或真理性，和宣传活动的一样，取决于观察者所属的那个社会群体的利益。唯一能被客观评判的是其相对效力。某一文化中有些因素得以继续生存，因为它们有助于后来的文化——为物质进步而斗争的又一个阶段，所以它们发生了变化，被后者所吸收。和 17 至 18 世纪的理性主义哲学家一样，马克思认为，人的自由就是完全掌控一切阻碍人类需求的因素，这些因素可能存在于外部自然，也可能存在于疯狂的、自我毁灭的情欲之中。自由就是合理地控制可以利用的资源；控制的方法越合理，可用资源越丰富，使用这种控制方法的人越多——自由的程度就越高。

这种观点与黑格尔哲学有明显的相似性，他对马克思产生了巨大影响。和黑格尔一样，马克思认为，历史是我们理解人及其特征的关键：因为人的能力的发展遵循可认识的模式，具有可理解的目标。除非人的某些能力已经得到充分发

展，否则他们不可能从事某些理论的或现实的活动；这又激发了新的能力与活动，在前一个阶段，这些能力与活动不可能产生，也是无法想象的。和黑格尔一样，马克思认为，孤立地考察理论、哲学或教条，以确定其真理或谬误，必将导致“错误的抽象”——这种做法忽略了观念的条件，只有在这些条件下，这些观念才会出现，才能有意义——使人们不 143
可能很好地回答这些问题。在马克思看来，真理与谬误、深刻与浅陋，和社会生活紧密相连，观念是社会生活的有机组成部分。

举例来说，个人自由、私有财产以及与此相关的一些观念，如经济正义与个人权利，在某种形式的原始社会，其实没有任何意义，因为那里没有所有制这一观念。观念在历史中演化，表达这些观念的理论不可能是永恒真理或永恒价值观——事实证明，这个概念本身就是一种妄想。这几乎适用于所有观念，也许只有历史过程这一观念是个例外。黑格尔认为，人类发展过程中的这种客观秩序，是具体社会发展之不断完善的自我意识的组成部分。在他看来，实在即自我把握能力的发展史，以及人类社会通过技术进步而把握自然的历史；此外，实在还是一些前后相续的信念、世界观、文化和观念的发展史，即使这些因素偶尔也会获得某种发展动力，产生重大影响，它们依然只是物质进步“在人们头脑中的反映”。每一种观念留给后来观念的，只会是某种行之有效的东西，换言之，这种东西曾经帮助人们创造一种生活——必然具有社会性——它能有效满足人们的物质需求。

这种发展模式究竟是什么？黑格尔指出，人的发展是一种非连续的、“辩证的”螺旋式发展，从一个阶段到另一个阶段的发展，往往是一种突如其来的飞跃。在黑格尔看来，人类走过的每一历史阶段，都呈现出一种对峙：一方面是某种主流观念，它通过相应的行为和制度表现出来；另一方面是其对立面，它在社会内部与主流观念进行斗争。对峙使互相对立的原则或势力发生冲突，人的意识和行为总是冷酷无
144 情地分化投入某一阵营。发生冲突的势力不断地进行斗争，贯穿人类观念、感情与行为的每一层面，成为社会变革与进步的推动力。每当对峙升级，达到某一临界点时，就会发生碰撞，产生爆炸，人类（或其某一部分——某个教会、民族，或某种文化）就会跃上一个新的台阶。冲突势力互相抵消，却造就出一种新的力量——一种新的意识形态或生活方式，接着，它又与其自身的内在矛盾进行斗争，直到出现新的危机，如此往复，螺旋式上升，以至无穷。

冲突与危机是人类进步的唯一动力，这种观点可上溯至古希腊的赫拉克利特，马克思把黑格尔用来论述精神的一些范畴及其逻辑方法，翻译为社会学范畴及其方法（这有时导致逻辑谬论）。在他看来，发端于物质需求与技术创新的冲突，是历史发展的动力，冲突不在人的脑海中，而在社会现实中——人类的不同团体之间发生冲突。马克思认为，阶级是通过某种现实的社会利益而团结起来的一个群体：现实利

益是一种需求，这种利益的享有者能够获得更大自由，换言之，他们能够更好地驾驭自己的生活，合理地满足自己的需求。在马克思看来，人类历史即阶级斗争的历史。他的历史哲学是其所有哲学思想之根源。

他认为，地球上的人类生命，发端于原始共产主义社会（如果这不是他的观点，那便是其合作者恩格斯的观点），技术发明结束了原始共产主义制度，掌握着技术发明的那些人开始剥削不懂技术的人，占有其劳动与服务。从此，控制着生产方式的那些人一直在主导人类的生活，他们保存实力，为自己的利益而剥削别人。他们把被剥削者当作牲畜——换言之，一方面是他们维持工人的生命，使其从事生产的成本，另一方面是产品的价值，他们非法占有二者的差额。马 145
克思称之为“剩余价值”，所有资本皆起源于此，阶级斗争也以此为中心。

社会上一个群体全方位地压制另一个群体，在这个过程中，统治者会不由自主地参与社会活动和经济活动，以求长治久安与更大的权力。这种参与必然推动技术进步，而技术进步会改变社会结构，提高被剥削者的技术与能力，也许统治者并不想看到这一点。统治者提高了被剥削者的技能，被剥削者反过来推翻剥削者，而自己也将受到相同命运的威胁，因为他们又压迫另一个阶级，（以技术发展为条件的）压迫必将引发危机，社会发生剧烈变化，经历“辩证的”飞跃，开启社会发展的新阶段。

观念是统治阶级创造的、用来进行权力斗争的武器。究其根源，这些观念往往是为统治阶级服务的。接受了这些观念——以及体现着这些观念的社会制度——的被剥削者，常常不加批判地接受一些有损于自己的利益，却有利于统治者利益的观念。他们可能没有意识到这一点，因此他们接受了这些观念与制度，仿佛它们具有永恒的有效性——宗教、形而上学或自然秩序为此担保，因为这些被认为是正义的、永恒不变的。观念本来是不断变化的利益、技能或权力斗争的产物，可是在人们眼中，它们仿佛是由永恒的神灵、真、善或美的客观标准所确立的，适用于任何时间、任何地点的任何人。

对马克思来说，这些标准是不存在的。世界万物只是在某个时间、地点才有意义，某种社会结构需要它，人们只能根据该社会结构来理解它。至于那些幻想：普遍有效的价值观念是存在的；统治者建立的社会制度对被压迫者来说可能
146 是公平的或有利的——在马克思看来，那些错误观念是一种“异化”（这也是黑格尔的术语），人类进步的痛苦历程中必然会出现的情况。

当人们创造出来以满足自身需求的某种东西获得了自己制度化的生命，变成一种独立存在的事物，使人们以为这些制度不是他们创造的斗争工具，以满足其某种需求（其实这种需求可能早已消失了），而是一种客观存在，有自己的权力与威望，仿佛某种无法阻挡的自然规律或万能的上帝，

“异化”现象便肇端于此。马克思称他那个时代的政体为资本主义制度，在他看来，资本主义制度的道德观念和宗教信仰，统治着全社会，从富贵贤达到贫贱乞儿，这些道德观念与宗教信仰正是异化的表现：价值观念与社会制度的唯一目的，是维护某个在经济上占统治地位的阶级的利益（尽管人们也许已经忘记这一点），可是后来，它们被全社会当作一种独立不依的、适用于所有人的规范；社会制度本来是为统治者创造利益的，结果却沦为僵化的教条，既毁了被压迫者的生活，从某种意义上说，也毁了压迫者的生活。

这一点同样适用于道德体系与政治制度；实际上，很多事物都是如此，它们本来必然是为服务于某个阶级的利益而设计的，结果不知不觉地扭曲了其受害者的生活，由此看来，人们不仅遭受不可控自然的蹂躏，而且作法自毙，听命于自己创造的那些妖魔鬼怪——社会制度、生活习惯或宗教信念，人们早已忘记它们的起源，也不理解其社会功能。人们觉得，商品似乎拥有自己的生命与价值；生产者与其创造的产品、与其使用的工具之间的关系，被切断了，产品或工具获得一种虚妄不实的独立存在，这往往有损于产品创造者的利益。

与此同时，仅仅理解和看透这种困境，还不能将其消除。摧毁这些积弊的观念要发挥作用，就必须和所有有影响 147
的观念一样，成为现实的、自我解放的革命活动的重要组成部分；只有当受害者发展到一定阶段，有了自己的社会组织乃至（只有通过这种方式）思想道德组织，这种情况才会出现。社会制度旨在促进人类团结，结果适得其反，它成了破坏人类团结的罪魁祸首，此即“异化”。马克思认为，只要人类生活受制于阶级斗争——为了驾驭自然及其非理性的情感，人类无法逃避的斗争形式——“异化”就是不可避免的。无产阶级由一无所有的人组成，他们把自己当作商品出售；阶级仿佛一架高梯，只有当最后一个阶级——无产阶级——能够推翻其压迫者（根据历史发展规律，这种结局是不可避免的），历史的辩证发展才会止步。阶级斗争将不复存在，一部分人用来限制另一部分人的自由的那些观念和制度，将被一些新的有利于全人类的观念与制度取而代之。

如果人类生命中的一切重要问题都取决于某人所属的某个阶级，取决于这个阶级在阶级斗争中的立场，这就意味着，人的观念无论具有多大影响力，它们必然决定于他的社会经济地位，而不是相反。因此马克思认为，思想观念是上层建筑的重要因素，上层建筑决定于基础“结构”——人类某个团体的经济结构，而这又决定于人们使用什么样的生产工具以及谁控制着这些工具。马克思称这些上层建筑为意识形态。

有时他讨论意识形态的方式会使人觉得，意识形态仿佛是谎言之网，其目的是对客观事实做合理化论证，提出一些虚妄不实却令人欣慰的解释，某个阶级或亚阶级会本能地从客观事实面前退缩，因为这些事实清楚地指出，这个阶级必将死于敌人之手，死于他们所剥削的那个阶级之手。因此在

他看来，资本主义社会的思想观念旨在自觉或不自觉地为其 148
利益做合理化论证——如果这个社会要长久存在，它希望世界会是什么样——其思想观念被伪装成一些普遍理想。实际上，这个社会并不能长久存在，因此，这些合理化论证是错误的、不可靠的。然而，举例来说，马克思并不认为（恩格斯的观点却相反）化学或数学知识是错误的，即便它们是由那个时代的统治阶级创立和使用的。他的意思是：社会条件也许不利于物理或数学领域的某种发明或发现，它需要等待某个历史时刻（例如古代亚历山大港发明的蒸汽机，列奥纳多·达·芬奇发明的潜水艇）；科学发展与技术进步以及相关的社会制度密不可分；但并不是说，某个化学方程或数学定理真的能扭曲人们的生活，因为他们的阶级与发明者的阶级是对立的——在马克思看来，历史、伦理或法律观念则当然是那样的。

马克思的追随者力图指出某些逻辑、哲学以及科学理论的阶级条件，揭露这些错觉或蓄意欺骗。但是马克思没有得出这样的结论。此外他似乎认为，尽管把他的理论成功地用于社会的那些客观条件显然尚未成熟，他的理论相对没有那种不可避免的扭曲和偏见——他严厉谴责其论敌观念中的此类错误。

这种摇摆不定同样是其道德理论与政治思想的特征。有时他似乎认为，道德判断乃至一切价值判断，公开或不公开地存在于人们的行为与生活方式中，它们不过是一些有伪装或没有伪装的武器，用来进行权力或生存斗争。既然如此，人们就无需考察某个阶级——如“资产阶级”——的道德规范，因为它们不过是一种伪装，它们所维护的那些事物必然
149 灭亡，它们也会随之消亡。由此看来，不同阶级的人通过专门讨论，就道德（或诸如此类的）问题达成一致意见，这种努力一定是徒劳无益的，因为原则上说，已被历史抛弃的某个阶级的成员，不可能理解他们生活的这个世界，他们的防卫机制让他们做着黄粱美梦，无法觉察毁灭的下场，不知道他们已被历史无情地抛弃。

不过有的时候，马克思似乎认为，事实与价值观念是无法区分的。全人类都在迈向同一目标，一个阶级要消灭另一个阶级，直到阶级不复存在，人类不再受制于阶级斗争带来的那些偏见，终于能够合理地安排自己的生活。有理性的存在者都不想遭受挫折或被消灭。有理性的人定然了解在社会中发挥作用的那些规律和因素。要求不可能之事即非理性；相信非理性，人就会被乌托邦所迷惑。因此，说某种做法是对的或错的，就等于说它能推动而非阻碍人类向无阶级社会努力的进程，这无非是理性在发挥作用。虽然甲应该出现，结果乙出现了，这种说法毫无意义。“应该”的意思是，“证明合理的”；倘若历史果真如马克思所言，是理性发展史，以阶级斗争为其表现形式，那么“应该”之事必然能实现。因此“好的”、“现实的”、“成功的”、“自由的”、“科学的”、“有效的”、“客观的”以及“由社会决定的”，都是

同义词，“坏的”、“愚蠢的”、“失败的”以及“主观主义的”——这些词描述那些逆历史潮流而动的行为——也都是同义词。堂吉诃德不仅荒唐可笑，而且不道德：打败仗与不道德是一回事儿。在马克思看来，正义、仁慈与自由（非马克思主义学派的社会学家以这些普遍的价值观念为准绳）都是骗人的幻想。真正的、唯一的准绳，是历史的发展——亦 150
即符合由人类最先进的分子组成的那个阶级的需要。如果某个活动有利于这个阶级，它就是好的，这就是说，它必将兴旺发达；如果它有害于这个阶级的利益，它就是坏的，就是不切实际的幻想，活动的参与者可能遭遇失败和“异化”，可能脱离大步前进的大军，后者的利益是一切正确价值观的决定因素。

理想不过是一些为现实做合理化论证的错误观念（“意识形态”），或者理想决定于这种普遍的功利主义，在马克思或其追随者的作品中，两种观点从未达成一致。同样，其政治观念也总是模糊不清：有时他认为，国家的目的是统治阶级压迫其他阶级；有时他认为，国家的目的是提倡一种独特的生活方式，有独立的生命，而其目的是在各阶级之间做一个公正无私的仲裁者——根据历史发展的规律，这是不可能实现的。在任何一种情况下，国家都必须消亡：无产阶级取得胜利后，阶级和压迫将不复存在。有理性的人不会不赞同这些目的：不同意见可能与方法有关——方法即手段；不是诉诸武力，而是通过专家论证，人们就能消除这些不同意见。因此，作为强制工具的国家将逐步消失。有时马克思仿佛认为，与阶级斗争一样，革命是不可避免的——这种确定性是客观的、自动必然的。又有时他认为，要推翻旧的社会制度，就必须依靠工人及其领袖们及时发动自觉的斗争，是人们精心选择的结果。有时马克思好像认为，与前一阶段相比，阶级斗争的每一阶段都是一种进步，一种“更好”的局面，因为它更接近最终目标——这是他所谓“好”的唯一含义。然而他似乎认为，每一发展阶段的文化成就都具有特殊意义；因此在他看来，与资产阶级的艺术相比，埃斯库罗斯、但丁以及莎士比亚的作品具有更高的艺术价值。又有时
151 他似乎认为，只有当最终变革已经到来，阶级及其专政永远消亡，人们才能把某种意义赋予人类进化的某一阶段。后来的思想家未能消除他道德及政治理论中诸如此类的晦涩难懂
152 之处。

俄国马克思主义之父

格奥尔基·瓦伦廷诺维奇·普列汉诺夫是俄国的系统的社会主义理论的主要奠基人，1856 年，他出生于俄国中部坦波夫市附近的一个村庄。父亲是著名乡绅，母亲是大批评家别林斯基的远亲。他接受了他那个阶层的年轻人应该接受的正规教育，先就读于一所专为上流社会的子弟而开设的军事学院，后入圣彼得堡矿业学院深造。19 世纪 70 年代，俄国上流社会的社会理想主义如日中天——1861 年，俄国农奴获得自由，人民开始觉醒，农民暴动接踵而至。俄国的广大农民（他们是俄国人口的绝大多数）愚昧无知，穷困潦倒，保守落后，得不到起码的公平待遇；良心的谴责与社会责任感使出身富贵的年轻一代寝食难安，他们放弃优越的社会地位，不顾个人前途，纷纷奔向农村。有人做了医生、中小学校长、农艺师，甚至农场的工人，思想更加坚定的人则投身于宣传鼓动，以唤醒民众，使之愤怒，最终举行武装起义。

这种无私而强烈的激情，包含着危险性、隐蔽性与为人类的伟大事业而自我牺牲的精神，在俄国的大学与中学展现得最为如火如荼。据说当普列汉诺夫还是一个十六岁的学生时，就逼迫其守寡的母亲把地卖给农民，其价格低于他家附近的一个地主所出的价格，他扬言，如若不从，他就放火烧
153 毁这家地主的草垛，然后到警察局自首。在矿业学院期间，他加入一个学生革命组织，1876 年，学生和工人在圣彼得堡的喀山广场非法集会，普列汉诺夫发表了激进的演说，为

此他不得不到国外避难。他的骰子已经掷出，自此他投身于俄国革命。

和那个时代的其他年轻人一样，19 世纪 70 年代中期，普列汉诺夫也信奉民粹主义。换言之，他认为沙俄政府腐败、愚昧、欺压百姓，毫无改革的希望，只有暴力革命才能带来正义与自由。敌人既非一个阶级，亦非一个群体，而是他们的国家。唯有通过人民自身努力，才能获得解放，这是个别人或少数人所无能为力的，无论其思想多么开明，愿望多么美好。少数人剥削和压迫多数人，乃最大的邪恶。只有人民革命才能消除这些弊病，自由而自治的生产者（农民、艺术家、自由职业者、商人以及工厂主）建立联邦政府——这种社会主义，与法国的蒲鲁东以及后来英国的行业社会主义者所宣扬的不无相似。

俄国民粹主义者认为，这个目标很难在西方变为现实，因为工业革命破坏了社会主义的基础，社会被分割为许多杂乱无章的原子，为了满足自己的需求，人们展开残酷的生存斗争。有人认为，就西方而言，马克思及其追随者的预言，应该是毋庸置疑的：随着工业化过程的不断发展，工厂工人终将被固定在具有相同功能的巨型部件上，成为日益壮大的垄断企业的组成部分；不知不觉地创造了一支人数庞大而纪律严明的无产阶级大军，“历史本身”规定他们将举行起义，解放全人类。但是俄国从未有过类似的工业革命，那里的农民有稳定的社会结构，与城市工人关系密切（因为后者仍然 154

是一些尚未融入城市的农民），构成了社会主义社会的自然基础。民粹主义者认为，与信奉极端个人主义的西方相比，俄国的贫穷落后更有利于人们共同建设一个崭新、正义而自由的社会。

普列汉诺夫同意所有这些观点，但有所保留。大部分民粹主义者文化水平不高，激情澎湃，思想模糊，属于有勇无谋的理想主义者，他们把自己的一切都献给了这项崇高的事业。对这些人来说，谨慎或耐心意味着自私、胆怯和虚伪。普列汉诺夫也献身于革命事业，但是他真的相信理性、科学、忍耐与充分的准备；无论遇到什么情况，他都头脑冷静，思想清晰。他所谓社会主义，既非诗人的梦想，亦非宗教或形而上学的想象，亦非个人恩怨或挫折的辩解，而是一种信念：一种合理而正义的社会制度是可能的。这种制度应该建基于坚实的历史与自然科学知识。其建立方式应该是民主的，换言之，某一社会的多数人已清楚地认识到，社会要想自由、幸福与平等，就必须具备哪些条件。只有在这种前提下，而不是在此之前，人们才能建立正义的社会制度。

多数民粹主义者认为，这个教育过程可能需要太长的时间。他们越来越相信恐怖主义，他们认为，这是少数革命者推翻邪恶政府的唯一道路，旧社会的废墟上将升起一个自由而正义的崭新世界。普列汉诺夫一生都在抨击这种理论，斥之为神话故事。在他看来，某些永恒规律决定着社会与个人的生活，只有把握这些规律，人们才能彻底改造人类的生活；某一社会的多数人尚未具备这种认识以前，愚昧而邪恶的政府是无法避免的：面对前后两方的野蛮和愚昧，炮弹与枪子儿难以奏效。在这个问题上，他与其同道决裂，因此他 155
没有参加颠覆政府的活动，这些活动的高潮是，1881 年沙皇亚历山大二世被暗杀。

19 世纪 70 年代，他认为民粹主义纲领适用于俄国，因为它仍然是一个前工业化社会。19 世纪 80 年代，他放弃了这种判断。马克思、恩格斯的著述，以及他对俄国经济生活的分析，使他改变了自己的看法。此后他一直认为，与西方相比，俄国的发展虽然滞后，但是在工业化进程中，它必然要经历一些相同的、不可或缺的发展阶段。他认为历史是一门科学，历史规律是可以认识的，这是人类生产力的发展规律；除非人们把握这些规律，否则他们会违反这些规律，他们改变自己命运的努力会遭遇挫折，直至自我毁灭。

简言之，普列汉诺夫已经成为马克思主义者。19 世纪 70 年代，他认为，俄国的经济社会发展规律是独特的、自成一体的，但是到了 19 世纪 80 年代，他认识到，这些规律并非与众不同。他宣称俄国的农村经济濒于崩溃。民粹主义者深信，他们能够拯救农村公社，普列汉诺夫认为这是一种梦想。农民所希望的不是公社所有制，而是私人所有制；换言之，他们想成为资本家。俄国的资本主义阶段是不可或缺的，不过，大城市的产业工人越来越多，有了他们的支持，人们就能按照令人羡慕的德国模式，建立一个强有力的社会民主党，以缩短资本主义发展阶段，或者持续破坏这一阶段。唯有他们能够解放俄国。他补充说，如果人们通过武力实现社会主义，必将导致政治畸形，如中国或秘鲁的帝制：
156 一种新的带有共产主义衬里的沙皇专制。革命必须坚持民主，否则就没有真正的革命。来自科学培训的战略战术与尽可能广泛的教育学习，乃关键所在。对这种知识来说，任何事物都是有用的：不单经济学或社会学是有用的，最广义的哲学以及探讨人类活动的全部领域的历史，也是有用的。只有掌握自然科学与人文学科，人们才能理解人类的过去、现在和将来——这就是普列汉诺夫提出的全面的、带有乌托邦色彩的教育理念，真正的革命者应该接受这样的教育。

可是在教育别人之前，革命者必须首先教育自己。这是一个具有俄国特色的信念，普列汉诺夫就是怀着这一信念投入工作的。被迫流亡瑞士，生活极度贫困，他却成为当时最重要的马克思主义学者。十年之内，他成了头号权威，不仅是在俄国马克思主义者中，他是俄国文明与社会历史的权威，也是马克思主义理论基础和西方社会主义先驱观念研究的权威；最重要的是，他还是18世纪欧洲文明与观念的权威。他理解了启蒙运动，特别是法国启蒙运动作家的理想与方法，在此之前，如此理解或掌握这段历史的人寥寥无几。较之所有思想流派，法国启蒙思想家于他最为相投。富有献身精神的法国启蒙思想家把所有问题都归结为科学问题；他们相信理性、观察与实验；他们把基本原理清楚地表述出来，然后用于分析具体问题；他们反对教会、蒙昧主义和非理性主义；他们探求真理，有时难免目光短浅、平淡无奇，却总是毫不畏惧、信心百倍、推心置腹；最优秀的法国知识分子用明晰而优美的散文表达思想——这一切都是他所羡慕和喜爱的。普列汉诺夫温文尔雅、感情细腻、一丝不苟，作为一个人、一个学者和一个作家，他巍然耸立于俄国其他社会主义者之上。 157

在讨论社会主义的文献中，马克思的作品算不上最清晰易懂、最具可读性的。不单凯恩斯认为《资本论》不堪卒读；如果列宁没有彻底改变我们这个世界，我怀疑人们会不会像现在这样，字斟句酌地研读他的著述。国外翻译者未能很好地翻译普列汉诺夫的作品：如果你用俄语阅读他的作品，你会马上觉得——有过这种感觉的人，立刻就能认出它——你面对的是一个品德高尚的人。其优秀作品具有率直、清澈、敏捷、辛辣的风格。文章内容丰富，表述准确而轻松明快，推理清晰而有力，最后的致命一击优雅而准确，无懈可击。

列宁坦率地承认，普列汉诺夫单枪匹马地教育了整整一代俄国马克思主义者与左派知识分子。他具有卓越的文学才思，对观念史与政治运动史有独到见解；他自愿献身于马克思主义理论，却能保持清醒的头脑，既有原则性，又有独立性，既坚定地忠实于自己的观念领袖，又能提出自己的不同主张，是一位公正而独立的学者和批评家。谎称列宁、斯大林，乃至受过更好教育的恩格斯、托洛茨基或布哈林等对艺术、历史或文学的附带评论本身具有重要意义，是徒劳无益的：这些评论之所以有意义，仅仅是因为它们的作者在其他方面令我们感兴趣。普列汉诺夫的文章是令人瞩目的学术成就。他对法国唯物主义、早期社会主义、俄国小说、社会经济状况与艺术活动的关系的研究，总是立足于第一手资料，立论公允；他的批评往往合情合理，其矛头指向顽固的马克思主义正统派所提出的一些问题，因此他改写了这些研究的历史。这一特点既与其态度，又与其性格有关，他的革命同志有时对他不满，也在情理之中。他们抱怨说，普列汉诺夫
158 冷漠傲慢，守口如瓶，目中无人，好摆架子，没有耐心，与通常是无知或粗鲁的党员打交道时，说话尖酸刻薄。

实际上，他不能容忍愚昧无知。无论在思想上，还是在性格上，他都能主导他所处的环境。他才华横溢，目空一切，严于律己，过分敏感，很容易灰心丧气，常常生病；为了他所钟情的事业，他不得不为每日生存而痛苦挣扎；他的写作让那些自命不凡、糊里糊涂或多愁善感的人，都对他不满。他很早就发觉，列宁狂热地、几乎不顾一切地追求权力，所以到后来他无法忍受列宁，也就不足为奇了。他更厌恶托洛茨基，后者的一些崇拜者认为这完全是由于嫉妒，我觉得这种说法毫无根据。一种简单的解释是，托洛茨基虽极具天赋，却无任何可爱之处。

1903 年，理论上的决裂终于爆发：列宁认为，应该建

立一个致力于俄国革命的社会民主党，由少数富有献身精神的职业革命家组成；为严肃纪律，人们不能对党的任何决定提出上诉。和列宁一样，普列汉诺夫也不相信愚昧无知的群众；和列宁一样，他也相信效率、秩序和纪律。他也认为，革命的需要高于一切，但是他不厌其烦地引述恩格斯的论点：对革命的社会主义者来说，最不幸的是，条件尚未成熟就开始执政；换言之，无产阶级的大多数还没有意识到自己的历史使命——更不幸的是，无产阶级尚未在总人口中成为多数。布尔什维克与孟什维克分裂之后，普列汉诺夫逐渐意识到，列宁不惜一切苦思冥想的，正是这个条件尚未成熟就夺取政权的行动；夺取政权的不是人口的大多数，而是一些自封为代表大众利益的阴谋家。在他看来，这纯粹是波拿巴 159
主义，是巴枯宁、布朗基等煽动暴力的人所鼓吹的那种不负责任的武装起义（putsch），是对工人阶级利益的压制，也是对民主的压制。实际上，早在1905年，他就断言，列宁策略的最终目标是个人独裁。

开始的时候，他支持列宁，因其主张积极行动，呼吁大家组织起来；因其特别富于献身精神，意志顽强，冷酷无情。大约在1911年，普列汉诺夫终于意识到，布尔什维克的领导人不仅追逐权力，而且残酷不择手段，肆无忌惮，极不诚实；他们对民主的理解是“辩证的”，因此民主转化为不民主。从此，他开始彻底反对列宁。1905年，布尔什维克组织莫斯科起义，但是没有成功，普列汉诺夫强烈谴责此类行动，斥之为幼稚的、诉诸武力的罪恶行径。1914 年，更大的危机出现了，在是否参加第一次世界大战的问题上，国际社会主义阵营发生分裂。列宁领导的布尔什维克，以及马尔托夫为首的孟什维克社会民主派左翼，一起宣称，第一次世界大战是两个敌对的帝国主义阵营之间的斗争，与工人阶级的利益无关；在所有的交战国举行大罢工，也许能阻止或早日结束这场战争，而没有组织这样的罢工就说明，这些社会主义的领导人已经背叛，与各国的主战党派结为联盟。因此他们反对战争，并呼吁所有社会主义者起而行之。普列汉诺夫认为这是一种愚蠢的自杀。他认为，对社会主义与俄国无产阶级革命来说，普鲁士与奥地利军国主义的胜利，较之以保家卫国为目的的西方民主国家的胜利，具有无比的危险性。因此，他的反对者愤怒地视他为国际社会主义的叛徒。（1939 年，美国与其他中立国也出现类似情况：共产主义者与反帝国主义者宣称，这场反对希特勒的战争，是两个敌对的资本主义阵营之间的斗争，他们反对战争的任何一
160 方，奉行孤立主义，保持中立。）

1917 年二月革命之后，普列汉诺夫回到彼得格勒，对他个人来说，这是一个巨大而短暂的胜利。他给予克伦斯基和临时政府关键而热情的支持，与列宁进行了长期而激烈的斗争。他指责列宁耍阴谋，企图把微不足道的布尔什维克党强加于俄国人民，这损害了马克思主义的民主制，是在挑动内战，可能带来反革命。布尔什维克及其同道立刻反击，公

开指责普列汉诺夫为调和派、反动派、沙文主义者、远离俄国人民的西方人或工人阶级内部的资产阶级叛徒。他认为，经济不断发展，要求与其他左派和自由派有一定程度的合作，而前提是打败了德国的独裁统治，只有在这个时候，俄国才能通过大多数人的选举而建立社会主义。他闻名遐迩，受人尊敬，但是谁都不采纳他的意见，因其观点过于温和，口气过于礼貌。

十月革命的阴影早已出现。十月革命发生后，他尽其所能加以嘲讽。1917 年的彼得格勒，饥寒交迫的普列汉诺夫慢性肺病日益恶化，他病得卧床不起了。他盘算着，自己可能被逮捕或暗杀。十月革命的第二天，一队士兵和水手闯进其卧室，彻底搜查了他的书稿，并威胁说要打死他；一番不明不白的侮辱与威胁之后，他们终于扬长而去。有人向列宁投诉，列宁显然大为震惊。普列汉诺夫是俄国社会主义理论的最高代表，就连这位独裁者也承认，无论在观念上还是在政治上，较之其他任何人，他更多地受惠于普列汉诺夫。政府发布命令，公民普列汉诺夫的私有财产应该受到保护。但是他已病入膏肓，1918 年 5 月 30 日，他在芬兰的一家疗养院与世长辞；弥留之际，他还指责列宁背叛了他们为之共同
奋斗的事业，在俄国使用暴力和流氓。普列汉诺夫的葬礼， 161
变成了他的老朋友，彼得堡工人举行的一次盛大的、井然有序的、催人泪下的游行示威。

在俄国发表的最后一篇文章里，他以讽刺的语调回顾往

事：奥地利社会主义者领导人维克多·阿德勒曾责备地对他说“列宁是**你的**孩子”，他回答说：“那不是合法婚姻所生。”[1] 祖国对他的评价始终是自相矛盾的。时至今日[2]，苏维埃当局认为，1903 年以前的普列汉诺夫是完美无缺的，此后，他与列宁分道扬镳，其著述没有任何价值。苏联举行普列汉诺夫诞辰一百周年纪念活动时，这种含糊不清的崇敬之情依然如故。斯大林倒台后，普列汉诺夫博得些许赞美，人们认可他总的来说是个人崇拜的劲敌。现在，人们又在谨慎地讨论其作品，尤其是那些在今天具有特殊的讽刺意味的作品。在那个淅淅沥沥的雨天，人们抬着他的遗体向墓地走去；如今，事实已经在那时人都梦想不到的程度上，证明了
162 他那些最悲观的预言的准确性。

[1] See G.V. Plekhanov,‘Buki az-ba’（《极简单的道理》，1918），repr. in *God na rodine*（《罗丹的神》，Paris, 1921）, ii 257—268, at 268。
[2] 这篇访谈发表于 1956 年 12 月，匈牙利起义发生不久。——编注

政治领域的现实主义

“现实主义”通常指人们对事件、事实或人的主要特点的正确把握，以免希望或恐惧、爱或恨等情感歪曲事实，以免在某种情绪的影响下，美化或丑化事实的思想倾向等导致歪曲，妨碍人们进行准确观察（或在此基础上采取正确行动）。当人们说他们（“担心他们”）是“现实主义者”时，该词还有一种很不好的含义——为某种非常卑鄙或残酷的决定辩解。

这种不好的含义可能起源于黑格尔及其追随者，他们都是既保守又激进，喜欢拿自己的大无畏“现实”观——创造人类历史的那些“客观”力量必将产生“无情的”碰撞，导致惨痛的破坏与毁灭——与傻子、弱者或糊涂蛋逃避现实的卑劣行径作比较，后者害怕“现实”，寄生于幻想的世界。有人为这一德国理论做了更具启示录特色的解释：一方面，可怜的人类自欺欺人，误以为一切皆是平安、幸福与有益的进步，他们的美满生活万古不变，实际上，可怕的历史巨变近在咫尺，他们必然遭受灭顶之灾；另一方面，“现实主义者”看到了可怕而美妙的真理，他们认识到，生存状态更严酷方面意义更为重要——更接近历史的“本质”，绝不要受
163 不能面对真理的那些弱者的托辞所蒙蔽。

残忍可恶的东西比仁慈可爱的东西更加真实或“现实,”这是一种有讽刺意味（或野蛮）的悲观主义，恰如理性时代乐观的人道主义，这种思想富于浪漫色彩，却无经验观察作为证据。较之许多特殊的、无系统性的评论，由这两种观念发端

的大规模政治运动——尽管有的宣称掌握了“客观”的科学方法——均未确证它们能更有效地解释或改变事实。

但是这种“不愉快”的态度也包含真理的成分。因为它拒不接受18世纪的那些乐观思想，当时，许多热情洋溢而富有智慧的思想家坚信，人类的邪恶、愚蠢和不幸皆起源于无知和懒惰；和自然界的其他事物一样，人生也遵循某些行为规范，人们可以用规律的形式表述这些规范；在无生命世界，牛顿及其同时代的物理学家已经成功地确立了极具准确性与包容性的规律，从理论上说，人生的规律也能达到这一水平。由此看来，一旦发现这些规律（也许有人已经发现了它们），靠着精通政府管理这门自然科学的人，人们就能被合理而有效地管理，他们中最优秀者一直以此为夙愿，但此前一直不知道如何才能实现。有人认为，某些过程决定着植物或分子的生命，既然我们能够清楚地把握这些过程，我们也能清楚地理解人类的需求；现在人类能想办法满足这些需求，较之以往的愚昧、懒惰与“有用的错误”，[1] 人们的办法 164

[1] 看来很可能伯林这个词是取自霍尔巴赫《自然的体系》的译本中一个过分随意的段落。在第一部分第一章“论自然”中，霍尔巴赫写道：“recourons à nos sens, que lón nous a faussement fait regarder comme suspects”。在1820年的译本中，塞缪尔·威尔金森将其译为：“让我们恢复感官知觉，有用的错误曾让我们对其存疑。”H. D. 罗宾逊在他1868年的说法中借用了威尔金森的发明。不过，这种思想完全符合霍尔巴赫的特点。例如，他曾写到“有用的错误”（erreurs utiles），同上，第二部分第十二章；还写到“人类对错误很感兴趣”。见于《健全的思想》第82节。——编注

越来越多，困难越来越少。和工程学或农学一样，治国理政也是一门科学，它有自己的方法，这些方法是人们理性地探索人性的结果，也是观察、推理与实验的结果。这门科学并不神秘，人们可以掌握它，也可把它传授给别人，专家可以使用它、改造和扩展它，直至无限，使之永远服务于人类。

批评者——神学家、政治上的反动派以及反理性主义的浪漫主义者——不相信这种乐观主义（因为它坚持决定论，缺乏连贯性），法国大革命的失败更让这种观念威信扫地，它有损于启蒙哲学的影响力（就欧洲大陆而言），一如俄国革命及法西斯主义动摇了维多利亚时代自由主义者的信念。历史发展遵循某些规律，人的活动是可预知的，建立一门研究人类行为的自然科学是可能的，这些信念长期萦绕于人类心头，直到 19 世纪。有人根据“有机论”或“生机论”来解释人与社会制度，这种新理论的追随者宣布了 18 世纪“机械论”的覆灭，他们指责前辈的思想过于简单，却也一致认为，历史发展遵循着某些规律。

“有机”论者认为，18 世纪的思想家没有认识到，决定
165 着人类事务的那些规律是独一无二的，与无生命的物质所遵循的规律迥然不同；光知道单纯的积累或物体在空间的运动是不够的，只有掌握了“发展”或“进化”的原理，他们才能理解人的活动。这些原理没有把“整体”，如人类有机体或社会单位——不同的社会、国家、教会、语言、法律体系、宗教以及观念体系——解析为它们的组成部分或“原

子”，因为这种分析会漏掉那些不可感知的、几乎无法描述的连接与关系、模式与结构，正是这些要素把“整体”连接在一起，唯有这些要素能够解释人类独一无二的性格、行为与命运。

这种修正是不可或缺的，在此基础上，原理论就可以发挥作用了：熟悉“有机”过程的人，能够控制——当然能预见和描述——人类的行为，一如自然科学家能够控制他们所研究的无生命世界。无论在黑格尔式的形而上学体系中，还是在达尔文式的进化论中，这门新的人类“生物”学，原则上是可系统化、可传达和可学习的。孔德以及后来的斯宾塞大胆尝试，企图将这门生物学归纳为一个明白易懂的信条式的体系。施宾格勒和汤因比所提出的宏伟的宇宙论，是这一观念传统的令人沮丧的顶峰。卡尔·马克思非常重视这个问题：如果历史是一门科学，它就关乎某种“无情的”轮回；他提出了一种不同的富有成效的理论。

然而总是有什么地方在出错。事情从不以专家所坚信的、所一直预期的那种方式发展。法国大革命没有达到革命者所期望的目的。有人告诫他们——他们中的幸存者——那次大型实验之所以失败，是因为他们在预见未来时，忽略了一些关键因素（如经济与社会的因素），所有注意力都集中到政治因素上。人们没有忘记这个警示。到了 1848 年，经 166
济社会因素受到普遍关注，无人能指责新一代革命者对这些因素不够重视，然而那个关键年份所发生的事件，让那些为之努力工作并默默祈祷的人大失所望，他们的计划落空了。新一代历史分析家又告诫这批人，他们忽视了一个关键因素——这也许是所有人类历史的核心因素："阶级"斗争。1917 年爆发的俄国革命严格遵循理论，其结果与列宁或德国共产主义者在其朴素乌托邦理论中做过的预见大相径庭；1848 年和 1793 年事件的结果重演。

是否因为理论有某种缺陷，所以实践拒不从命？人们开始猜测，单纯的理论修正并不能让我们走向胜利——这就是说，将历史发展的理论用于人类社会，也许注定要失败——政治"理论家"或"教条主义者"等术语通常被用作贬义词，这不是单纯的蒙昧主义，它有其合理的情感依据：错误已然存在，有些东西行不通。

我并不是要否认观念的重要性。除非某人从心理学、人类学、生物学、经济学（或某种形而上学，它保证说任何情况都能被纳入某种先验模式）的角度，对人类事务做了过于简单的解释，因而被骗；否则谁都知道，有些情况下，怀有坚定信念的不同群体借助适宜的条件（种类太多，不能一一罗列），将造成巨大变化。回首往事，人们会说，这些变化是不可避免的；他们通常不说，如果出现了这些变化，它们很少符合设计者的预料，很少体现原来的信念。

167 这似乎需要一定的解释。到目前为止，我们讨论了关于这些失败的两种解释：一种解释认为，革命者误判了形势；另一种解释认为，革命者忽视了某种因素——两种解释都有这样的含义：如果对形势的判断是正确的，所有因素都考虑到了，他们就能找到问题的答案，具有足够的能力与聪明才智的人，就能改变人类的处境。但是显而易见的是，政治家与改革家中的佼佼者都是通过截然不同的方式取得胜利的，关于如何改造社会的理论往往不符合实际情况。

总体上讲，罗伯斯庇尔、奥地利的约瑟夫二世以及列宁，未能将他们的观念转化为现实。总的来看，俾斯麦、林肯、劳合·乔治以及罗斯福，却做到了心想事成。1790 年的奥地利、1794 年的法国与 1920 年的俄国，都不符合那些伟大改革家的梦想。相关历史时期的德国、英国和美国，则基本上没有辜负其讲求实效的政治家的期望。人们也许会说，后一组政治家不那么雄心勃勃，他们的追求与实际情况不是迥然有别，这种说法是错误的。俾斯麦与罗斯福带来的巨大改变，深刻地影响了人类的幸福。

即使成见很深的历史学家也很少否认以下论点：讲求实效的与乌托邦式的政治家的区别是，前者能够“理解”他们所面对的人性，后者却不能。我们所讨论的问题的实质，就存在于这种“理解”之中。约瑟夫二世、罗伯斯庇尔与列宁，不遗余力地思考他们所面对的形势的特点。他们阅读、研究、辩论、反思。他们可能过多地关注某个方面，却没有重视另一个方面；但如果像有人认为的那样，历史原则上是一门科学，历史学家应该模仿自然科学家，把归纳和演绎结合起来，以求最佳效果，那么这三位的态度是正确的：在他 168

们那个时代，他们已经尽了最大努力，以求最佳策略；一旦发现，立刻使用，一心一意，目标明确。但是他们显然没有做到心想事成。他们只是以暴力的方式彻底推翻了旧的社会制度，建立的新制度却出乎他们及其反对者的预料。俾斯麦、林肯与罗斯福则智高一筹，其取得的结果无论对他们的反对者来说多么令人惊讶或遭人憎恶，却都非常接近他们的支持者的愿望。

首先我要声明，这不是价值判断。我只是想指出前者——思想观念的迷恋者——未能做到心想事成，后者却做到了。与可敬的约瑟夫二世相比，俾斯麦的恶行要多得多；他虽恶，却“脚踏实地”，人们有理由更相信他而不是相信那位理想主义的皇帝。如果说理性的意思是运用某些方法于某物，这方法能产生实验者所期望的结果，那么从某种意义上说，传统的理性主义者就做了不合理之事，根据“直觉”（这显然是用词不当）生活的人却会更有效地使用其理性。

我不想一一列举这两组互不相同的政治家之间的区别，只想探讨其最明显的差异，那便是：优秀的政治家仿佛艺术家，他们懂得自己所用的媒介。他们有所为，有所不为，但觉得很难、甚至不可能从理论上解释这样做的原因。除了他们，希望解释人类行为的历史学家、心理学家以及政治分析家，也不得不求助于“想象力”、“政治天赋”、“历史感”或“准确的判断力”等术语，在科学论著中，这些术语当然没
169 有合法席位。当俾斯麦对法国宣战、林肯对南方宣战、罗斯

福对经济领域的“保守势力”宣战时，我们至少可以说，他们也许觉得很难以严谨的科学方式说清楚那些大的原则，说清楚为何由此推出，此时此刻、此种方法乃最佳选择。“很难”的意思是，以雕刻家为例，他觉得很难解释在雕刻过程中为什么这里着力较多，那里着力较少。

当然，这与某种神秘直觉，某种企图猜测现实本质的、非经验的方法无关。判断力、技能、时机、对方法与结果的关系的把握，皆立足于经验性要素，如体验与观察，尤其重要的是，它们还立足于“现实感”，大体说来，这种感觉是一个不知不觉的整合过程，在某种情况下看似微不足道或无足轻重的许多因素被整合起来，形成某种模式，它会自行“提示”，“要求”人们采取某种行动。这种行动无疑是即兴之作，仿佛艳丽的花朵，只盛开于丰富的经验与敏捷的反应这片沃土——没有这种天赋，艺术家或科学家就不会有创新。若是信仰某种理想模式具有至高无上的地位，则似乎与上述天赋水火不容：在推崇盲目信仰的意识形态中，理想的思维模式取代了人们接收印象的真实能力。

从理论上说，人们也许没有理由怀疑，某个全知者（或近乎全知者）为什么不能耐心积累有关事例，然后根据某些享有盛誉的科学方法——通常把观察、实验、类比、演绎、归纳等方法结合在一起——提出一种假说，他能由此而正确地甄别所有可能的选择与结论。从理论上说，这是可能的。而实际上，经验事实过于繁多、复杂、短暂而细微，我们手

中的理论武器过于抽象，思维模式远离平凡的、非常朴素的
170 日常生活，只接近一些陈旧的、过于简单的情况。有人告诉我们，达·芬奇以为他的成就来自精确的测量；不过谁都知道，他富有多种不同的天赋，因此能取得那些成就。同样的道理，有些政治家也许认为他们所坚持的理论牢不可破，这些理论都是以政治经济理论为基础的一些内容详备的方案；实际上，其成功的事业与非凡的政绩，源于他们所具有的殊为不同的禀赋。

这不是在为蒙昧主义辩护，也不是在提倡远古智慧、祖先的声音或内心之光。科学理论显然适用于社会生活的某些领域，只是愚昧和懒惰促使人们选择简单的经验法则与一知半解的“常识”——常常用来掩盖偏见与无聊——而放弃系统的知识。但同样也有一些领域，与植物学家相比，园艺师的作品更引人注目。把这些领域区分开，是现实感的早期征兆之一。正是因为没有进行这种区分，18 世纪以及此后的社会理论家才显得矫揉造作，不切实际，远离生活。人们隐约感到这种混淆，却未能清楚地表述出来，主要是因为，想把该区别清楚地表述出来的那些人忐忑不安地认为，从理论上说，科学方法必然适用于一切，不承认这一点就意味着背叛光明。

然而这是一个错误。当人们指责某个政治家（甚至某个历史学家，因为他只想**解释**而不想改变人的行为）死板教条时，他们看来是有道理的——政治家（和历史学家）没有

理由死板教条，那会妨碍其履行职责。谁也不会指责科学家“死板教条”；但谁也不会怀疑，科学家一定有自己的理论——换言之，日常语言的使用者本能地认识到，术业不同，相关术语就不同；把适用于某一领域的思维模式搬到 171
另外一个领域（该领域要求用一种截然不同的方式），终究是一种不合理的做法——有人称之为理性蒙昧主义。这种照搬，是既无证据，也不考虑有无证据，就宣称：世界上有万能钥匙，适用于这个地方的真理必然也适用于那个地方；如果某物在某个领域代表进步、知识与光明，那么在其他所有领域，它必然如此。虽然和谐的因果律体系——或某种类似的系统——完全适用于无生命界、生物界、动物界或遗传学领域，但是这并不意味着，它也适用于社会历史领域。

19 至 20 世纪的大多数社会理论家均以下列自然主义假设为出发点：人是由因果律决定的，个人势单力薄，其认识潜力却是无限的；随着知识的增长，人类将逐步认识到他们悲哀地完全依赖于一个可认识的因果体系；其他观念皆为幻觉与狂妄自大。这一悲观理论不是基于对人类行为或社会实验的观察或体验，也不是基于任何经验方法，它只与自然的其他领域做了模糊的类比。回顾历史，最成功的政治家往往采用与此相反的基本假设，无论他们是否清楚地意识到这一点：有时个人是强有力的（他们就是这样看待自己与其主要敌人的），很大程度上是无知的（即，不了解他们不得不应对的那些因素的绝大多数，这些因素大多只能被认为是理所当然的，他们就这样在半黑暗中行动），在一定范围内，他们是自由的。有人（错误地）以科学、理性以及对自然进行不偏不倚的观察为借口，主张彻底变革人类社会；只要他们坚持那些基本假设，人类就会不断被献祭给诸如此类的理论与抽象观念。这是一种盲目崇拜——以人类为牺牲品；较之以前几代所做的那些可以理解的蠢事，这种错误更冷酷、更具毁灭性。为此，未来几代人将带着怀疑与愤怒，义正辞严
172 地谴责我们这个时代。

以色列的起源

以色列国是存在的，我想以这个奇怪的事实为出发点。19世纪中叶，著名的俄国革命家亚历山大·赫尔岑在一篇文章中说，斯拉夫人没有历史，只有地理。犹太人正好相反。他们历史悠久，却无多少地理疆域。以色列国的建立，应当被看作历史对这一异常现象的纠正。当然，犹太人不仅有历史，或如某些人所说，他们不仅有殉教史。任何社会团体确实未曾像他们那样关注自己，关注其过去和将来，关注那些困扰着他们的、显然无法解决的问题。犹太人要往哪里去？其遭遇如何？人们应该如何对待他们？几乎每个犹太人迟早都会遇到一个所谓的犹太人问题。英国人、法国人、比利时人、中国人或葡萄牙人，在其意识形成后的初期阶段，是不会被所谓的比利时问题、中国问题或葡萄牙问题所困扰的。作为一个异乎寻常的问题，犹太人的这种自我意识，让以色列国的建立成为一个奇迹。如果他们必须依赖有关专家解决犹太人的问题，如果犹太人确如他们的某些朋友或敌人所言，以色列国的建立就无从谈起了。

犹太人是一个种族，抑或一种宗教；他们是一个民族、
173 一个群体，抑或一种经济组织，长期以来，人们一直在讨论这些问题，尤以19世纪——以往各代最具历史意识的一个时期——为甚。著作、小册子以及各种辩论数量大增，纵然没有多少质的提升。从某种意义上说，较之犹太人，非犹太人更清楚地看到一个与此问题相关的亘古不变的事实：若犹太人仅仅是一个宗教组织，这本来不值得人们做出诸多论证

与强调；若其仅仅是一个种族，人们本来不会坚决否认这一点，因为他们承认，他们仍在用“犹太人”一词来指人类的一个特殊群体。

犹太人和那些对犹太人问题感兴趣的人逐渐认识到，实际上他们的情况非同寻常，不能用通常的、适用于欧洲各国的国家概念来定义他们；用这种概念对他们进行分类的任何尝试，必将导致牵强附会，矫揉造作，乃至削足适履。

不只是老年人[1]才会记得，当其他（主要是东欧的）犹太人宣布他们为一国之国民，要求一片土地，以利国计民生时，西方的犹太人往往义愤填膺。西方的一些犹太人认为他们已充分融入其所在国的生活，因此这种主张使他们大为震惊，甚至愤愤不平。据说在已故的埃德温·蒙塔古看来，《贝尔福宣言》初稿几乎是一个反犹法案。他无疑是真诚的，但是在这种情况下，其诚信只能昭示他及其朋友之心态。诚实守信不一定能使人把握客观真理。虽然许多方面都竭力反对这一主张，但是几乎所有旁观者都越来越清楚地认识到，犹太人是一种奇特的组合，集宗教、种族与民族为 174
一体，不能用通常的概念对他们进行分类；他们需要一种不同寻常的阐释，其问题需要一种不同寻常的解决方式。西奥多·赫茨尔最为清楚地看到这一问题，并提出了最为彻底的解决方案。

[1] 读者须知：本文最初发表于1953年，此时距以色列建国仅过去五年。——编注

赫茨尔有一显著特征：虽为犹太裔，他仿佛是以旁观者的身份考虑犹太人问题；他对犹太人有一种浪漫主义的观念，是成长于组织严密的传统犹太社会之核心部分的那些人很难觉察的。政治问题的重大而彻底的解决方案有个特点，它们似乎必定来自这样一些人：从某种意义上说，这些人处于问题的边缘，他们外部进行考察，其理想与目的过于简单，其愿景清晰而强烈，其认识方式必然忽视细节。一般来说，知道很多事情的人——清楚地知道非常多的具体事例——不可能提出彻底的解决方案。成长于真正的传统犹太社区（如东欧与中欧的犹太社区）的人，往往过于熟悉问题的艰巨性与复杂性，他们蜗居在一个过于狭小的世界，较之赫茨尔的新颖观念，他们不会进行如此大胆的、简单的、彻底的、甚至异想天开的探索。

由于德雷福斯案件的影响，赫茨尔认识到犹太人的处境极为反常，这个过程世人已很熟悉，兹不赘述。不久，他极为清楚地认识到，犹太人的道德与社会处境是令人无法容忍的：这是一种可悲的、令人痛心的反常现象；缓和措施均告失败，应对冷漠或羞辱的唯一办法，便是下猛药。赫茨尔最初的办法是，要求所有犹太人接受洗礼。这毕竟是一个简单、普遍而明确的办法；犹太人的身份含糊不清，他们享有四分之三的公民权；他们在不同的社区形成不同的小团
175 体，与那些社区具有独特关系，他们认为自己既属于、又不属于那些社区；接受洗礼必将一劳永逸地清除这些令人难堪

的情况。

没过多久，他非常清楚地意识到这是一种名副其实的乌托邦方案，便放弃了它。为自己民族建立一个主权国家的观念，大胆创新，坚决彻底，目标明确。唯因其源于可怕的、拿破仑式的简单愿景，听到它的人大多视之为谬论。也许这类政治家有一共同特征，亚历山大、拿破仑有之，也许德·瓦勒拉有之，也许狄斯累利有之，我想希特勒与斯大林亦有之；这些人的共性是，他们虽为民族的命运而奋斗，却与之保持一定距离；他们往往以简单的方式理解事物，与那些从事物内部理解事物的人形成鲜明对照，后者通常只看到一堆无规则的、具体的、无限的复杂因素，在他们看来，所有可能的道路均已被许多当时人们无法克服的障碍堵塞了。局外人很容易产生浪漫主义观念，也很容易把事情看得过于简单：熟悉易生轻侮，否则它会滋生怀疑心理，助长腐蚀人心的失败主义。

赫茨尔虽生于布达佩斯，却并非东欧犹太人；根据上述共同特征，他是自由的，甚至太自由了。其观念属于民族主义、世俗主义、浪漫主义与自由主义，更接近维也纳和巴黎的启蒙运动观念，而非犹太文化。这也是其追随者的显著特征。每个人都反映了他们所处环境的大趋势，每个人心目中的犹太复国主义理想，都程度不同地起源于他们非犹太邻邦的民族观念。英国的犹太人怀有英国观念，法国的犹太人怀有法国观念，德国的犹太人怀有德国观念，俄国的犹太人怀

有俄国观念，美国的犹太人怀有美国观念。多种语言杂然无序，其结果如何？不同观念互相碰撞。人们常说，历史规律
176 不可阻挡（苏联和查塔姆研究院用几乎同样单调的频率，多次重复这一形而上学教条），但显而易见的是：大规模的革命以推动社会进步、改变事物的发展方向为目的，有时它们的确能够造成历史的断裂，改变事物的发展方向，这些事物却很少向着革命者所预期或希望的方向发展。为什么会这样，我不想在这里展开讨论——这个讲座不是要探讨历史哲学。我必须指出，以色列国所具有的一些特征迥然不同于所有人的预料。其意图、目的和动机多种多样：有时一个人与另一个人的意见都不一致。然而他们共同拥有的一些民族“模式”与文化“模式”依稀可辨，其影响在当今的以色列依旧清晰。

接受了赫茨尔观念的少数英国犹太人，在一定程度上受到自由帝国主义理论的影响。其中的某些人需要一种朦胧的、理想主义者所谓的精神中心或灵光之源。其他人则更热衷于政治。他们希望建立一个犹太社会，作为西方设在东方的前哨；他们是西方文化的传教士，对东方的不发达社会，如犹太人和阿拉伯人，负有特殊的义务和责任。这是犹太人所理解的英国观念——英国人对“白种人的义务”做了最理想、最自由的解释，犹太人可能没有意识到这一点。在这些英国犹太人看来，在巴勒斯坦建立以色列国，实际上是一种文化使命，富有献身精神的优秀分子，将西方最成熟的文化

硕果——最热爱和平、最具人道主义精神的文化——带给这些混沌未开的、野蛮而粗俗的东方人。

总的说来，法国犹太人对巴勒斯坦兴趣不大，但是也有例外，其中最有名的，是埃德蒙·德·罗斯柴尔德男爵。
他管辖的那些村庄——他建立的殖民地——表达了法国人的 177
理想；美丽的法国葡萄树与橄榄树随处可见，看上去高雅、迷人，自成一体，反映了 19 世纪佃农与雇农的生活：平静，有乡村风味，以及淡淡的怀旧之情；犹太农民在山上劳动，阿拉伯农民在山下劳动，拥有这些土地的那个大地主，态度冷淡，表情神秘，但心地善良，远在大洋彼岸。

德国犹太人希望有一个现代的、井然有序的崭新世界，这个世界应该有足够而实用的经济知识与科学技术，享有一定程度的民主，总的来说，这是一个诞生于 19 世纪末、训练有素、井井有条、胜任各项工作的社会——我认为，这不是一个普鲁士社会，但是无论如何，它必须有严明的法规与牢固的基础——这是一种政治经济组织。

美国犹太人所希望的东西也许更合理，更能打动人。他们希望有一种能够体现炽热情感与浪漫情怀的东西，加上 20 世纪任何可能的、最新的、最省时省力的、可机械化的小发明、小创造。他们希望巴勒斯坦能在人文、艺术以及物质进步等领域成为全世界的先锋，用看得见、摸得着的业绩赢得世人的尊重。与此同时，他们还想让巴勒斯坦成为犹太人理想中的祖国，它既符合《圣经》，又怡人而熟悉，让他们可以有身份认同，美国犹太人将因此而成为美国伟大的移民群体之一。

俄国和波兰的犹太人与早期以色列国的创立具有非常密切的联系，因此对他们的研究至关重要。无论就数量，抑或就影响力而言，他们都超过了西方的犹太人。假如世界上只有西方的犹太人或者东方伊斯兰国家的犹太人，以色列国就不可能出现，这应该是显而易见的。无论哪些重要问题困扰
178 着西方犹太人，无论赫茨尔对其弊病的无情分析是多么中肯、明晰而振聋发聩，本世纪初，任何原因都不足以使生活较为安逸而富裕的——物质生活优裕，政治上不受迫害——西方犹太人，离开家园，向着那一目标艰苦跋涉。如果没有东欧犹太人那种品质与需求，就不可能有以色列。从这种意义上说，他们是真正的必要条件；要了解此后的历史，就必须理解他们所起的作用。

因此，我必须简要介绍他们的组织。由于历史的原因，东欧犹太人拥有自己的社会组织。与其西方教友不同，他们已成长为国中之国，有自己的政治、社会、宗教与人文理想。我不想笼统地谈论东方国家，我觉得我恐怕对它们一无所知。俄国与波兰的犹太人曾遭受政治与社会迫害，他们发现自己被禁锢于大的犹太人区，史称“犹太定居区”（Pale of Settlement）；也许是因为俄国政府与官员没有善待他们，直到 19 世纪末 20 世纪初，他们仍留在中世纪的外壳中，拥有自己的内部组织。他们拥有一种强有力的精神生活方式；从

某种意义上说，较之欧洲任何犹太社区，现代化进程对他们的影响更小。如果某人觉得难以理解欧洲中世纪的生活状况，我倒认为，尽管历史已经步入1890年或1900年，但是俄国西部一个名副其实的犹太小镇所保持的那种生活方式，很可能比其他任何一个现代社区，都更接近欧洲中世纪的生活。

虽然犹太小镇居民也受外部世界的影响，但是总的来说，他们基本上不受外界侵扰。他们生活得充实，而且快
乐，尽管面对经济困局与社会排斥；他们想象力丰富，道德 179
上问心无愧。他们四周都是俄国农民，他们不仇恨这些俄国人，但是认为后者低人一等，因此很少与之来往。他们生活在自己的社区内，过着传统的组织严密的生活，拥有自己的内部机构。俄国政府对他们的迫害与压榨接连不断，然而，如果你生活在这个体制内，你就会在道德上和精神上有安全感，那是一个家园，其基础牢不可破。

从某种意义上说，这些人将其社会结构带到一个新的国家。巴勒斯坦的犹太人，与晚近的犹太人的历史一脉相承，原因在此。读者很可能会问，民众何以人为地建立一个国家？他们真的能按照规划建立一个新社会吗？即使某人不完全接受柏克的传统观点及其保守立场，他也会得到如下告诫：国家不是人为的，而是自然发展的结果；文明的发展是一个不知不觉的过程，包含一些很小的、无法衡量的发展阶段；有些事物是不可估量的，许多难以认识的小原因发挥着极其重要的作用，能够产生具有广泛影响力的、单个看来既

不可见又不可分析的结果。他还会被告知，他能制造一台机器或其他任何人造物，却不能以同样的方式建立一个国家。事物必然有生根发芽、生长、土壤之类的环节，必然有一个不可感知的积累过程以及千秋万代的历史积淀。然而，不可能之事已然发生；我们目睹了国家的兴起，仅仅几年时间，一个国家就按照事先的规划登上历史舞台：意大利、英国、德国以及世界各国的许多小碎片，很快拧合到了一起。仿佛亚伦的魔杖，这个看似没有生命的实体，这根人造的木质手杖，虽是工匠在危急时刻匆忙打造的，后来却变得枝繁
180 叶茂。

这一事实令人惊讶。但如果某人知道这些，他就不会感到十分诧异：犹太社会依照某些可以带着走的价值观念生活，这是一种可转移的文化传统，和约柜一样，它从耶路撒冷撤至蛮荒的流放地，跨越中欧，来到俄国以及俄属波兰；这种传统在那里停了下来，却是一种临时组织；这是一种在俄国或波兰的土地上没有根基的文化传统，因为其根基无关乎疆域或地理。这是一个真正的文化统一体，一种真正的生活模式，这种生活方式几乎与其他任何生活方式都没有联系。英国、荷兰、德国和美国的犹太人不可能说他们也有这样的东西，也许他们不想要有这种东西；他们的现代史截然不同：希特勒上台之前，他们生活得相对幸福，也可能，相对没有意思。

这是一些什么样的文化呢？它们至少包含两种成分。一

方面是犹太教以及传统的犹太生活方式，遇到共同的忧伤、苦难和不幸，这会生发一种强烈的平等意识，无论富贵贫贱，所有人都会觉得，一种特殊的、来自共同的被奴役状态的团结友爱之情，把他们紧紧地联系在一起。因此，较之更自由、组织更松散的社会，这是一个组织严密的社会，人与人之间的关系更加密切。另一方面，每个国家的犹太人，都会程度不同地吸收所在国的观念文化。俄国与波兰的犹太人接受了人文主义——自由主义观念，发动了观念反叛，开启了激进的社会民主传统；这些国家的精英分子发起这场运动，以反对俄罗斯帝国所实行的、严厉而极其愚蠢的专制暴政。

以前没有接触过犹太文化的人是很难理解这种文化的：古代及中世纪宗教，与犹太文化中极具保护作用的一种向心力，奇特地结合为一个整体；另一方面，古代及中世纪宗教，又与 19 世纪的自由主义—民主主义理想合而为一。获得解放 181
的前犹太定居区居民既坚持传统观念，又接受新观念，服膺自由派知识阶层的那些信条。他们相信美德、知识、科学和理性；举凡 1848 年西方革命者所信仰的，他们都信仰。如果你走访今日的以色列，理解该国领导人的观念及其治国方略的最好办法，莫过于研究 19 世纪而非 20 世纪的人类理想。从某种意义上说，以色列是一个时代错误：一个很有价值、很有趣味而且鼓舞人心的时代错误；但在 20 世纪，这个错误仍然显得稀奇古怪，与众不同。犹太人从外部接受的那些理想，在巴勒斯坦这个相对真空的地带——这是阿拉伯世界的一个角落，伊斯兰文化的影响力显然不大，反犹势力最薄弱——他们有能力建设的那种文化，都立足于典型的19世纪的理论：人们相信自由，不愿受政府摆布；他们相信公民的自由、平等、人权以及某种形式的民主，不幸的是，在20世纪，面对暴怒的强敌，民主制度并非完全可靠。

以色列是一块飞地，是自由主义历史上的一个奇怪角落，无论过去和现在，这里的人们始终诚心诚意而又满腔热情地追求这些理想；他们之所以看上去与众不同，原因在此。要想了解以色列的政治制度，最好的办法是，研究18世纪欧洲自由主义观念史，然后再看它们在俄国自由主义者和社会主义者中所引起的反响。俄国的犹太人按照上帝的旨意——以色列也恪守这一传统——在犹太巴勒斯坦国的社会与政治制度中烙上了他们的印记，他们是俄国理想主义知识分子的兄弟与继承者，也是贫困的工匠、苦不堪言的土地劳力和产业工人的兄弟与继承者，他们为这些人的事业而斗
182 争。要想了解以色列，任何一个政治制度研究者必须牢记，以色列各政党起源于俄国的西方文化主义及其自由主义启蒙运动，这些思想上的愿望把反对沙俄压迫的一切力量团结起来，可惜好景不长，布尔什维克分子冷冷一笑，不假思索地将它们抛弃了。欧洲的民主主义者与自由主义者遭受了理想的破灭、悲惨的失败与严重的挫折，19世纪的俄国自由主义者却没有这样的创伤，因此他们满怀信心；其犹太信徒同

样是信心百倍，乐观向上，热情澎湃，充满活力。

举例来说，如果你看一下以色列工人党与以色列统一工人党——劳工党与左派激进党，后者莫名其妙地同情苏联——你就会发现，他们很像俄国理想主义的孟什维克或社会革命党党员，后者带有质朴的神秘性，前者却奇怪地认为，既要进行基础工业的社会化，又要最大限度地维护个人的文化自由。

俄国的社会革命党人与早期巴勒斯坦犹太殖民者有直接联系，他们赞成卢梭的观点，相信接触自然能够医治心灵的创伤；19 世纪 70 至 80 年代，俄国学生都想“到群众中去”，和他们一样，犹太殖民者是按照最纯洁的农业自由主义原则成长起来的。他们相信大地上有生命，人们应该与农民交朋友，避开大城市的那些腐蚀心灵的矫揉造作，过健康生活；现代社会的发展扭曲和摧残了人类，人们应该避开那些有损于道德的因素，这是二者——俄国知识阶层与犹太人的亲身经历；换言之，即远离没有教养的大多数人，可能遭受其迫害，这是不正常的。当然，并非全部犹太文化均起源于俄国。伊尔根是一个类似于法西斯主义的政党，它与俄国文化毫不相干，却非常接近其波兰血统，与 20 世纪 20 年代毕苏斯基旗下的那些上校有相同之处，他们都看重荣誉。伊 183
尔根所奉行的恐怖主义、英雄主义、惨无人道的做法以及某些浪漫的、拜伦式的不近人情的做法，均起源于此。在天平的另一端，你会看到左派恐怖组织斯特恩帮，他们是俄国左派社会主义革命党所发起的恐怖组织的直接后嗣，该组织认为暗杀是实现政治目标的必要手段。他们也许大错特错了，但其做法却扎根于19世纪俄国—波兰社会的自由主义知识阶层的圈子，那是信仰人道主义和理想主义的，现在，那些圈子已不复存在，早已成为历史。不了解这些情况，人们就可能曲解事实。

鼓舞着早期俄国及波兰的犹太复国主义者移居巴勒斯坦的那些理想——至今仍居主导地位的那些理想——起源于俄国自由主义者。最早的移民满怀这些理想，没有人强迫他们来此。没有任何经济需求和政治压力的移民，和被流放者，这两种人所发挥的道德力量可谓天壤之别。志愿移居者的行为乃深思熟虑的道德选择，其道德影响力定然大于另外一些人的选择，后者在不幸的命运波涛裹挟下茫然不知所措，四处飘荡，这命运并非由他们造成，他们也不理解。他们通常发现自己被抛上了这片避难者的海岸，久而久之，他们便接受了这一事实，但初到那里时，他们也许觉得，和其他任何遥远而陌生的国家一样，这个地方同样令人困惑。那些自觉自愿的早期移民，当然具有自由主义者的那种热情以及一种温和的、半社会主义的信念（我认为这样说是恰如其分的）——尽管他们用了很多马克思主义的术语，他们却不是真正的马克思主义者，其观念带有浓厚的怀疑主义、个人主
184 义与经验主义色彩——犹太人、特别是俄国与波兰的犹太人所具有的这种独具特色的观点，部分来自其悲惨遭遇和痛苦

经历，部分来自其松散的、漏洞百出的、混乱的、缺乏条理的政治制度，他们就是在这样的制度中成长起来的。

如此强调俄国移居者及其观念的重要性，我仿佛言过其实了。读者也许会问，你如何评价德国的犹太人？当以色列面临危急，与阿拉伯国家交战，又惨遭西方盟友抛弃时，若非德国犹太人在和平与战争时期给予其技术、资金和人力方面的援助，以色列何以立足？立足何处？或许早已亡国，先战败，后灭亡。德国移居者做出了巨大贡献——在人文科学与自然科学、军队建设与政务管理、司法制度、制造业、商业以及各行各业、各种技术等方面——尽管如此，以色列国民生活的核心体系，几乎没有受到德国犹太人最看重的一些价值观的影响。以色列人希望，德国犹太人能够适应与其观念不同的新观念。

在当今以色列文化中，人们很难找到来自柏林、维也纳或法兰克福的那些有文化的移民流传下来的习俗或观念：许多习俗与观念来自东方。现在的以色列可以说是一个福利国家，两次大战结束后，很多人希望这类国家随处可见——它既不是共产主义国家，也不朝共产主义的方向发展，也不是一个个人主义猖獗、明显的社会不公大量存在的国家。以色列是如何体现这一理想的？毫无疑问，其部分原因在于生存压力。国家一穷二白，最早的移民都是穷人；国家不是以正常的方式建立的；社会主义先行于资本主义，工会先于工厂主获得政权——甚至可以说，犹太人总是反着做事。需要指

出的是，这也许是因为，这些先驱者怀有不同的信念。除非
185 某人懂得那种特殊的理想主义政治氛围，否则他是不可能理解这些信念的；这氛围包括对于英国的自由主义和议会制有一种近乎神秘的崇拜，以色列的开国者就是在这样的观念环境中，在各自的祖国接受教育的（据报道，一位著名的英国官员在这一年[1]把有些人描述为欧洲犹太区罪犯，某些开国者一定在这些人之列）。

重建希伯来语，是促进新社会建设的重要因素之一。反对的声音此起彼伏。有人认为，希伯来语是一种古典语言，主要用于各种仪式，这样“炒冷饭”可能导致穿凿附会；这种语言生僻难懂，有文化的人不会使用它；犹太人通常使用意第绪语，这才是他们的“真正”语言，它扎根于民众的生活，重建希伯来语等于歪曲事实。这些说法已被事实击得粉碎。希伯来语大获全胜，可能有两个方面的原因，一方面，对所有移民来说，它都是一种神圣的语言，也是他们唯一的公共媒介；另一方面，希伯来语是一部著名文献的古代语言，这种关系影响了欧洲人的全部观念与想象。唯因如此，它已成为一种具有特殊权威的教育工具。

语词、观念和行为是不可分割的。意第绪语所包含的热情、幽默、欢快、生动活泼、神奇的表现力以及数百年来人们四处漂泊时的辛酸泪水，都不足以补偿以下事实：它只是

[1] 1953 年。

一种行话；像所有诞生于卑贱生活的事物一样，它没有固定的形式，也没有严密的规则，过于灵活，相比之下，希伯来语（和以色列的其他许多东西一样，却比它们尤甚）是提高人类尊严的一种工具，也是人们为情感和理性设立基本规范的一种手段。希伯来语改变了一种真正的传统文化——人们
期盼已久的某些形式加诸于犹太人杂乱无章的生活状态：流 186
浪汉无家可归，身份模糊不清，四处漂泊的被驱逐者随遇而安——通过一种牢固的、广为人知而历史悠久的东西，对过去的伤痛以及被奴役的生活的回忆被抹去了。当今的以色列，人们正在建设一个民主自由的国家，纵观所有因素，甚至包括军队在内，希伯来语最能打动人心，最有影响力，最有成效；它并不像人们常说的，单单是推动沙文主义与孤立主义的一种方法。

把不同力量团结起来，克服差异，避免差异扩大的另外一个因素是战争，与阿拉伯国家的战争。较之其他社会现象，战争能够提升凝聚力，促进团结，激发热情，这是一个令人沮丧的事实，也是人性的奇耻大辱。一位著名的以色列政治家曾对我说，他是在社会民主主义观念的哺育下长大的，他痛恨战争，阿拉伯战争让他痛心，他没做过任何支持它的事情，却做了很多反对它的事情，他认为它是一个令人悲伤的灾难性事件；可是他并不否认，这场战争孕育了一种文化传统，为以色列国的建立奠定了基础。烈士的鲜血无疑加速了民族精神的发展，否则这种精神的生长可能需要更长

时间。毫无疑问，正如在1940至1941年纳粹德国对英国发动的突然袭击中，不同观念的融合与强烈聚变已然发生，战争结束后，这种融合虽然在一定程度上（以英国为例）减弱了，但它仍然是以色列人民的共同事业不可或缺的道德基础。

从某种意义上说，这个年轻国家的公民认为，他们的生活仿佛是在野营，其营地如果不在荷枪实弹的军营，就一定在通向敌营的十字路口；他们觉得危险近在咫尺，这种危险
187 如果不是灭顶之灾，就一定是突然袭击，这种感觉不仅助长了沙文主义与清教主义的恶习，而且造就了人类的某些优秀品质，展示了某种形式的利他主义，为宽宏大量的胸襟和信仰自由的态度创造了真正的机会，否则他们不可能拥有这些品质。除非读者认识到这几点，否则他无法理解以色列的巨大进步。诚然，从经济学、社会学以及其他许多受人尊敬的社会科学的规律来看，以色列早已倒台。

如此多非常规的社会力量交互作用，催生了一个新的人种。假如你问犹太复国主义运动的创始人，他们想要什么——他们想按照各自的形象创造犹太人。英国犹太人一定希望，英国犹太人能在以色列兴旺发达。俄国犹太人希望，胸怀理想主义和自由主义的俄国犹太人能够居于支配地位；澳大利亚犹太人希望，犹太人应该和最受欢迎的澳大利亚人一样；伊拉克犹太人则希望，犹太人应该具有令人钦佩的伊拉克品质。哪一种希望都是不可能的，因为谋事在人，成事

则在历史的力量，历史力量的裁度迥然不同于人力。以色列国的雏形已然形成，两千年来，这还是头一次。你也许要问，这个新的种族具有哪些特点呢？他们是很难描述的。在我看来，他们最显著的特征是，他们不同于几乎所有非犹太人心目中的犹太人。这可能关乎自尊或惋惜、痛苦或快乐，情趣不同，感觉就不同。

以色列几乎没有杰出的银行家或律师，缺乏大量有天赋的科学家，以积累财富为目的者寥寥无几。职业批评家寥若星辰（不包括非职业批评家）；趣味高雅而棋艺高超的社会名流屈指可数——这是一些夜猫子，他们散布弗洛伊德、马克思、萨特等思想家的观念，或其他任何既令人震惊，又很时髦的东西；极少人追求强烈刺激，这些刺激可能是真的，
也可能是假的，时而有趣，时而做作、卑鄙、下流，有些逗 188
人发笑，有些消极有害，有些很肤浅，可能导致裸露癖和粗野行为；这种刺激盛行于没落的或没有安全感的文化中，如德国历史上的魏玛共和国以及当今美国的某些地方。在以色列，人们很难看到这些现象，在那里，这些行为是不受尊重的。到特拉维夫旅游的人，若想一睹犹太人的此类活动，领略其异样风情——这是颓废堕落、苛求于己的必然结果——人们的平和与质朴一定会使这些游客大失所望；这是一种坚定不移的庸常心态，一种心满意足的可靠、健康而单调的心态，对犹太人来说，这些心理状态多多益善。迄今为止，他们尝遍了生活的酸甜苦辣。总之，他们品尝过的生活滋味实

在太多了，对己对人都会产生不良影响。在以色列，谁也不会看重这些辛酸经历。你所遇到的，不是倡导自由主义的、腐朽中的欧洲知识阶层人为的作品，而是一个国家的国民，与其他地中海国家的国民一模一样。

这也许是人们感到遗憾的理由，也许不是。我真的认识几位去过以色列之后感到非常失望的人，因为那里的文化艺术不够繁荣。以色列没有伟大的长篇小说家；尽管有几位优秀的短篇小说家，但是他们均已年迈，去巴勒斯坦以前，他们的文学才思已经成型。总的来看，以色列没有伟大的思想家、诗人、画家、雕刻家或作曲家；以色列的音乐水平还算可以，绘画艺术尚可，写作艺术中等，建筑艺术正在提高。所有这些活动进展顺利。当然，他们的文明并不落后于中东国家，甚至不亚于西方的某些欠发达国家。但是，短时间内
189 人才辈出，顷刻间东方变得一片光明，一些具有卓越才华的人将诞生于这块新的土地，他们将带着新的道德观念和思想认识，登上世界的舞台；世人将会惊叹。诸多盖世奇才何以荟萃于此——这种期望幸好没有成为现实。

因此，以色列得以在所谓的正常条件下不断发展。这一定是赫茨尔希望看到的，其追随者是否接受这一庸常平淡的观念，人们不得而知。诚然，从犹太复国主义运动的先驱人物的某些言论来看，他们似乎要建立一块文化飞地、一所超级大学、一座神殿、一个教堂，这不是一个只关注日常生活的社区，而是一个既神圣、又世俗的场所，它要守护心灵和

教育人类。但是我并不认为，创造杰出的作品，用智慧光照世界，是每个人应尽的义务。如果某人有这种天分，对己对人当然更好。依我看，人类的首要义务是，按照自己的观念生活，各尽所能，但不伤害别人；能够自由地以各种不同的方式，在不同的领域实现他们的理想，无需过多地考虑他们是否登上了历史最高峰；无需忐忑不安地揣测，较之同时代的其他天才人物，他们的成就是否最大；也无需比照其他国家，看看他们的发展速度是否符合它们的期望。

此前我曾提及犹太人那种独特的自我意识——他们对自身及其处境有强烈的，甚至过于强烈的意识——这是“犹太人问题”中的一个重要问题。人们对此一定会有反应。在以色列，你会听到这样的言论：“我们对外部世界没有多大兴趣。我们是这个国家的国民。毫无疑问，我们确实是外来的。美国人来自欧洲，澳大利亚人和加拿大人也来自那里。 190
把澳大利亚人和加拿大人当作英国人的一个种类，却是错误的，把美国人当作德国人、意大利人、荷兰人、捷克人等民族的一个种类，也是错误的；他们都有自己的观念。假如你去过美国、澳大利亚和加拿大，而不只是读历史书，站在远处看他们，视之为某个国家的衍生物，你就会更清楚地看到这一点。毫无疑问，我们也是外来的，我们也是由不同国家的一些截然不同的思想因素组成的；但是这个‘压力锅’非常好用。我们逐渐适应了同一种文化；有些犹太人没有跟随我们，其命运取决于他们在当地社区所处的地位，他们要么愿意待在那里，要么因情况所迫而只得待在那里；我们不能一直关注并受制于这些犹太人的命运，把我们的历史绑在这上面。”

这种观点非常偏激，我从不认为它在道德上能站得住脚，也不相信它能被很多人接受。但是如果宣讲的方式比较温和而又通情达理，它一定能广为流传。有些人不想用自己的一生来哀悼六百万犹太死难者，这不足为奇。他们不可能忘记这些人，可是他们也不想在生活刚刚起步时，就作为一场巨大灾难的后嗣而悲伤不已；他们希望开启新的生活。有些人依然年轻、健康，他们憧憬着未来的正常生活。他们喜欢单纯、朴素，他们想摆脱先辈的神经衰弱症，不想让人们一再重提过去的苦难。只要他们仍然是一个殖民地，与散居世界各地的犹太人有千丝万缕的联系，能感觉到发生在其他国家的犹太人身上的任何变化，他们就不能独立发展。现在，他们的经济要靠世界上其他地方的犹太人；总之，他们严重依
191 赖世界各国，因为其经济不能独立，进口大于出口，如此等等。自给自足不是任何国家所希望的。如果它们终究活了下来（它们必然如此），这种过度依赖就会消失，一种新的人和公民将应运而生。他也许创造不出非常精致的文化艺术，创造不出惊世骇俗或趣味盎然的文化形态，但是他与其同伴活了下来，而且很开心，成为一个民族，这就足够了。

一个新的民族诞生了，如果它不同于外部世界的犹太人，二者之间如果出现了隔阂——如果以色列民族慢慢变得

几乎不同于（不可能完全不同于）其他地方的犹太人，一如不同于其他民族，我们也没有理由抱怨。有些人，甚至犹太人也认为，整个实验就是“从流亡中流亡”。犹太人早已离散世界各地；现在，为了克服困难，减少负担，他们志愿成为流亡者，迁入一个巨大的犹太人聚居区，它仍然保存着他们离开的那些聚居区的所有特性，外加中东地区的诸多不便。但在我看来，这是完全错误的。没有哪个国家更少给人印象是一个自成一体、谨小慎微、蜷缩在一起的群体，聚在一起以求互助，犹太聚居区的感觉大抵如此。

诚然，以色列的问题很多。其经济问题令人恐惧，我无力评价，除此之外，它还要面对左派和右派的种种政治错误，一个庞大的信奉自由主义的准中产阶级方兴未艾：与其他国家相比，它的问题既不多，也不少。它与邻国的关系很成问题，它与外部世界的关系也许问题更大。当然，以色列人明显是西方人，他们读西方的书，思考西方的问题，看西方的电影。其世界观也是西方的世界观。他们考虑问题时所用的语词、符号，主要来自英国、法国、德国与美国的文化传统，这些都是西方文化。他们现在面临的问题是，如何同 192
化来自东方国家的新移民；新移民必须接受军事训练，这是一个了不起的调平器。其结果是西方化，抑或黎凡特[1]化？

[1] 原文 Levantinisation，地中海东岸的文化；Levantine，地中海东岸的人。——译注

现在论断，为时尚早。

毫无疑问，他们——甚至包括东方犹太人——与阿拉伯邻国之间已经出现鸿沟，当然，阿拉伯人对他们充满敌意，实际上想消灭他们。这种愿望，也许赶不上那些阿拉伯领导人认为必须对外宣称的那么激烈，但也是很强烈的。以色列人及其出入于伦敦、华盛顿与纽约政府部门的西方盟友都不认为，以色列问题已成定局。以色列与外部世界的关系并不融洽。以色列很清楚，它没有多少可以利用的重要资源。它意识到，从某种意义上说，它是大国的玩物：在古代，它是巴比伦、亚述和埃及的玩物；现在，它是美国、苏联和英国的玩物。他们仍处于这些大国的十字路口，它们可能今天还支持他们，明天就可能抛弃他们。以色列的土地上正激烈地进行着超级大国之间在意识形态领域的斗争，它比世界上其他任何地方更容易受到不同势力的影响。

在这种情况下，以色列人认识到，他们是政治、观念领域的一个小宇宙，较之其他任何地方，在这里人们能更清楚地看到、更明显地感受到、更容易地追溯当今世界的各种力量。他们能认识到这一点，却无法摆脱这种影响。他们对日常事务的关注程度高于对长远目标的关注。他们认为——在我看来，这是对的——动脑筋、想办法、守规矩，他们就能生存。他们迟早都要与邻人和解。地理和种族因素是无法回避的。总而言之，大概是因为非常聪明，他们不能过于悲观
193 地看待它们：料理日常事务已足以消耗其精力。

假如某人是一个严肃的社会学家，他就应该去以色列。只有在那里，他才能看到各种各样的人。社会科学家有时抱怨说，他们没有开展学术研究的“实验条件”。以色列具备这种条件。任何人都不可能在其他任何地方目睹如此与众不同的文化冲突与“文化交流”——某种古老的史前文化与美国最先进的现代文化相互影响；最具理论性和观念连贯性的马克思主义的意识形态，与东方的某种晦暗、神秘、难以表述的人生观相互影响。如此多的观念、生活方式、人生观以及为人处世的态度，出乎意料地发生激烈碰撞，放眼全球，无出其右。这是世界上最有吸引力的景象之一。社会学家却很少关注以色列，他们宁愿考察美国中西部的日常现象。这是好的，无可厚非。我感到好奇的是，社会学家虽有机会研究自己领域的一种独特现象，却固执地转移目光，埋头钻研他们所发现的最乏味、最相似的生活方式。这就好比说在世界历史上只有一次日食，天文学家可据此得出某些关键数据——以推翻或证实某些重要假说——他们却固执地把望远镜指向其他方向。

从以色列的角度看，由于不同文化的剧烈碰撞，一种清
晰可辨而又引人入胜的文化特征应运而生，换言之，这些人
追求政治上的自由、平等，与 19 世纪意大利复兴运动者的
心态并行不悖：总的来看，其政治路线中间偏左，这是 19
世纪英国自由主义者和激进主义者所喜闻乐见的。在巴勒斯 194
坦的经济、社会发展过程中，这种世界观依稀可见。仅凭以
色列的经济、社会需求，人们是推导不出以上结论的。

我觉得这一现象很有趣，因为它不仅揭示了经济、社会的压力，而且显示了观念的力量。这个现象推翻了唯物主义历史观，唯物史观认为，环境、经济因素或阶级斗争是历史发展的根本原因。这个现象推翻了多种理论，这些理论认为，以色列国的建立是完全不可能的；德国的马克思主义者与其俄国的政治同盟经常援引这些理论，以证明以色列国是不可能成立的；一些犹太人和非犹太人根据某些陈腐不堪的前提、历史理论、社会学规律或体系，主张犹太人必将被同化。世界强国外交部门的那些经验主义者的分析，同样不靠谱。没有几位欧美高官真的相信，人们能够建立一个独立的、哪怕是短命的以色列国。几乎没有人相信，这个国家还有战斗力，还能同心同德，克服一个又一个艰难险阻。许多预言家要么囿于各种探讨国家兴亡的陈旧理论，要么受制于强烈的情感与偏见；一般来说，他们总是把人类的理想和意志看得太轻。

以色列国的建立，不是一次大规模的实验。它在地球表面占地很少，人口数量也不大。唯物主义和形形色色的反唯物主义理论，对人类行为做了许多决定论的解释，以色列的事业却反驳了这些理论。有人始终认为，决定论原则上是错
195 误的，但是他们也许从未发现如此生动、如此有说服力、足以驳斥对方论点之空洞无物的证据，我不否认，他们能从以色列得到最大安慰。有人宣称，历史进化的规律不可阻挡，以色列却以活生生的例子证明，人类的理想与意志终将获
196 胜。在我看来，这是全人类的光荣，它将流芳百世。

犹太人之被奴役与被解放

一

大约二十多年前，L. B. 纳米尔在一本周刊上发表了一篇文章，[1] 讨论我们这个时代的犹太人问题。如果我记得没错，那么纳米尔是通过一个极为准确而生动的明喻展开讨论的，他把上个世纪启蒙运动对犹太人的影响比作太阳之于冰川。由于蒸发，冰川的外壳已经消失，其核心仍冰冷而坚硬；融化的冰水汇成湍急的洪流，淹没了低处的山谷，有些进入河流与小溪，有些则进入池塘，成为死水；无论如何，大地的景色以独特的方式改变了，有时甚至焕然一新。这幅景象不仅生动，而且准确，因为世人虽以各种方式否认，但蒸发毕竟是事实上发生了。同化有时会很彻底。仅以英国为例，里卡多、狄斯累利、利维—劳森等大家族已经融入非犹太人社区，脱离了祖先的传统，他们自己以及周围的人都这么认为。有些人觉得犹太教是唯一的真理，因此在他们
197 看来，任何形式的背离，尤其是一度信仰该宗教的那些人的背离行为，均属背叛，不仅如此，考虑到这些人可能传播错误的信仰，这还令人憎恶；有些人重视种族或社会的内部团

[1] 本文作于 1951 年。Namier 的文章名为 ‘Zionism’（《犹太复国主义》），*New Statesman*（《新政治家》），5 November 1927, 103—104, 再版于其文集 *Skyscrapers and Other Essays*（《摩天大楼》，London, 1931）。

结，在他们看来，不管有什么理由，不团结就是不忠诚，就是叛逃。英国的犹太人脱离祖先传统的现象，必将受到这两种人的谴责。尽管如此，这种行为毕竟发生了：从目前情况来看，如果这种行为发生在很多犹太人身上，而不是局限于少数人，那么驳斥它看来并非易事。

必须首先指出的是，人们既不可能回答、也不可能反驳那些虔诚的犹太教徒，对他们来说，维护犹太教是一种至高无上的义务，在迫不得已的情况下，必须毫不犹豫地为它牺牲一切，包括信徒的生命。他们的信仰原则上不受经验或历史的论证影响，也不受今生的幸福所影响，因此对真正的信徒来说，其信仰是坚不可摧的。但是不那么清楚的是，那些认为应该传承“犹太人的价值观”的人（这些价值观通常不是一种完备的宗教信仰，而是人们所持的思想态度、文化观念、种族的历史与情感、个人习惯以及社会风俗的结合体），他们的这种主张是否是对的：他们斩钉截铁地说这种生活方式显然值得倡导，即使必须付出难以令人置信的血泪代价，这血泪已经把两千多年的犹太历史变为一部令人敬畏的殉教史。非理性的信仰的价值观的绝对性一被淡化为坚守传统的生活方式，那么即便历史和一代代英雄烈士的信仰及其经受的磨难将其神圣化，人们也不能马上排除其他可能的选择，哪怕只因为任何选择都伴随着那么多磨难。

不过，对于那些认为这种道德问题很伤脑筋的人而言，

幸运的是，在这种情况下，它变成单纯的学术问题了。事实
198 证明，大规模的同化在现代世界是不可行的——无论以前发生过什么。德国犹太人以最真诚的态度对待同化并身体力行，其命运却极为悲惨。用纳米尔的话说，蒸发确实发生了，但是规模太小；因此，无论是好是坏，诸如完全同化是否可行、有无尊严或正当理由、是否得民心、这类问题，对于犹太人问题不再重要。作为一个希望彻底解决问题的方案——换言之，并不是针对少数情况特殊的犹太人——它是失败了。如果历史和社会学能给人们某些经验教训的话，我们也没有任何理由相信，有朝一日能够解决这类问题。

但冰川的核心依然冰冷而坚固，其生命同样没有什么“未来”。古老而僵化的宗教能够渗透个人的全部生活，将个人纳入特殊的教规；无论这种纽带的势力多么强大，维持这种生活的社会制度已经崩溃，旧的世界已然远去。犹太人的历史类似于欧洲的其他国家，不过其发展方式比较独特，时间滞后。欧洲犹太人是最后一批告别中世纪的人，也是通过民族及文化复兴运动取得独立的最后一个国家；经过必要的调整（这些调整比人们预想的要少），这个国家已变得和其他新兴国家一样——希腊人民和意大利人民，是以色列人民的好伙伴，从历史看，他们共同创造了西方文明，以色列的调整很像这两个国家的政治复兴。改革一旦开始，人们就不能回避它：在古代，即使被驱逐出西班牙之后，犹太人依然保持着自己的社会及宗教生活，这种生活是自成一体的——

在德国、意大利、法国的普罗旺斯，后来的俄罗斯帝国、奥
匈帝国以及土耳其帝国，莫不如此——可是古代社会崩溃
了。尽管他们遭受迫害，与世隔绝，在犹太人定居区之外毫 199
无影响力，其鼎盛时期的生活方式，却是人们所能想象的最
完善、最有力的文化形态之一。以俄罗斯帝国为主，这种生
活方式一直延伸至现代历史；由于政府对他们持怀疑、敌视
的态度，他们更加团结，俄国犹太人社区成为国中之国。纵
然一贫如洗，经济上、政治上惨遭歧视，物质上与道德上受
到压抑，犹太人却在这种社会体制下创造了丰富而独立的精
神生活，一些禀赋出众、想象力丰富、追求自由、精神健康
的犹太人由此诞生，时至今日，他们与西方犹太人比也是如
此出色，后者虽受过良好教育，却有时主动性较弱，道德行
为和审美趣味不那么有吸引力，因其生长于比较宽容、却思
想模糊的社会环境之中，那些地方的犹太人在一定程度上已
经被邻人接受了，但是他们缺乏一种能够保护自己的社会制
度，因此有的时候，他们显得局促不安，没有信心，缺少
些什么，沦为精神上的受害者；他们往往很有天分，有感
染力，感觉敏锐，思想深刻，可是由于某种无法解释的原
因，他们总是让自己和他人觉得不舒服。人们很难否认（虽
然他们经常否认），这类犹太人——既没有蒸发，又没有结
冰——的近代史，就是忧虑和烦恼的历史，除了在一些友好
社区中，在那里他们是一些平静的、无人知晓的池塘。其实
有时候，也会有一阵较为平静的生活，看来他们终于可能拥

有稳定的社会环境；但随之而来的，往往是某种剧烈动荡，人们的希望破灭了，又开始忐忑不安地寻找安全与幸福，即使社会稳定的希望渺茫。

在过去的两百年，犹太人饱受磨难与挫折，然而在人
200 类生活的几乎所有领域，他们都创造了不朽的业绩；犹太人从各个方面真诚地服务于他们所在的社区，较之当地人，他们往往更有奉献精神；他们想尽一切办法去适应各种社会环境与制度，他们时刻小心谨慎，尽量避免惹人生气；他们经常忍气吞声；他们具有惊人的模仿能力，总能以前所未闻的速度与效率适应新环境。然而事实证明，所有这些纯属徒劳。

长期以来，他们心里一直不安地觉得：他们的祖先清心寡欲，每天晚上都把自己关在狭窄而丑陋的犹太人区，与他们相比，这些祖先不仅更有尊严，而且更有满足感；更自豪，更优良，也许更让人讨厌，不过受外部世界的蔑视也会少一些。理性讨论无法克服这种局促不安的感觉，这种感觉使犹太人及其朋友心神不宁，也影响了人们对这个问题的所有讨论，它仿佛某种隐藏在暗处的东西，讨论时谁也不能提它，它却是整个问题的核心。这个问题奇特的地位本身——提到它，就可能引起怀疑和难堪——是过去一百年来，有志于研究犹太人的命运、犹太人与异教徒、犹太人的朋友或敌人等问题的学者，虽不知疲倦地工作，却没有很好地阐述的一个事实。另一个比喻即使不能为古

代遗留下来的犹太人问题（Judenfrage）指出解决方案，也许能就这一问题的实质给我们某些启发。

二

18 世纪末、19 世纪初，犹太人突然获得解放，其处境或可比作一队旅行者不知不觉闯入了一个原始部落，他们对 201
那里的风俗习惯一无所知。谁也不知道该部落会如何处置这些陌生人。这个部落可以杀掉他们，可把他们赶走，也可接受他们，甚至崇拜他们。要想活命，这些陌生人必须做的第一件事情，就是熟悉、了解该部落的行为方式和风俗习惯。该部落成员是不需要了解这些情况的，他们的生活一如从前，吃饭、喝水、交谈、唱歌、寻找生活用品、恋爱、仇恨，他们不用了解这些事情的具体做法，不用注意下一步应该做什么。那些陌生人就不同了，他们完全不了解这种生活方式，发现几乎没有什么可看成是理所当然的；相反，他们感到必须尽其所能掌握主人的“行为方式”。他们必须了解得清清楚楚，否则将四处碰壁。他们绝不能判断错误，否则会有灭顶之灾。他们的主要目的是，精心绘制一幅反映部落成员的思想及行为方式的清晰图画，然后努力适应该部落的生活方式。如果这些旅行者有一定天分，他们很快就会非常熟悉该部落的生活。后来他们对部落的风俗习惯的了解，大大超越了部落成员，因为诸如此类的确切知识直接关乎这些陌生人的自由和幸福——甚至他们的生命，部落成员则不然。

对别人的生活方式和思想观念倾注了如此多的心血，后来他们就自然而然地爱上了这种文化——这是研究者对某一问题的认同与奉献，研究者的全部时间、才华、能量、情感与智慧，皆倾注于此。这些陌生人成了当地人的重要权威：他们把当地的语言和风俗习惯编辑成册，为该部落编纂词典和百科全书，还把这个部落介绍给外部世界。年复一年，他
202 们对该部落的认识与热爱、对它各方面的迷恋，不断深化。如果事业成功，他们会认为，较之当地人的自我认识，他们对当地人的理解更深刻、更完善，他们觉得已与当地文化融为一体；他们认为——其认识并非毫无道理——他们是该部落最好的朋友，也是其捍卫者和预言家。最后，他们不仅愿意为它而生，而且愿意为它而死，需要的话，会和当地人一样勇往直前，与当地人相比，他们的热情也许更高。

尽管如此，当地人还是不与他们交流感情。这些陌生人也许使其惊讶，羡慕，有时着迷，发展到喜欢，甚至非常喜欢，但是这些情感无论包含多少善意、敬意或迷恋，充其量也是对陌生人而发——从某种意义上说，他们之所以具有这些优秀品质，是因为他们不同于该部落的体制，他们处于部落的体制以外。

起初，这种距离感使这些陌生人迷惑不解，接着他们感到愤怒，继而提出抗议；从某种意义上说，他们被当作外来

户；他们把自己的生命、财产、全部智慧与道德力量，都献给了当地社会，以利国内民生与国际推广——与当地人相比，他们的贡献要大得多，当地人怎能如此对待他们？然而，这正是他们之所以被当作局外人的原因——他们看得过于清楚，他们的贡献太大，他们是这个部落的专家，而非成员。他们是该部落的公仆，也许还是其救星，他们与部落成员却不是一类人。他们太想讨主人的欢心了；实际上，他们迫不及待地想要成为他们强烈抗议的那种人——这抗议显然是可信的——他们确实成了那样的人。

他们之所以与众不同，原因之一恰恰在于，他们过于关注该部落及其命运，随之而来的必然是一种独特的激情：彻底弄清事实，揭示真理。因为没有这种东西，他们就不能生活；**他们**不能和当地人一样不加分析地看待世界，不能过平 203
常人的日子，经历平常人都有的苦难，享受平常人都有的快乐。不能自然而然地适应当地的社会生活，他们就必须时时刻刻、反反复复地审时度势，尤其是与周围的人的关系，与当地人沟通不畅时，他们更是如此；不这样做，他们就会铸成大错，得罪全部落，直至灭亡。这是在强调实事求是的重要性，虽然他们也许没有意识到这一点；不这样做，就可能大难临头。因此，这些陌生人逐渐成为该部落无与伦比的形势分析家。社会繁荣时，他们能准确阐述部落的成功之道，并且自豪而热情地为部落做宣传，因此能赢得赞誉。但这些陌生人的求真意识从未淡化，他们同样能准确而敏锐地分析社会的衰落，使自己招人厌恶。

这些时候，当地人主要倒不是觉得陌生人的话很刺耳，尽管这些话很可能是很不中听；而是当地人认为，说这话的人占有某种外部的制高点，其诊断过于客观、冷静；从某种意义上说，做诊断的人是外地专家，不能与其对象“同呼吸、共命运”，只是不期而遇的关系。于是这个部落开始攻击他们，他们说得越多，部落的攻击就越猛烈，即使他们说得很对、很有价值或非常重要。在陌生人心目中，他们这时早已和当地人打成一片，所以他们觉得这些攻击极不公平，而且毫无必要；他们当然无法理解这些攻击从何而来。虽然他们在其他方面精明过人，严于律己，他们心中至少怀有一个错误观念——他们是地地道道的部落成员；他们的全部思想，他们为部落工作的那种能力，必然以此为基础。他们
204 以为，通过主观努力，他们就能和当地人一样生活；需要的话，通过某种技术，他们就能从事当地人生来就能做的那些工作；他们的全部生活以及所有价值观皆立足于这一假设。

这一点是毋庸置疑的，因为，除非这一点真实可靠，否则生活在当地人之中的这些陌生人，将永远无法完全脱离危险；他们付出了长期而巨大的努力，获得观念、道德上的某种特殊识见，终于能够审视部落的核心体制——除非这一点真实可靠，否则事实将证明，他们这些努力皆立足于一个惊人的幻想。也许这个幻想欺骗了他们，却没有欺骗当地人，当地人的本能不断告诫他们，这些陌生人看上去像当地

人，说话像当地人，甚至行为举止也像当地人，尽管如此，他们还是缺少某种东西，因为缺少这种东西，所以他们没有变成当地人。这种东西究竟为何物？当地人和陌生人都说不清楚，尽管陌生人很善于反驳当地人对这个难以捉摸之物所做的粗糙的或不怀好意的解释。尽管如此，那东西依然存在——即陌生人与当地人的区别——陌生人越想否认它，人们就越关注他们的行为与当地人的区别：当地人无需花费如此多心思，通过如此多看似无法争辩而毕竟没有说服力的论据，来反驳一种被认为显然错误的观点。陌生人辩论得越卖力，他们与当地人的不同就越明显；陌生人希望否认这种区别，实际上，正是这种愿望造成了这种区别。

其他地方的陌生人（法国人当中的诺曼人、英国人当中的胡格诺教徒以及小亚细亚的高卢人）乐于接受别人的看法，别人怎么看，他们就怎么想——在别人眼中，他们是陌生人、陌生宗教的信徒、奇风异俗的追随者。这些看法也许使他们不得人心，甚至遭受残酷迫害。但其身份或地位清清楚楚，没有任何问题；当通过通婚或其他方式的社会融合，他们在身体、心灵、社会组织等方面不再与众不同，只有在 205
这个时候，他们才与周围的人融为一体。我们所说的这些陌生人却与众不同，他们坚持与众不同的生活方式，尤其是他们的宗教信仰，与此同时，他们坚称这些特征无关紧要，不会影响他们与别人的交往。这种思想立足于一个错误观念，但部落成员和陌生人却真诚而可敬地认为，这不是错误，而是现实。有人想考察这一思想，发觉这种想法似乎具有欺骗性，他们感到极为难堪：好比在接近一个奥秘，双方都坚称它并不存在，却仍然怀疑这东西是否存在。

三

这是关于欧美犹太人命运的一个比喻。德国犹太人的命运也许是最生动的例子。从某种意义上说，任何团体都未曾像他们那样与其所在国融为一体。希特勒上台不久，一位德国犹太人断然拒绝前往法国，他说“我不能去敌国”，此情此景之哀婉动人，也许是其他任何国家都无法比拟的。攻击他们的究竟为何物？这东西究竟是如何攻击他们的？较之其他任何人，某些德国犹太人似乎更不清楚应该如何作答。他们申辩说，哪个诗人比海涅更能代表德国？哪个作曲家比门德尔松更能代表德国？这就是问题的关键。歌德是一位诗人，他写自然、爱情或人类的艰难处境，因为他是德国人，其天赋具有德国人的气质，他是德国的伟大诗人。贝多芬是作曲家，也是德国人，他是德国
206 的伟大作曲家；从某些方面看，他与法国和意大利的作曲家不同，因为他带有德国人的某些特征。海涅通常不写生活与爱情，他主要写德国，写德国人是什么，德国人不是什么。他的题材通常不是来自第一级经历，而是来自第二级的体验——他把自己看作一个德国人、一个犹太人、一

个诗人以及太多世界的一个居民，他的诗歌包含一种特殊的自我意识，公共认可的社区中的普通百姓并不知道这种自我意识。

任何作曲家都没有门德尔松那样的德国意识：他致力于复兴新教礼拜仪式中的民族传统音乐；他重新发现并恢复了伟大音乐家J. S. 巴赫的历史地位；他谱写宗教改革交响乐，热情赞美他的教会；去世前，他已成为新路德派伟大的音乐家，舒曼、甚至勃拉姆斯都不能与之媲美。关于门德尔松，人们真的可以说，他对德国音乐和德国文化做出了很大贡献；但是任何人都不想用这句话来谈论莫扎特或舒伯特。他们只是天才的音乐家，也是德国人（或奥地利人）——他们没有“为”德国（或奥地利）音乐做任何事情：他们只是谱写乐曲。德国传统音乐是门德尔松的理想，一如大英帝国是狄斯累利的理想；较之其他德国艺术家，门德尔松更热情信奉这种音乐。

诚然，这种热情往往起源于一种不够亲密的关系，人们希望跨越这道鸿沟；跨越难度越大，人们就越想跨越，或假装它不存在。这就产生了一个不同寻常的音符，任何人都能听到，但陌生人除外——无论他是犹太人，抑或已被同化大半的外国人，敲响这个错误音符的，正是他对第二故乡的那些贡献以及他对第二天性的那种热情。天性毕竟不同于第二天性，犹太人不顾一切的自我认同听起来并不完全真实。沃尔特·拉特瑙曾这样写道：“我们是德国人，不

属于其他任何国家。对我来说，犹太人是德国人的一个支
207 系，一如萨克逊人、巴伐利亚人或文德人。”[1] 读了这段话，任何一个敏感点的人——特别是一个德国人——都会觉得尴尬。他有时似乎非常羡慕年轻的德国民族主义者，却死于这种人之手；杀害他无疑是重大犯罪，对他的国家来说也是一场灾难，此外，这个事件还具有一种震撼人心的悲情——拉特瑙一辈子都没有看到或不愿看到这种事情是可能发生的。假如他想到了这种可能性，他的人生和态度可能大不相同，他或许就不会被杀害；最坏的情况，他也可能成为烈士，献身于明确追求的事业，而不是可悲地沦为幻想的牺牲品。

四

人常说，犹太人善于诠释，不善于创造；这样说不无道理，但要多加限制。有人认为，诠释也是一种创造——天才的记者、小提琴家或翻译家，都极具创造力——这样说当然不错，但是如果作为对原来的论点的评论，就成了诡辩。真

[1] 1916 年 8 月 18 日 写 给 Wilhelm Schwaner 的 信，Walter Rathenau, *Ein preussischer Europäer: Briefe*（《一个普鲁士王国的欧洲人信札》），ed. Margarete von Eynern（Berlin, 1915）。[cf. Rathenau, *An Deuschlands Jugend*（《一个德国青年》，Berlin, 1918），9，他在这里说，他是“犹太部落中的德国人”：Walter Rathenau, *Gesammelte Schriften*（《文集》，Berlin, 1925—1929）vi 99。——编注]

正的创造不同于真正的诠释，这是尽人皆知的事实——尽管非要把这两个领域清楚地区分开的做法，必将导致迂腐可笑而不可信的结论。人们当然有理由说，托尔斯泰或巴赫首先是创造性艺术家——帕格尼尼或圣勃夫则不然，虽然他们
也有卓越的天赋。“创造性”或“诠释性”之类的描述，不 208
是价值判断，而是一些用于分类的范畴，它们有时模糊不清，很难令人满意。假如我们认可这种分类，那么在人文领域，无论出于什么原因，犹太人都是最出色的诠释者而非创造者。数学和自然科学领域的情况则大不相同。在这里，犹太人为全世界贡献了许多天才人物，其成就与数量可与其他任何民族相媲美（这个名单近来频繁更新，兹不赘述）。

人们不难发现个中原因。我们再回到以前那个比喻：那些陌生人希望融入那个陌生的部落，与此相同，犹太人不得不用所有的能量和智慧来理解和适应新的环境，他们生活的每一步莫不如此。所以他们审时度势、甄别千变万化的个人处境与社会状况的细微变化的能力，极为发达，往往领先于其他任何民族。其敏锐的洞察力亦闻名于世，他们能够极其透彻地分析过去、现在、甚至未来——总之，在观察、分类、解释等方面，他们具有非凡的天赋——最重要的是，他们撰写的新闻报道思想深刻，文笔优美。如果某人有什么发现，他往往会喜不自胜——他可能夸大该发现的作用或意义。

因此我们发现，犹太人很可能崇拜其所在国的英雄或习

俗。我们知道德国民族主义的预言家施塔尔和弗里德荣，英帝国主义奥秘的发明者狄斯累利，以及最著名的传记作家路德维希、圭达拉、莫鲁瓦——我们这个时代的英雄崇拜者：宫廷画师能把他们的题材浪漫化，他们会出神地望着这些题材，从中发现许多普通人以为并不存在的东西，因为普通的
209 目光并不非常渴望一个更幸福、更光彩夺目的世界。路德维希追溯了歌德的事迹，圭达拉用天真烂漫的笔调（尽管他机智幽默，老于世故）描述了惠灵顿和帕默斯顿的一生，莫鲁瓦对狄斯累利的研究几乎是他的痛苦自白（人们还可补充说，柏格森的晚年著作异常优雅而美化地描述了天主教的理想），无需诉诸晦涩难懂的心理学知识，人们也能由此认识到，这些作者多么渴望得到他们所没有的那些东西。从某种意义上说，这是中世纪犹太医生或管家的现代翻版，那时他们为其保护人提供知识、忠诚和想象力；假如一切顺利，保护人就会善待他们，让他们领略美好明天的曙光。

唯因如此，当犹太人在文学艺术领域一试身手时，其作品每每带有某种自我意识和清晰可辨的模仿痕迹。人们没有必要首先赞成种族主义或其他一些令人厌恶的危险理论，然后才说文学艺术必然植根于艺术家所属的那个社会阶层的历史经验。艺术家用语言、各种音乐形式或色彩、形状来表达自己的思想感情，这些思想感情不仅反映了他的个性，而且反映了范围更广的社会传统，他通常意识不到这种传统，然而正是它把他与欣赏者合而为一，使他们得以在本能的层面

进行沟通，这是毋庸置疑的（不过最近几年，民族主义者和其他极端分子无限夸大这一事实，本来明明白白的事实变得难以辨认了）。

犹太人真可谓白手起家。他们必须投入很多精力以掌握某种交流工具，对他们的邻居来说，交流工具是与生俱来的，无需任何努力。为了适应新环境，他们必须付出大量的心血——可以说，他们在努力地“本土化”——既然如此，艺术家往往没有更多的精力来创作真正能打动人的、自由 210
的、富有原创性的作品了，这一点不足为奇。艺术家必须学习、掌握一种或多或少是陌生的媒介，这个过程必然是一种自我批评，他们必须清楚地认识自己与某个标准、某个艺术家或某一思潮的关系。梅尔贝亚或马勒的音乐作品（以及非犹太人却同样“被同化”的，一半是德国血统、一半是意大利血统的音乐家布梭尼的作品），异乎寻常地包含着其他音乐作品的成分，还夹杂着很多非音乐的、毫不相干的、非常别扭的因素；奥尔巴赫、狄斯累利、沃瑟曼、施尼茨勒等作家——他们是小说家当中的佼佼者——的长篇小说，也是如此。至于第二梯队的小说家、诗人或作曲家，这一缺点就更加明显了。

艺术家所缺乏的，不是天赋、真诚或机会，而是一种环境，在这种环境中，他们无需先用一半的精力来打基础，在此基础上，他们才能建造艺术大厦——对非犹太人来说，这些基础是天生的，其日常生活就是在这些基础上进行的。有趣的是，这种观点通常适用于艺术和人文领域，因为在这些领域，作为文化传统自然发展之结果的语词符号，是人们进行交流的工具，但是这种观点却不能很好地解释自然科学。在自然科学领域，人们用来交流的工具——他们所使用的符号——不管怎么说，都是人为的，是专家制定的，他们故意把这些符号做成中性的、国际上通行的。在人文领域，语词符号必须具有丰富的联想力，几乎所有的东西都要靠这些天然的微妙含义的相互作用。在数学和自然科学领域，这恰恰有碍于清晰性和准确性，科学家有理由完全置诸一旁。抽象符号远离民族文化，没有时间地点，在由抽象符号组成的世界里，犹太天才得以尽享自由，因此他们取得了辉煌成就。在这里，犹太人不是从零开始，而是
211 和其他人站在同一条起跑线上，终于结出累累硕果——他们的思维能力与想象力是训练有素的，因为几百年来孤独禁闭，只好反身自省。在这里，犹太人不再是诠释者、解释者或翻译者，而是地地道道的、独立自主的创造者。这说明，如果犹太人享有与其他国家类似的文化条件，他们就能创造非凡的成就——“正常化”一直是犹太复国主义进行斗争的全部（或几乎是全部）理由，上述事例无可辩驳地证明了这一点。

五

一般来说，人和事物一样，周围的人觉得他们是什么，他们就是什么；相反，他们觉得自己是什么，实际却不一

定是。桌子就是大部分人把它当成一张桌子的东西；我们不得而知，如果它会说话，它可能说些什么；即使它对我们说，在它看来它不是一张桌子，我们也不能因此而不把它当作一张桌子。这个道理同样适用于人。半个世纪以来，西方犹太人一直对自己说，他们是名副其实的德国人、法国人或秘鲁人，可是到头来，他们不得不承认，他们还是与别人不一样；至少在某些时候，他们的某些邻居会明确地、毫不留情地坚持这种看法。人们有时称这种观点为反犹主义，有时把它当作愚昧无知的表现，有时又认为这是一种错误观念，由犹太人中的蒙昧主义者或沙文主义者故意传播。对19世纪的乐观主义者来说，这个问题并不存在或者正在被清除，但是，我们这个时代竭力鼓吹同化的那些犹太人却认为这个问题确实存在，各种奇怪观念均由此而生。

如果用一个新的比喻来说，我们可将这种情况描述如下。这些犹太人的行为举止仿佛一些患有先天畸形的人，我们权且假设，他们都是驼背；根据他们对其驼背的看法，我们可把这些人分为三组。第一组认为他们不是驼背。假如有 212
人提出异议，他们就会出示一份由所有国家共同签署，特别是由其英明领袖所签署的公文，这个文件庄严宣布，文件持有者乃发育正常的成年人，与其他身体健康者完全相同，其他任何看法都是对国际道德的践踏。尽管如此，如果某人一定要看看他们的背，这些驼背人会说，其所见要么是因为这个人产生了视错觉，要么是因为某种根深蒂固的偏见，因为从前人们曾错误地认为他们是驼背；或是因为很久以前世界上真的有驼背人，不过现在没有了。有时他们确信发现了别人在偷偷地看他们的背，看他们自己坚持说没有驼背的那个地方，实际上，周围并没有人在看他们。如果没有出示国际无驼背证明，他们就会引述 19 世纪启蒙运动时期自由主义知识分子、学识渊博的人类学家、社会理论家等著名人物的言论，在这些人看来，驼背这一概念起源于某种错误认识——这种东西并不存在；即使它们存在过，很久以前它们已经消失了——即使它们存在，也无关乎任何可能有的研究。[1]

213 第二组的看法正好与此相反。驼背人并不掩盖他们是驼背这一事实，反而公开宣布他们乐于承认这一事实；他们认为，驼背是一种特权和荣誉，驼背者高人一等；有人之所以迫害他们，向他们扔石头，是因为嫉妒心作祟——驼背举世罕见，因此人们自觉地或不自觉地对他们心怀不满，因为人们无法得到这种东西。这些人的意思是："我是驼背，但我不觉得这是一种耻辱；我丝毫不觉得这有什么不好；我确实是驼背，我以此为荣。"

[1] 和好心的（异教徒）社会民主人士卡尔·考茨基一样，有人著书立说，以证明按照现行的种族或民族标准，犹太人算不上一个民族；有些拉比宣称，犹太教只是一个宗教、一种伦理体系、观点或记忆；以上所述反映了这些人的观点。如果这些命题中的任何一个能够成立，它就是自明的，无需论证。人们无需证明：卫理会教徒不是一个种族或民族，功利主义只是一种伦理学说，统一的基督教世界只是一种记忆，以及，犹太人奇怪地和所有这些民族都不一样。

第三组人是一些残疾人，他们生性胆小，彬彬有礼；他们认为，绝不要提驼背一事；要让其他人意识到，这个词实际上暗含一种可耻的歧视态度，往好了说也是缺乏品味；这样，他们就能把关于这一话题的讨论限制在可控范围内；在与背直的人打交道时，他们基本上没有局促不安的感觉。他们总是穿着宽松的披风，以掩饰其体型。私下里，他们偶尔也会提起这个被严禁讨论的话题，甚至互相推荐各种药膏；有谣言称，如果每天晚上用力涂抹某种药膏，许多个世纪之后，驼背会一点一点地减轻——谁知道呢？——甚至完全消失。驼背完全消失的例子不是完全没有，特别是在遥远的地方或遥远的过去。只要尽量少说，按时用药，不偷懒，任何人都有希望。

“被同化的”犹太人长期以来一直被分为这三大类，不正常的身份使他们程度不同地感到烦恼。每一组都对另外两组心怀不满，他们认为，另外两组走错了路，会把智者与傻瓜都坑了。但是还有一些人认为，驼背就是驼背，人们既不想要它，也不想掩盖它，也不可能用无毒无害的缓和剂让它 214
慢慢缩小，与此同时，驼背令患者烦恼不已。他们建议手术切除——这被认为是狂妄至极。和其他手术一样，对患者来说，该手术当然也有很大风险，可能导致身体的其他器官功能失调，也可能导致某些意想不到的心理障碍；可是手术一旦成功，驼背就会消失。也许驼背还不是最糟糕的事情；该手术价格昂贵，风险很大。但是，如果人们的首要目标是彻底消除驼背——简言之，如果什么都比驼背更可取——那就别无选择了：只有进行这种手术，才能确保预期效果。

实际上，这就是犹太复国主义者的解决之道——从政治的角度看，就是如此。他们的胜利归功于以下事实（我认为这是事实）：以色列的犹太人，当然是说近年来出生于那里的犹太人，都不是驼背，无论他们还有哪些优点或缺点。无论该手术对犹太人或非犹太人的现在和将来会产生哪些影响，从历史的角度看，以色列国的建立，已经推翻了上述三种看法。这件惊天动地的大事让犹太人的处境焕然一新，以此为据而出现的所有理论和实践均已过时：这并不意味着犹太人不再会有新的问题，无需探索新的出路，不再会有新的、激烈的论战。

六

亚瑟·凯斯特勒成功地阐述了这些新问题当中的一个
215 问题。[1] 过去，犹太人每日祷告三次，以期回到锡安。恶

[1] In his *Promise and Fulfilment: Palestine 1917—1949*（《许诺与实现：1917—1949 年间的巴勒斯坦》，London, 1949）。[cf. 'Judah at the Crossroads'（《处在十字路口的犹大王国》，1954）in his *The Trail of the Dinosaur and other Essays*（《恐龙的足迹》，London, 1955），他在该文中对伯林的观点发表了评论。——编注]

劣的物质条件使他们不可能实现这件事。现在情况改变了，有此愿望者起码可以有所行动了，通过这种行动，他们终将回到以色列，或者至少，他们终将成为这个国家的海外侨民。光是继续这种祈祷，没有任何与祈祷目的相符的行动，这不是十足的虚伪吗？有些人一门心思就是想做犹太人，从政治上说，他们完全可以改变国籍，成为名副其实的以色列公民。有些人不想回到以色列，也不想申请以色列国籍，这些人必须面对以下事实：严格地说，他们并不想做犹太人，他们应该考虑其他国籍。举例来说，如果他们已下定决心，宁愿成为英国人或美国人，而不是以色列人，他们就不能用自己强加的离群索居来骚扰他人，不能反对子女们与异族通婚，不能按照犹太人的习俗参与犹太人聚居区的灵修性、甚至区域性集会，不能继续使用意第绪语或其他犹太语言，总之要全身心地（而不是像以前一样有保留地）投入日常生活。“大流散的清盘”这种政策，实际上是要求这些流散族群（galut）、这些特殊的犹太组织自杀成仁。

以色列国在犹太人的生活中处于至高无上的地位，这种观点的拥护者在大洋彼岸得出了与凯斯特勒相似的结论。犹太人的未来存在于以色列国，而且只存在于那里。因此，散居各地的犹太人的价值，取决于他们为这个新生的、仍面临许多巨大威胁的国家所做的贡献。如果以色列之外的犹太社区能够提供这种援助，它们就有理由存在；如果没了援

助，无论是因为它们不愿提供援助，或无力提供援助，或以
216 色列不再需要其援助了，无论什么原因，这些犹太社区是没有理由存在的；对犹太人的命运来说，它们再没有任何意义了——通过大规模地移居以色列，犹太社区会悄然消失，犹太人的问题就彻底解决了。这些社区是犹太人问题的焦点，问题必将随着它们的消失而消失。我们可将两种观点的区别概括如下。凯斯特勒希望散居各地的犹太人立即行动起来，彻底解决这一问题；极端民族主义者却希望保留这一问题，因为它是一棵他们迫切需要的摇钱树；"彻底解决"的日期必须推后，直到摇钱树的功能不再关系重大，但这一天迟早会到来。

这个论点旗帜鲜明，在考察其不足以前，我们或许应该承认它所包含的很多真理。以色列国的建立确实改变了散居世界各地的犹太人问题。老问题实际上是一个民族问题。犹太人让世界各国感觉难堪，即便是在没有迫害他们的国家，他们所面临的种族同化或种族隔离的诱惑也相当大。隔离并未使其免遭迫害；而命令个人自愿"同化"，无论这个建议是否值得尊重，只会让他们完全没有办法这么做。我从未有过幻觉；如果有人对我说，无论如何我绝不能产生幻觉，我就会发现我没法不产生。有人说，犹太人应该放弃或忘却他们的主要特征，某些犹太人勉力为之，可是他们努力越多，结果就越糟，其特点就更明显。犹太人提倡同化，就好比人们举行公共集会，以抗议举行公共集会这一危险之

举。这些做法弄巧成拙，造成人员伤亡，荒谬可笑，令人痛心。

犹太人问题不是个人问题，而是关乎集体：作为个体，犹太人可以从这个世界上消失，也可以在某个地方享受生
活；集体就不能这样随心所欲了。真正的集体自杀是行不通 217
的，不像集体屠杀，那往往诉诸武力，例如西班牙的宗教裁判所，它很可能使许多犹太人接受了永恒的洗礼，他们宁愿受洗也不愿流亡在外。即使如此，直到几代人离世之后，犹太记忆才会消失；有些马拉诺又回归其祖先的信仰；没有任何犹太社区完全屈服：殉教者与流亡者比比皆是。这些被驱逐者，从一个国家流浪到另一个国家，他们在寻找一个永久的家园，但是希望极其渺茫。这种不安全的感觉——既不能自由地同化，又为自己努力同化而感到羞耻，或因为看到别人干这种痛苦的勾当而羞耻——使犹太人精神上大为苦恼；事实上，无论走到哪里，他们都坐立不安，都会招来不受欢迎的关注，被人蔑视、厌恶，甚至迫害。过分渴望同化者与坚决反对同化者均遭此厄运。

现在这种情况不复存在了。有人觉得自己的处境着实令人苦恼；也有人认为，与邻相处无论感觉如何，出于宗教、种族或其他任何原因，自己总想过现代国家中真正的多数人的生活，而不想过少数人的生活；现在，这两种人中的大多数，完全有可能回到以色列，享受生活。另外一些人则不然，他们并不想走这条路，其想法可能正确，也可能不正

确，可能是公开的，也可能是不公开的。无论原因如何，在政治上，他们希望继续作为犹太公民而生活于某些非犹太国家。人们可以用任何态度来看待这些人，他们很可能是现在（或将来）散居世界各地的犹太人中的大多数；人们可以支持他们，反对他们，或者持无所谓的态度；重要的是——这是前所未有的，而且至关重要——走或留的问题、坚决同化或继续维持模棱两可的身份的问题，现已完全变成个人问
218 题，任何犹太人皆可根据自己的意愿解决这一问题，还要承担相应的责任，但不是作为民族之一员，而是作为个人。

无论自愿或被迫，如果某人下定决心要在一个反犹太人的国家做一个犹太人（公开或不公开地），敢于面对由此而来的烦恼、不安与羞辱，这在很大程度上是他自己或其家庭的私事。我们可以鄙视他，因为他没有足够的自尊；我们可以谴责他，因为他自欺欺人；同时我们还要警告他，小心将来大难临头；我们也可祝贺他，因为他目光远大，能顾及长远利益，或者因为他为了孩子的将来勇于牺牲自己，或者因为他独立自主，值得称赞，或者因为他没有褊狭之见；这是我们的权利。照他的选择而生活也是他的权利，除非这些选择会给世人带来巨大的痛苦或不公。

在这种情况之前，犹太人没有任何真正的选择，这是他们最大的不幸。人们不能选择自己的信仰；对大多数人来说，同化是不可行的，除非集体皈依一些他们并不相信，也不可能相信的宗教——在过去三个世纪的观念氛围中，他们

甚至不能假装信仰那些宗教。除非自由的社会制度在全世界向前发展，没有其他任何办法能保证他们的安全；在过去的半个世纪，自由的社会制度这一希望已被无情地背弃，如今它不过是一种崇高但颇为遥远的理想了。对许多深感绝望的心灵来说，共产主义是一种希望，它却让人们从迷梦中痛苦地彻底清醒了；共产主义不仅不是大众同化之道路，反而使许多犹太受害者基本上不能重新适应任何一种正常、和平、文明而有成效的生活方式。今天，这个问题不再像以往那样难以解决了。自罗马人摧毁犹太国之后，犹太人从未能如此自由地选择自己的生活方式，以及随之而来的其他特征。 219

凯斯特勒似乎认为，那些既不回归以色列又不接受同化的犹太人，终究是其驻在国的不稳定因素；他们自己痛苦，也让别人烦恼；因为身份虚假，他们遭受虐待。也许如此。现在，我们仍能遇到老一辈联盟派和意第绪派的后裔，他们生活凄惨，却是“流亡派（galut）民族主义”的现代拥护者，该理论来自现代的民族观念，现代民族是一些截然不同的、基本上实行自治的社区组合而成的一个大杂烩，在这里，意第绪语犹太团体享受着他们独具特色的民族生活，悠扬的民歌、古老的手工艺、奇特的传统习俗，应有尽有；他们使社会生活变得丰富多样。这些可悲的谬论，让人想到贝洛克、切斯特顿之类的怪人，他们是新一代的中世纪幻想家，在探讨现代社会究竟如何、它可能如何发展时，他们提出一种完全错误的解释，时至今日，不少无辜的人被他们愚弄，惨遭劫难；若非如此，他们这些奇谈怪论本来不值一提。正所谓一盲领众人，凯斯特勒的严厉批评在这里仍然适用。总之，他们恰好是俄国社会主义者普列汉诺夫冷嘲热讽的对象，他们嘴上是联盟派，其实是有晕船症的犹太复国派。既然近代史上所有骇人听闻的事件都未能使其认清真相，人们只能说，他们确实不可救药。

即使凯斯特勒的激烈言辞适用于这些微不足道而令人恼怒的少数派，大多数人还是不用非此即彼的激进方式来理解生活，我们不会因此而责备他们。一位伟大的哲学家曾这样说："人性这根扭曲之材，绝然造不出任何笔直的东西。"[1]
220 毫无疑问，艺术家有时也会面临这样的艰难选择——要么放弃家庭生活，接受一种更有利于艺术发展的生活方式，要么放弃艺术，改行做生意。但是连艺术家也并不经常做那种选择，他们可能成为不如那样成功的艺术家、丈夫或父亲；但至少可以说，他们可以同时尽到这三种义务。若对艺术家说他必须选择——仅仅因为我们喜欢"彻底的"解决方案，我们就把"非此即彼"这种僵化的、毫无用处的思维方式强加于他——这种横行霸道的行为简直让人无法容忍，因为我们的社会承认，人权有一定的灵活性，人们有权在最大范围内，在享有最基本的公平、自由与幸福的情况下，按照他们的心愿实现其人生价值。

[1] 同上文引用（第 xxii 页注释 1）。

胆怯的思想家，如 T. S. 艾略特和亚瑟·凯斯特勒，试
图在宗教教义或政治理论中寻找出路，他们的内心充满恐
惧，也许他们希望克服这些模糊不清的思想，代之以清晰明
确的理论体系；由此看来，他们的确是新时代的产物，这是
一个极权主义思想盛行的时代，它试图为人类建立一种社会
制度，把所有的人清楚地分开，每人都属于各自的类别；为
了实现这一目的，它会程度不同地压制公民自由，有时它会
辩称，其做法是完全理性、完全科学的。毫无疑问，艾略特
和凯斯特勒一定会提出抗议，因为我们把他们两个，或他们
与时代精神（zeitgeist）放在一起。艾略特坚决反对把社会
建立在理性或科学之上，凯斯特勒也是反对极权主义的排头
兵。然而，仅仅因为社会上的一部分人看上去令人不快，就
提出抗议，就命令他们改变思想或赶快离开——虽说这种论
调的心理原因可能是一清二楚的（尤其是，批评者本人也遭
受怀疑与苦难）——这仍然是一种小范围的独断专行，它植
根于这样一种信念：人类是没有权利做傻事、违反逻辑或思
想庸俗的，社会有权以人道的方式清除这些人，虽然他们既 221
非罪犯，亦非疯子，也没有以任何方式危及同胞的生命或自
由。人们偶尔也会看到，本来敏感善思而温文尔雅的一些
思想家也持这种观点。这是一种错误看法，因为它显然与文
明、合理而“开放”的社会环境不相容，只有在这样的环境
中，人类才能享有某种自由和人际关系，这是一切体面生活
的基础。

同样的道理，有些犹太极端民族主义分子（无论他们是否定居以色列）把这些犹太人看作海外犹太人（Auslandsjuden，不管怎么说，“海外德国人”，即Auslandsdeutsche，即便不是作为一种称谓，作为一个概念也比希特勒早数十年；犹太人具有极强的模仿力），他们对以色列承担着某些义务，却没有任何权利——因为犹太人应该生活在以色列，至少应该为以色列而活，否则他们就不该活着——同样犯了夸大其辞的错误。较之人类的任何制度，以色列国的建立对个人来说真可谓功莫大焉：犹太人不仅重新拥有了个人的地位与尊严，更重要的是，他们有权作为个体而选择自己的生活方式——他们有了基本的自由选择权，有权选择生存或死亡，有权以自己的方式选择善恶。没有这种权利，生活就是一种被奴役，对犹太人来说，这种被奴役的生活一直持续了将近两千年。

我们必须提高警惕，不要把这种刚刚获得的自由与一种新形式的奴役混为一谈。以前那种奴役表现为如下警告：如果犹太人一定要保留百分之百的犹太生活方式，那么他们作为人和公民的百分之百的自由权利就值得怀疑。同化论者的宣传鼓动，终于激起民愤，因为有些人既不想掩盖自己的特征，又不想通过激烈的整形式的变革，或以某种较为缓慢的方式，改造自身，变得迥然不同于他们现在所是和愿是的样子。这将使刚刚获得解放的犹太人再度沦为奴隶，犹太复国运动和起源于法兰克福的犹太教复兴运动，以各自的方式提

出了有价值的对策。时至今日，同化论只是一个可悲的阴 222
魂。但是，在胜利大潮中却潜伏着一种危险（这场胜利究竟有多大意义？突然获得自由，有权选择自己的发展道路，那么是学习他国，还是另辟蹊径？也许我们还不能很好地回答这些问题），有人试图给他们戴上新的锁链，因为他们的手脚早已习惯了那种感觉，尽管这种锁链与众不同；作为犹太人，他们实际上没有权利生活在以色列之外；除非以色列国要求他们生活在国外，否则他们就犯了“背叛种族”之大罪；人们对他们说，他们的生命不属于他们，而属于其种族、民族和国家；这种观念可能被灌输给愚昧无知者和头脑糊涂者。

现在，慷慨的情感波涛正无拘无束地流向以色列，有人希望在那里生活，有人已正确地认识到，无论他们是否生活在那里，以色列必将使他们人性获得解放；这种情感也可能以这种方式转变为一种狭隘的、致命的、完全站不住脚的沙文主义；除非加以遏制，它必然导致人们对此荒谬论断的深恶痛绝，而且反应也许是夸大的。无论是在以色列，还是在其他国家，任何一个有责任心的舆论领袖都不会积极支持这种做法。以色列是欧洲复兴运动的最终产物，伟大的法国大革命和1848年欧洲革命宣告了人类文明与自由的到来，以色列正是以此为基础而建立的最后一个国家。西欧的进步社会观念孕育了这种观念，布尔什维克主义背叛了这种观念，戈培尔之流公然抨击这些理想。

密切关注犹太人精神生活的那些人所坚信的那种重大作用，散居世界各地的犹太社区能否继续发挥，很值得怀疑。
223 但现在看来，那不再是一件至关重要的事情了。犹太社区的未来属于以色列。无论犹太人身居何处，犹太教将存在于名副其实的信徒心中。作为人类和公民，个体犹太人在自己选择的社区当然享有某些权利，也会履行其全部义务；他们终于能自由地选择社区生活了——他们自由了；无论在肉体上，抑或在道义上，他们都可以自由地离开这里；走与留不再是强加于他们的一种选择，而是一种真正的选择。

美国的一个才子说过这样一句话：犹太人是一个独特的民族，只因为他们和其他人一模一样，而且更像其他人。这句话包含着一种苦涩的真理。毫无疑问，谁也不想被人模仿，不想看到他们的某些特征有时甚至被夸大到滑稽可笑的程度。无论模仿者的行为多么令人厌恶，动用武力阻止人们这样做，毕竟侵犯了人类享有的最基本的自由。疑心重、过于挑剔、反应迟钝或过于敏感、没有尊严、讲排场、阿谀奉承、神经质地咄咄逼人、没有道德境界或审美趣味、缺乏某种才智，无疑是平淡乏味的，实在令人遗憾，却都不是犯罪，柏拉图、莫拉斯、艾略特及其追随者，都没有权利因为这个原因把他们拒于城邦之外。如果犹太人只能像猩猩和鹦鹉一样模仿而不能取悦邻居，并继续因此而受罪，作为个人他们可以这样做。他们是人；在自由的社会，在一定范围内，他们有权举止失礼；凯斯特勒、极端民族主义者（凯斯特勒默认这些人的主张）、“流亡的民族主义者”以及同化论者，都不能剥夺他们的这种权利。

但是，除非回归以色列，否则他们无权要求更多权利：举例来说，在非犹太社区，他们无权要求哪怕是弱化形式的国中之国，也不享有任何地位与特权。在我们这个时代，这一问题就是如此被改写了。在以色列以及散居世界各地的犹太社区，有些犹太人和蔼可亲，有些却令人厌恶；有些犹太人喜欢展示其犹太特征，有些则不然；有些犹太人受人欢迎，令人尊敬，有些却令人反感，被人蔑视；有些 224
可能是共产主义者，有些却在为其祖国或全人类而倡导法西斯主义。与以往不同，这些不再是犹太人作为一个民族关心的悲剧性的、迫切需要解决的问题。因为至少从道义上说，现在，个人的命运（甚至个体社区的命运）——走还是留——掌握在自己手中，每人皆可自由选择，随心所愿，尽其所能，任凭其智慧与运气决断。

从这种意义上说，以色列国的建立解放了所有的犹太人，无论他们与国家关系如何。纵然时运不佳，它惨遭蹂躏，失去自由，它也必将解放他们。人们无需深思这种灾难，但即便发生这种事情，以色列国仍将完成其解放全部以色列人的使命。这就是我们给那些反对建立以色列国的人的回答；他们认为，以色列国太弱小，难以自卫；国土太小，容不下散居世界各地的犹太人。有些人经常提出这类问题，一般来说，其中的大多数并不认为他们提出的问题确实很重要；他们以这些问题为借口，不想思考真正的难题。

我们的时代解决了一个民族问题——其实，那是一个世界性难题。尽管有些人想出一种可怕的、进退两难的情况，要求人们孤注一掷，非全即无（全部犹太人都要回归以色列，或者以其他方式不要出现在我们面前），可是对一代人来说，这当然已是真正的奇迹。我们当然有资格说dayenu。[1] 我们很想知道，犹太人的后代能否理解其祖先曾经有过的困难和挫折，能否解释那些狭隘而极端的主张，
225 即使在欢庆胜利的时候，也有沙漠一代（dor ha-midbar）[2]的子孙们要提出这些主张，他们在黑暗中停留的时间太长，已经不知道该如何生活，以及让其他人自由地生活在光天化
226 日之下了。

[1] “这就够了。”
[2] “沙漠一代”——在旷野里游荡了40年后，真的不可能进入期许之地的那些人。

哈伊姆·魏茨曼的领导艺术

凡是接触过魏茨曼的人都不会怀疑，面前是一个具有非凡天赋的人；即便与能力最强、成就最大的人一般表现出的相比，魏茨曼的观念依然更为厚重而有力，意志更为坚强而执着，情感更为丰富而细腻；更重要的是，能以更宽广的视野、更深刻的观念，来处理人类事务；简言之，面前是一位天才的政治家。

政治伟人至少可以分为两大类，他们互不相容，有时甚至是对立的。第一类政治家是简约的洞察力和强烈的、有时甚至狂热的理想主义的结合体，这些人的性格特征没有普通人那么多，但是他们这些特征往往卓尔不群。最优秀时，这些人的伟大和崇高，堪与古代那些伟大而质朴的英雄相媲美。他们通常用简单的对比法理解生活：光明与黑暗，善与恶，他们自己的崇高事业与反对它的盲目势力或邪恶力量；别人之所以追随他们，是因为他们的观念专注而纯粹，性格无畏而坚定，他们的基本原则简约而崇高，他们把自己的一切都献给了这个原则；因为他们把某种模式清楚地、毫不含糊地强加于生活的各个方面，那些在领袖人物面前显得微不足道、忧心忡忡、胆小怕事、意志薄弱，有时又比这些领袖人物反应更敏锐、理解力更强的人觉得，他们被解放了，他们信心倍增，因为这些领袖人物能够以最直接、最真诚的方
227 式，把那种质朴无华的基本理论呈现给他们。有的时候，其理论是乌托邦：但是这些领袖们完全认同该理论，对该理论坚信不疑，而且把这种信念强加于别人，一切顾虑和疑惑都

消失了。

意大利的民族解放者加里波第是这一类领袖的杰出代表。他算不上聪明，也不是很有智慧；他对政治几乎一无所知，更不懂社会、经济需求；他不是行伍出身，没有受过多少教育，对人伦世事所知甚少。但是他专注于多数意大利人的民族愿望，较之老于世故的马志尼，其专注力或许更率直、更朴实、更自然；因为他很单纯，非常勇敢，非常诚实，宽宏大量，心地善良，不知道前进道路上会遇到困难，在实现意大利统一的征途中，他只会用少数几个非常原始的道德概念来解决所有问题，因此在他看来，有些问题并不真的存在。加里波第不善于解决问题，却善于快刀斩乱麻，每一个意大利人都知道，这把快刀只为意大利人民的自由而战，仅此而已。

这些人尽管受人崇拜，但是从某种意义上说，他们往往置身事外；人们认为他们是崇高的——不可思议的——品质的化身，其追随者不能望其项背：他们带领军队要么走向辉煌，要么走向灭亡；不是因为他们清楚地知道前进道路上会有哪些艰难险阻，而是因为他们一概不考虑这些问题；信念是他们强有力的精神支柱，其万丈光芒足以掩盖前进道路上的坎坷不平与潜在的危险，足以使人们对某种直接的、光明的、无法抵抗的事物产生幻想——他们以为，这是获救的唯一出路。这些领袖可能有些不近人情——他们不但不去理解自己和他人的生活和性格的方方面面，反而把复杂事情简单

化；他们编造出一个美丽的神话，并身体力行，其追随者则
228 铭记于心。

这种传奇性的品质，这种不畏艰难险阻，敢于运用意志力和将复杂问题简单化的办法去主宰历史的能力，在我们这个时代仍有明显的例证，如戴高乐将军，科希丘什科、科苏特、亚博京斯基、铁托以及托洛茨基，大抵如此。他们不仅在其追随者眼中成为传奇式英雄，他们自己也这样认为；他们的名字已经成为客观概念，他们相信这些概念，并努力践行，他们的英勇事迹起源于这些概念。

第二类政治天才虽然具有普通人的才能，可是在他们身上，这些才能异常突出。与将复杂事情简单化的做法恰好相反，他们有一种不可思议的能力，能把生活的细枝末节整合到一种连贯的、明白易懂的模式之中。第一类政治家不顾事物的特征，一味地把自己的思维模式强加于他人他物，单凭意志力或崇高理想来改变现实；第二类政治家与此大不相同，他们明察秋毫，对纷繁复杂的社会、政治环境了如指掌。他们具有特别敏锐的直觉，能在不知不觉间记录大量的经验事实；他们不会被淹没在如此多的经验之中，相反，他们的天赋恰恰在于，能把诸多经验——不通过意识，这几乎是一种本能的行为——整合为一幅彼此连贯的完整图画；然后，他们根据这幅图画，坚定地、稳妥地、理直气壮并卓有成效地采取行动，设身处地，回应他们那个时代最迫切需要解决的问题。

米拉博、加富尔、亚伯拉罕·林肯、托马斯·马沙利克以及富兰克林·罗斯福，属于这一类型——这些人禀性杰出，洞悉他们正在锻造的那些材质，通晓为人处世之道，能准确把握时机，如此等等，不一而足；他们因此而成为最通 229
人情、最受不同人群欢迎、最有抱负、最富魅力以及最有成就的人。

如果说第一类政治家的主要特征是勇于蔑视艰难险阻——他们直面危险，却无所顾忌，凭着朴素而强烈的信仰冲锋陷阵，以令人尊敬却不近人情的狂热信念，坚定地认为胜利属于他们；那么，第二类政治家的杰出禀赋却很不相同，他们对形势的各个方面有深刻而细致的理解，并且会给人留下这样的印象（如果这种印象能发挥任何作用，它就必然包含某种真理）：他们不仅代表，而且真正理解许许多多普通人的心愿。真正理解的意思是，他们和群众不仅怀有共同的理想，更重要的是，他们知道问题的症结所在，很清楚人们所遇到的各种各样的苦难与挫折。很多人把希望寄托在他们身上，通过更谨慎或更大胆的方式，他们能使大多数人脱离苦海。人们不是怀着敬意或宗教信仰来看待这些人——他们四周没有那种神秘的光环；相反，人们热爱他们，信任他们，羡慕他们，有时还给予其赞赏性讽刺——人们喜欢他们那种和蔼可亲的态度、一视同仁的作风以及众人皆有的某些不足。

这两类政治领袖共同改变了人类历史。以色列的开国元勋中，西奥多·赫茨尔属于第一类政治家，哈伊姆·魏茨曼则属于第二类。我们无需重述赫茨尔的伟大成就。很难想象，如果没有他，以色列的建设是否能够开始。从某种意义上说，他的力量，他那种不可思议的号召力，仿佛来自他与民众之间的那种心理距离。如果某人生长于某种社会意识的边缘地带——赫茨尔无疑就是一个例证（即使他的家乡有很多犹太人）——他就会产生一种不完全符合客观实际的理想，胸怀理想的他就会把他的任务戏剧化（由于不太了解客
230 观实际，他的观念还没有受到束缚），并且戏剧化到如此高的程度，以至于了解真实情况的人，都会被搞得眼花缭乱，不得不服从这个能够主宰命运的人。

狄斯累利——因为喜欢异国情调，喜欢夸大自己身上最无英国特色的一些特征——制定了大英帝国的宏伟蓝图，尤其是那幅壮丽的东方蓝图；英国人注重经验与理智，常常用平和适中的目光来看待自己的国家与世界，他们不可能有狄斯累利的远见卓识。拿破仑、德·瓦勒拉以及斯大林，出身都不显赫，他们却是伟大的民族精神的传奇人物。我不得不认为，赫茨尔的巨大“魅力”、他对犹太人的那种感召力，从某种意义上说，应当归功于下列事实：他不是他们当中的一员，从某种意义上说，他甚至不理解他们，他心目中的犹太人形象不完全符合客观实际；对犹太人来说，这幅纯粹而理想的图画高深莫测，赫茨尔却坚信不疑，为它而献身。这一理想形象反而让犹太人深受鼓舞，促使他们要么投身于政

治斗争，要么改造个人的生活方式；而这正是因为，以前，现实上自身的软弱、伤痛和屈辱这些意识始终压迫、困扰着他们，现在，它把他们解放了。

拿破仑心目中的法国、丘吉尔心目中的英国，都是丰富的想象力的杰作，人们愿意为此而献身，这些形象却不是清醒的现实主义的产物，如加富尔心目中的意大利或林肯心目中的美国，尽管后者也有强烈的感情、英勇的行为以及戏剧性的事件。赫茨尔具有异国情调，远离普通人的成见，他心目中的犹太人，他们的过去和未来，极具浪漫主义色彩，他的想象富有灵感，甚至有些不可思议，唯因如此，他才能创造一种神话、一种传统、一种永恒的想象。他与他的人民紧密相连，但不是通过某种现实的、牢不可破的关系，而是通过一种与生俱来的、极其丰富的政治想象力。这想象能够化 231
为现实，因为想象包含着民众真正的迫切需求，因为它深深拨动了犹太人的心弦。赫茨尔却置身事外——他至高无上，遥不可及；人们都崇拜他。

在我看来，哈伊姆·魏茨曼与赫茨尔恰好相反。赫茨尔受人尊敬的部分原因在于，他虽为犹太人，却具有非犹太人的一些优秀品质：观念自由，品德高尚。魏茨曼的犹太人性格真可谓登峰造极。他生性多疑，好讽刺人，反应敏捷，温文尔雅，有洞察力，才华横溢；他把握人情世态的能力，在20世纪可谓无与伦比。他不好想象，不盲从，没有浪漫情调，不会编造故事。他完全了解他的人民，知道他们的优点和缺点，他自己也有这些优点和缺点。怪异、夸张、盲从、偏执、过分强烈等性格特点，完全不符合他的天性：他头脑清楚，风趣幽默，性情平和，实事求是，宽宏大量。他拥有强大的精神力量，能够心如止水。考虑了所有的困难，认识了所有的障碍，知道了自己民族以及其他民族的人民具有哪些缺陷之后，他就会奔向自己的目标。

“有感召力”的领袖激情似火，他们仿佛一块磁铁，能把一切都吸引到他们周围；人们失去了自制力；为了某些外在的形式或抽象的观念——如国家、宪法、教会、自由、独立或平等，常常奋不顾身地投入某些非正义的战争。魏茨曼却有一种高雅的、从容不迫的心态，他能实事求是地看待事物；他从未被某些外在的形式、词语或理想所蒙蔽，从未忘记他想要创建的社会、经济与人文现实，如果一味强调外在的形式（比如赫茨尔就非常热衷于此），人们就很容易忘记，
232 或至少会损害或削弱这些理想。

魏茨曼是“左派”还是“右派？”人们很难把他划归任何政治党派，正如他们很难把加富尔或林肯严格地划归某一政治派别。这个问题看来毫无意义。他是民族领袖，他坚信犹太人的民族复兴。他具有健全而完整的性格，精力充沛，品德高尚，富有政治智慧。犹太人通常会有一些身心障碍，“感情矛盾”，缺乏社会平衡，不能肯定自己的身份与归属，在阶级、人生观、职业或地位等问题上，犹豫不决，忧心忡忡，畏首畏尾，感觉难为情，他却没有诸如此类的缺陷。因

为他坚定不移，因为他了解他那个世界的方方面面；当别人觉得阴森可怕、危机四伏的时候，他却满怀信心、从容不迫地奋勇向前。因此，那些最缺乏自信的人大受鼓舞：无论出于何种原因，那些犹太人本来觉得，长此以往实在令人压抑；他们认为，犹太教是一副枷锁，要有尊严地承受它，或在方便的时候摘掉它，但它毕竟始终是一种束缚。他给这些人的印象与其他犹太人不同，不是在非犹太世界的特殊地位，不是在某些欧洲大国或美国，在人文学科、自然科学以及公共生活等领域已经取得的辉煌成就，而是（尽管他也有上述最后这一类特征）犹太人，而非其他任何人的代表——而且是其“唯一”的代表。

这是一种非同寻常的能力，能够制造这样一个幻想：从某种意义上说，一个羽翼丰满的民族已然存在，他是这个民族的真正代表。这不仅是一个民族，而且是一个国家、一个社会、一个政府、一套立法机构（尽管大家都知道，这并非事实）。一个人，凭借其禀赋与能力，对外国政要与同化的犹太人都施加了这样一种魔法；由此范例可见，如果一个犹太人获得真正的自由，他可能成就何种伟业。 233

与各式各样的说教相比，这一例证极大地鼓舞了世界各地的犹太人，他们终于相信，他们的梦想可以化为现实。战战兢兢的、一定程度上已被同化的犹太人，往往以犹太人的身份为耻辱，无论他们是否承认这一点——至少可以说，他们某种程度上具有这样的心态——在魏茨曼面前，他们不再有这样的感觉，在这段时间，他们不再感到耻辱。某些犹太人需要披上一些显然不符合犹太传统的外衣——它们要么是共产主义，要么是现代某国所鼓吹的、浪漫的沙文主义，要么是某大国的军服，要么是某著名社团、职业团体或学术团体之要职——只有经过这种痛苦的“服饰转换”，这些犹太人才能求得内心的平静；在他面前，他们却奇迹般地重获尊严，即使时间不长；这个人所给予他们的，正是他们真正的品质。

激烈而狂热的社会活动家之所以成功，往往是因为他们用某种理论或“意识形态”取代人性和现实，他们全力冲击某些显然无法克服的障碍，因为他们觉得不会失去什么有价值的东西：在他们看来，那种“事业”或意识形态是至高无上的；他们毫不关心人类遭受的各种苦难，必将把这些人踩在脚下；他们在道义上不受人类考量影响，所以有的时候尽管困难重重，他们仍能取胜。

魏茨曼这种类型的政治家不使用这样的武器；他靠的是他对现实的、推动历史发展的那些力量的感觉判断——他所关心的那些人类及其制度的优点与缺点、目的与特征；这些现象过于具体、过于复杂、含糊不清，人们无法用某种历史“规律”、公式或意识形态之类的救世良方来描述它们。

我清楚地记得，大约是在战后犹太复国运动最黑暗的日
234 子里，在伦敦的一家宾馆，魏茨曼在屋里走来走去。坏消息来了：这里发生了敌对事件，那里又失败了，每到这时，他

老重复这样一句话："这对他们不好，这对他们不好。""他们"指英国的政策制定者，他知道其中很多人的想法，也喜欢与他们交往。在他看来，他们的做法愚蠢可笑，难以让人接受，因为他们不想开展伟大的建设，只顾保存他们正在消散的力量，而不是在过去的废墟上建设新东西（他迫切希望他们能够这样，他有自己的建设规划）。根据他对事物的判断，他认为他们这种做法注定会失败。

魏茨曼与丘吉尔之间的友情源于二者对生活的热爱（魏茨曼与劳合·乔治的友情也是如此），他们都喜欢那些能够发展、壮大的事物，这些事物能经得起考验，能够推动和加快生命的进程；可能导致萎缩或停滞的任何事物，以小心谨慎、稳妥可靠、安于现状、不思变革为出发点的任何事物，都让他们厌恶。

第二次世界大战早期阶段的某一天，伟大的英国首相告诉魏茨曼，他的几个高级顾问对他说了一些反犹太复国主义的话；魏茨曼的回答是（这是他后来告诉我的）："先生，您一定要记住，反对我们的人，也必然反对你们。"他把很大希望——几乎是全部希望——都寄托于这一信念。如果某些希望没有实现，有人就谴责他，说他是亲英分子、"和事佬"；无论在第二次世界大战的硝烟刚刚散去时其理由如何充分，他们毕竟是错误的，一如有人指责加富尔，要么说他相信法国人，没有为意大利争取更多利益，要么说他建立了一种不够理想的社会制度，或许不与外国结盟而通过民众的武装暴动能建立一种更好的社会制度。在意大利，加富尔胜了；在巴勒斯坦，魏茨曼的理想被束之高阁。

235 形势的这种变化也许是不可避免的，这可能是以色列的解放事业得到保全的必由之路。人们不禁要问，如果双方增进理解，魏茨曼在某些同事、信徒面前不那么傲气十足（在这方面，他和帕内尔一样），以色列国今天会不会有更良好的政治形势。这些终归是猜测，并无研究价值。

如果魏茨曼受到了处罚，其原因必然是，他的目光过于敏锐，他还热爱英国文化。这两种态度并非互不相干，魏茨曼不喜欢神话和戏剧（这是赫茨尔的力量源泉），却对英国文化怀有浓厚兴趣。魏茨曼笃信英国文化，因为他深信他们身体力行的那种理智、适度与实效；他认同他们对形形色色的理论和意识形态的厌恶；他赞同他们对个人的尊重，认同他们对真正的自由与真正的满足的热爱，赞成他们不为某些抽象观念或理想而牺牲人类生命的做法。英国人的反应是，他们认识到，他不是政治代理人，也不是某个激进运动的代表，也不是一个专心一意的领导人，甚至不是一个孤立的伟人；他不仅承担着所有这些角色，而且是一个名副其实的政治家——他理解公共生活的真意，清楚地知道哪些重要、哪些不重要，人们无需为他讲解这方面的学问，讲解英国人已经积累了数百年成熟经验的那些内容。

总之，这是一桩美满姻缘；可惜欧内斯特·贝文极端自负，其虚荣心又受到伤害，其官僚目光短浅，心胸狭隘，只有这种种因素加在一起才将他们拆散。魏茨曼虽然还是无法不喜爱和羡慕这些很宽容、很通晓事理、很讲政治的人，但如果他们真的这样对待他，他就忍无可忍了。说贝文建立了以色列国，一如说诺斯勋爵和乔治三世建立了美国，这些说法早已成为历史上司空见惯的平常事情。

魏茨曼觉得，英国政府和议会的那些老朋友背叛了他； 236
他觉得形势的发展没有如他所愿；然而，任何事物都不可能影响其荣誉感，因为他的成就是无与伦比的，他的生命已登峰造极。人们开始用他的名字命名街道或建筑物——他是开创犹太历史新纪元的一代伟人——与那些孤傲、冷漠的英雄人物相比，他与他的人民可谓亲密无间。

他去世后，全世界的犹太人沉痛哀悼这个本世纪犹太人民最优秀的儿子（随着历史的发展，他的形象必将变得越来越高大）；不仅如此，他们还在追思一位品德高尚的人，他以更鲜明、更崇高的方式展示了犹太人的优秀品质，唯独他们才有以这样一种特殊方式结合在一起的性格特征。他的表情与形象，他的行为举止所具有的那种神奇魅力，在各种各样的重要会议上他所发挥的重要作用，他的才智，他那些辛辣的名言警句，他义愤填膺并据理力争的那些庄严时刻，他对各种犹太语言的熟练掌握，他在一个俄罗斯犹太小镇（在大流散的中心）的成长经历：虽闻名全球，他却没有牺牲任何东西——他毫不妥协——他身上的所有犹太品质完好无损；世界各国认可他，既不是因为他无视这些优秀品质，甚至也不是因为他具有这些优秀品质，而是因为这是理所当然的，自然而然，一如既往。他是世界民族之林中一个民族的代表，这个民族既不高于其他民族，也不低于其他民族，它与它们是平等的——由于这些原因，他成为犹太历史上无与伦比的一代伟人。

魏茨曼走了，仿佛某个具有重大历史意义的人物——如奥利弗·克伦威尔、亚伯拉罕·林肯——走了，他似乎不属于20世纪。对他的人民来说，他依然风趣幽默，富于想象，通情达理，善于讽刺，富有智慧，神清气爽，热情善良；他是世界的缩影，能够反映20世纪犹太人生活的方方面面，品类虽多，却无冲突；他的高大形象超出常人，他是一位不朽的英雄，他让同时代的人黯然失色，在可以预见的
237 未来，这种状况仍将持续。

寻找社会地位

被压迫的阶级或民族争取自由，是我们经常谈论的话题。然而他们所追求的，往往不是个人的自由或平等。他们期待的，既不是社会成员的行动自由，也不是社会生活、经济发展领域的机会均等，更不是在一个由理性的立法者所设计的、和谐的、有组织的、“统一”的国家，求得一个稳定的、称心如意的职位。一般来说，他们所希望的是被人认可——认可其阶级、民族、肤色或种族——他们希望，人们能把他们当作人类活动的一个独立来源，能承认他们有自己的意愿，并且希望按照这种意愿生活（无论它是好是坏，是否合法）；他们不想被别人管制、教育或引导，无论其方式多么宽松，因为这些做法不完全人性化，限制人的自由。伊曼纽尔·康德说，家长式统治是“人们可以想得到的最大的专制统治”；[1] 家长式统治是专制独裁，不是因为它比残酷的、赤裸裸的、愚昧无知的暴政更难以忍受，而是因为它侮辱了我的人格，我决心按照自己的目标（这些目标不一定是合理的或仁慈的）生活；更重要的是，我有权要求别人承认我的这些权利。如果别人不承认我的这些权利，我也恐怕不敢承认，我可能会怀疑我是否有权说我是一个完全独立的人。

从某种意义上说，我是什么的问题取决于我的感受与观
238 念；我的感受与观念则取决于我所处的这个社会，取决于在这里占优势的那些感受与观念。我可能觉得不自由，因为别

[1] *Kant's gesammelte Schriften*（《康德文集》），viii 290.35。

人不承认我是一个独立自主的人；作为一个不被承认、没有得到充分重视的团体的成员，我也会有这种感觉，于是我希望，我这个阶级、民族、种族或行业能够获得解放。我迫切希望获得解放；我渴望获得一种社会地位，如果我是一个奴隶、一个殖民地居民或“被压迫”阶级的一员，我宁愿被我这个种族、我这个阶层的某个人欺侮或不当地管理，因为他毕竟承认我是一个人，一个竞争对手——换言之，我们是平等的——也不愿受到某个高高在上的、遥不可及的团体的善待，因为他们不尊重我的意愿。

人们之所以迫切要求被社会认可，此乃关键所在；个人与团体如此，现在，行业、阶级、民族和种族亦如此。我可能受制于我这个社会的某些人而没有自由，可他们毕竟是我这个团体的成员，他们理解我，一如我理解他们；这种理解让我觉得我是世界上的重要一员。人们迫切需要这种相互认可，有时他们宁愿选择极权式民主，让自己的成员来领导，也不愿接受开明的寡头统治。现在，这种相互认可有时还能减少某个刚刚获得解放的亚洲或非洲国家人民的抱怨，他们宁愿被自己这个种族或民族的某些人粗鲁对待，也不愿受制于其他种族或民族那些谨小慎微、主张正义、温文尔雅、心怀善意的统治者。

人们希望有一种社会地位，希望得到社会认可，但是，我们不能简单地把这种认可等同于“积极”意义或“消极”意义上的自由，也不能把它与平等混为一谈：和自由、平等一样，人类迫切需要一种社会地位或社会认可，他们一直在

努力奋斗。社会地位类似于，但不等同于自由：它很接近于
239 团结一致，兄弟友爱，相互理解，平等交往，有时，人们错误地把它当作社会自由。社会、政治术语往往模糊不清。把政治词汇的含义搞得太精确的努力，可能会把这些术语弄得毫无用处。然而过分地放松词语的用法，对于真理来说并无助益。自由概念的本质是“不允许”某人做某事或某件事情发生——不允许他人侵入我的领地，不允许他人领导我，不允许各种各样的执迷不悟、担心害怕、神经官能症以及形形色色的非理性力量——这些都是形式不同的干扰者和独裁者。希望被社会认可，则是一种非常不同的东西：人们希望团结一致、彼此理解、同甘共苦，希望在生活中互相帮助、休戚与共。正因为人们把追求自由的愿望，与追求社会地位和社会认同的迫切心愿混为一谈，所以在服从政治寡头或独裁者的统治时，他们宣称，从某种意义上说，他们获得了自由解放。

争取较高的社会地位，以摆脱较低的社会地位，我们能否说，这是在为自由而斗争呢？把这个词局限于上述主要含义，是否只是学究气？或是否像我想的有一种危险：**只要**某人希望改变其社会处境，我们就会说这种改变扩大了他的自由？这样做，会不会把自由一词搞得含义模糊，与事实不符，甚至毫无意义呢？我们还不能简单地说，这是由于人们把自由概念与社会地位、团结一致、兄弟友爱、人人平等或这些概念的某种组合混为一谈。从某种意义上说，渴望一种社会地位与希望成为一个自由的人，二者非常相似。

我们可以不用自由一词来称呼这种集体目标；但是如果有人说，在个人与群体之间进行这样的类比是错误的，“自由”一词的多种含义以及与此相关的生动比喻，都不能成立，这种看法可能是肤浅的。人们想用自己和他人的个人自由，来换取集体的社会地位以及他们在这个集体中的社会地位，这些人的目的不仅仅是放弃自由，以求安全，不仅仅是 240
为了在和谐的等级社会中求得一个稳固的职位：在等级森严的社会中，所有的人和所有的阶级都知道他们的社会地位；在这里，他们可以放弃那种痛苦的选择权——所谓“自由的负担”——而心安理得，换取某个专制或极权社会的稳定、安乐与祥和相对的不动脑筋。诸如此类的人和愿望毫无疑问是存在的，这样放弃个人自由无疑是可能的；实际上，这种情况屡见不鲜。但有人说，由外国列强统治的那些民族，以及在半封建的社会制度或其他形式的等级制度中，生活由其他阶级统治的那些阶级，他们之所以觉得民族主义或马克思主义颇具魅力，原因亦在于此。这种说法完全误解了我们这个时代的特征。人们所寻找的，很像密尔所谓“异教徒的自我肯定”，[1] 与基督教宣扬的自我牺牲正好相反，尽管这种自我肯定是以集体的、社会的形式出现的。

[1] J. S. Mill，*On Liberty*（《论自由》），chapter 3: *Collected Works of John Stuart Mill*（《密尔文集》），ed. J. M. Robson（Toronto/London, 1963—1991），xviii 266。

很多人在很多情况下，都会为其他目的——如生活安全、社会地位、事业成功、公共权力、优秀品质、来世报应——而牺牲个人自由；他们也可能为社会正义、人人平等、兄弟友爱以及其他许多价值观念，而牺牲个人自由，这些价值观念程度不同地与严格意义上的个人自由相冲突，人们当然不需要个人自由来实现这些价值观念。不是为个人争取生存空间（Lebensraum）的要求激起了那无数的反抗与解放斗争，无论过去，还是现在，人们都愿意为此而献身。人们为自由而战，通常是为能有权要么自己做统治者，要么让自己的代表来统治——如果需要，他们宁愿接受严酷的统治，如古代的斯巴达人，日内瓦或新英格兰的清教徒；他们几乎没有个人自由，但是从某种意义上说，他们能够参与，或者说他们至少自认为能够参与立法、行政等公共生活。闹革命的那些人通常认为，自由仅仅意味着，某种理论的信
241 徒、某个阶级或社会团体夺取政权。他们胜利了，但是，那些被赶下台的人一定很沮丧；胜利的一方有时会压迫或奴役失败的一方，甚至大开杀戒。尽管如此，这些革命者通常认为有必要声辩说，他们是自由或“真正的”自由的代言人，并且宣称他们的理想具有普遍性；他们声称，就连其反对者的“真实的自我”也在寻求这种普遍的理想，不过他们认为，这些不幸的人或团体要么迷失了方向，要么找错了目标，因为其道德或心灵具有某种缺陷。

这些看法与西方的自由观没有多大关系，正统的自由观

只有一种限制：不要伤害他人。某些当代自由主义者拒不承认这一心理事实和政治事实（这些事实就隐藏在“自由”一词表面的这种歧义之中）；或许是因为这个原因，他们对其生活的世界熟视无睹。他们的理由很明确，他们的事业是正义的。然而他们不考虑人类需求的多样性，不考虑各不相同又互不相容的各种生活方式，人们情愿为此而战，如果需要，还情愿为此献身。这些又好心又讲理的人们也不考虑人类那种高超的创造力，凭借这种能力，他们完全可以清楚地证明，实现某种理想的那条道路，也会莫名其妙地通向其反面。人们想要的太多：他们希望得到逻辑上不可能的东西。“自由”、“民主”以及自治“权”一类的神圣概念之所以包含着诸多彼此冲突的理想，原因在此。最好认识到这一点。事实终归是事实；社会地位是一回事，自由是另一回事；社会认可不等于互不干涉。总之，我们不愿正视这些现实，我们忽视了这些区别，因为我们想造一些新词，以表达我们的“全部”理想；简言之，我们希望被人蒙骗，我们都为此付出了极其高昂的代价。 242

欧洲浪漫主义的本质

与其他国家相比，总的来说，英国学者对观念史可谓兴趣索然。虽有例外，毕竟为数不多。19 世纪时，英国比其他国家更有影响力，即使这段历史时期的英国观念史，也有待撰写。

也许是由于这个原因，观念与行动的关系问题，虽然是英国历史学家、哲学家和批评家著作中的一个话题，但说不上聚讼纷纭。思想观念与社会进步、经济发展以及技术改造之间的相互作用（特别是在过去的两百年），往往是其他国家的学者所探讨的问题；即使在探讨时，英国学者所关注的也不是这些外国学者的研究方法，而是他们得出的那些结论。这也许是因为，不列颠群岛特有的社会、政治发展模式，有助于近代英国历史学家（即 18 世纪以来的历史学家）把目光集中在重大历史事件的原因和结果上——如工业革命、法国大革命及其影响——但是也导致他们没有充分重视与这些事件属于同一时代的另一场重要运动，这场运动的影响力，并不亚于文艺复兴、宗教改革以及自然科学与技术的兴起，这场运动改变了西方人的思维方式与行为习惯。与其说这是一场运动（运动意味着，它或多或少是有组织的），毋宁说这是一些态度观念、一种思维方式和行为习惯，人们
243 宽泛地称之为浪漫主义运动。

一般来说，这是文学、艺术史的话题。实际上，这个话题具有更为广泛的影响力；两百多年以来，它深刻地、不容置疑地影响着欧洲人的生活。20 世纪初，一位著名的法国

诗人兼批评家说过这样的话："人们不可能用'古典主义'、'浪漫主义'、'人文主义'、'现实主义'等词汇，来进行**严肃的**思考。酒瓶上的商标不可能把人醉倒或为人解渴。"[1] 然而很难否认，从文艺复兴末期开始直到工业资本主义臻于完善，人们的思想、语言、观念、思维与行为方式均发生了巨大变化。18 世纪的研究者必定发现，到该世纪末，有两千年历史的一些思想观念，不是被摧毁，就是越来越受到质疑，许多观念开始动摇。

从古希腊或某个比这早得多的时间开始，人们就认为，诸如生命的本质和目的是什么，他们所居住的这个世界的本质和目的是什么等重大问题，肯定有一种客观的、正确的、普遍而永恒的回答。如果我找不到这种答案，也许某个比我更有经验和智慧的人能够找到；如果在我所处的历史条件下找不到这种答案，那么在更好的历史条件下，某人一定能够找到：比如在天真而幸福的过去——我们的祖先曾生活在伊甸园，由于犯罪而被赶了出来；也可能在未来的某个黄金时代，有朝一日，我们的后代（也许要经历艰难困苦）将要，或至少可能进入这个时代。人们以为，一切重大问题即使在现实中无法得到解决，从理论上说，它们也是可以解决的。所有关键问题的正确答案一定存在于某个地方，不是在人们

[1] Paul Valéry, *Cahiers*（《笔记》），ed. Judith Robinson（Paris, 1973—1974），ii 1220—1221（引自 1931—1932 年的一本笔记本）。

脑海中，就是在某个全能全知者心中——这个存在者可能是244 真实的，也可能是虚构的，可能是物质，也可能是观念，还可能是人格神，宇宙可能有完全的自我意识。

多数传统思想与基督教思想，无论正统思想或非正统思想，科学思想或宗教思想，皆以这种假设为基础；与此相关的一种信念是，无论人们是否知道，从某种意义上说，世界上的全部生物都在探索一些重大而令人烦恼的问题的答案：事实究竟是什么？我们该如何做？以前有过什么？现在有什么？将来会有什么？可能会出现什么？我们该做些什么？我们该按照什么生活？我们该寻找什么，希望什么，羡慕什么，害怕什么，躲避什么？生命的终结，是否意味着幸福、正义、美德、自我实现、上帝的恩典或灵魂得救呢？答案究竟是什么？寻找答案的正确方法究竟是什么？道德权威、精神权威或科学权威的本质和地位究竟是什么？——换言之，如何判断某些人是专家，他们有资格发现并告诉我们这些答案？——不同的人、不同的思潮乃至整个人类文明，众说纷纭，莫衷一是。他们这种资格包含哪些要素？其权威从何而来？人们争论不休。毫无疑问，真理存在于某个地方，原则上说，人们能找到它。

在这些重大问题上，人们的看法并不一致：真理存在于理性之中，抑或存在于信仰之中？它存在于教会，抑或存在于实验室？它存在于某些特权人物（先知、神秘主义者、炼金术士或形而上学家）的视野中，抑或存在于某个团体（宗教团

体、部落、种族、民族、阶级、专业团体、具有特殊天赋或经
过特殊训练的精英阶层）的集体无意识之中？与此相反，真
理可能在任何时间、任何地点，存在于任何人的心目中，如果
这个人依然天真无邪，未被错误理论污染。所有这些说法（它
们互不相容，有人甚至以此为由发动种族灭绝的战争）有一个
共同特征：它们都假定，事物有一种真实的存在、结构或本质
（rerum natura），合格的探求者能认识和研究这种特质，原
则上说，他们能够正确理解它。这些聪明人——能够理解事 245
物的本质的人——具有哪些特质、特征，人们的看法大相径
庭，但都未曾怀疑：这些人是否存在？人们能否设想他们真的
存在？他们是否有一种特殊的认知能力，他们可由此准确推断
人们应该相信什么，应该如何行动，应该按照什么、为了什么
而生活？

浪漫主义正是要抨击和削弱这种信念的牢固基础。浪漫主义的重要思想家——早期的席勒，后期的费希特、谢林和雅各比，蒂克和青年时代的施莱格尔兄弟，夏多布里昂和拜伦，柯勒律治和卡莱尔，克尔凯郭尔、施蒂纳、尼采、波德莱尔——无论他们有哪些不同，无论他们的自我意识和思想深度有哪些差异，一个共同观念始终贯穿其作品：真理不是一种独立于探索者的客观结构，也不是一种有待开发的地下宝藏，而是探索者的创造，尽管它有不同的伪装。真理不一定是由个人创造的：有人认为，真理是由一种更伟大的力量创造的，这是一种普遍精神，这种精神可能有人格，也可能

没有；个人是普遍精神的组成部分，或者说个人是它的一个方面，从它那里流出，是它的一种不完美的反映。

浪漫主义者的共同假设与永恒哲学（philosophia perennis）相反，在他们看来，与其说是人们发现了那些重大问题的答案，不如说是他们创造了那些答案。那些答案不是被发现的，它们完全是被创造的。从其最理想主义的形式说，浪漫主义是对整个世界的一种憧憬。从人们最熟悉的形式说，其话题只涉及价值观、理想和行为准则领域——审美、宗教、社会、道德、政治问题。人们并不认为，这个领域是一种自然的或超自然的秩序，能用适当的方法（通过理性审查或某种更神秘的过程）来研究、描述或解释；这个领域是人类创造的，一如他们创造艺术作品：不是靠模仿，或从现有的模式或真理中汲取灵感，或求助于业已存在的、客观的、普遍的和永恒不变的真理或规律，而是靠一种创造行
246 为，给世界带来一种崭新的事物——个人的独特表现及其独特的创造性活动，可能是自然的，也可能是超自然的；可能有人的特征，也可能有部分神性；不是来自它之外的任何事物（也有人说，因为无法想象任何事物能够在它之外），它独立自存，能够证明自己的合法存在，能够实现自己的价值。

从此，人们开始强调主体和理想而不是客体和实在，强调创造的过程而不是创造的结果，强调动机而不是效果；这种变化的必然结果是，人们开始重视愿景的特性和行为者的心灵状态——他们看重的，不是找到正确答案，不是完全符

合某种“假定的事实”，而是纯洁的心灵、真诚的动机和纯正的目的。因此人们强调活力，强调不能被分解为静态组成部分的运动，强调不能被阻塞、冻结或分析的流动变化，否则这种流动变化就会被严重扭曲。他们一直反对把“生命”分解为无生命的组成部分，反对把有机体分解为“完全”机械的或相同的组成部分；因此，他们喜欢使用取自“动态”科学（如生物学、生理学、内省心理学）的明喻和暗喻。他们还崇尚音乐，在所有艺术当中，音乐和普遍的、可观察的、统一的自然秩序的联系也许最少。也因此，对“给定的事实”——道德或政治领域那些没有人性的“残酷事实”——的任何批判，对静止不动或约定俗成的事物的任何批判，对少数人或殉道士的重要意义的任何批判（无论他们是为哪些理想而遭受苦难）都会大受欢迎。

人们之所以说工作是神圣的，不是因为它有什么社会意义，而是因为它能把个人或集体的意志，即运动，强加于无生命的物质。重要的是运动或斗争，而不是取得胜利；用
剧作家恩斯特·劳帕赫的话说：“重要的不是自由，而是获 247
得自由。”[1] 失败比成功更可贵。重要的不是某种事业合理合法，而是为它牺牲自我，因为这种事业之所以合理合法，不是因为它有某种内在本质，而是因为我为它而牺牲了自己。

[1] Torquato Tasso in Ernst Raupach, *Tasso's Tod*（《塔索的死亡》），Hamburg，1835）act 1，scene 3，line 56。

浪漫主义态度的症状大抵如此。因此，无论在声音、文字方面，抑或在色彩方面，人们都推崇艺术家，视之为生生不息的精神的最高表现；人们心目中的艺术家通常住在阁楼里，目光狂野，披头散发，穷困潦倒，孤身一人，被人嘲笑；但是他独立不依，自由自在，其精神境界高于欺负他的那些市侩。这种态度也有不足之处：它既推崇画家、音乐家和诗人，又推崇那些阴险可怕、以人类为素材的艺术家——他们是旧社会的破坏者，也是新社会的创造者——无论人类必须付出多大代价：为了除旧布新，超人式的领袖必然虐待某些人，积极主张革命的拿破仑便是一例。浪漫主义理想的这种表现形式，越来越显得歇斯底里，走到极端，它就成为强烈的非理性主义和法西斯主义。但是这种思想也呼吁人们尊重个性，尊重创新，尊重超然脱俗，尊重独立自主，它鼓励人们根据自己的而非别人规定的一些观念和原则，根据自己的真实情感自由地生活，它号召人们重视个人生活、人际关系、良知以及人权的价值。浪漫主义传统有积极的因素，也有消极的因素——一方面，它蔑视机会主义，尊重个人的多样性，对那些令人压抑的普遍法则和最终解决方案表示怀疑；另一方面，它又对高人佩服得五体投地，鼓吹独断专行、激情澎湃、残酷无情——这既是浪漫主义的主张，也是其自身反映；这些倾向不仅深刻地影响了我们这个世纪的一些重大事件，而且深刻地影响了人们用以分析和解释这些事件的基本观念，
248 我们这个时代的多数历史学家对此通常认识不足。

梅尼克与历史相对主义

历史研究在19世纪发生了巨大变化，这在很大程度上要归功于下列伟大的德国历史学家：从尼布尔、柏克到蒙森、布克哈特，从萨维尼、兰克到马克斯·韦伯、特勒尔奇。观念催生观念，不是通过单性生殖。这一时期不仅孕育了新的历史观，更重要的是，此种历史观对西方多数国家的政治生活与思想观念产生了举足轻重的影响；这个过程发端于社会、文化的巨大变化，可回溯至文艺复兴与宗教改革，或者某个更早的时期。历史意识觉醒了，民族主义和强权政治的意识形态，是其最著名、也最声名狼藉的自然结果；历史意识可谓应运而生，因为当时需要解释并说明当时国家与国家、阶级与阶级之间的激烈斗争。其开端可回溯至许多国家，最早系统地阐述这一观念的是德国思想家；历史地看，这与民族国家德国的兴起有关。观念的风云激荡往往先于政治巨变；正是在德语国家，人们对历史发展的重新认识才演化为一股颇具影响力的观念洪流。

单个的思想家以及随之而来的各种团体——学术界、政界、艺术界、宗教界——开始把全部人类活动，看作统一
249 的、“有机的”社会整体的组成部分，社会整体不是一成不变的一些制度，而是不同国家、不同文化、不同阶级生生不息的发展历程——有生命力的社会整体是一些类似于生物有机体的组织，不能用物理学家或化学家所使用的那种精确的量化方法来分析，是一些难以捉摸的复杂关系把社会“有机体”结合为一个整体。人们认为，只有通过某种直接接触，

人类才能感知、直觉或理解这些有机体的生存方式。机械装置由一些互不相干的部件组成，这些部件都遵循统一不变的因果规律，与此相反，即便是在思想中，人们也不能把社会有机体拆解为不同的部件，然后重新装配。

一种主流的古典思想家和基督教思想观念表现为许多形式，如斯多葛主义、亚里士多德主义、托马斯主义以及法国启蒙运动的因果—机械主义，这种观念认为世界遵循着唯一的、永恒不变的自然规律，反对这种观念的思想家很少是超然世外的哲人。他们往往积极投身于驻在国的政治活动与国家大事；在他们看来，其学术活动有助于建立一种新的世界秩序，在这种新秩序中，德国人民将发挥领导作用。他们清楚地知道，德国文化扎根于宗教改革和虔信主义，扎根于此前的神秘主义和显圣运动，扎根于德意志诸城市与公国那种当地和区域性的、传统的社会、政治与宗教生活。最重要的是，他们清楚地知道，他们的观念不同于普遍主义和科学理性主义，后者深深扎根于莱茵河西岸的文化传统。作为学者、批评家和历史学家，他们调查研究，搜集资料，描述事实，分析问题，做出解释；作为普通公民，他们非常关心社会与政治问题，积极投身于社会斗争。无论信仰什么，他们都不会把这些社会责任相互割裂开来：人们会程度不同地把他们看作某一政党或运动的一分子，他们常常与这些政党或运动的领袖有私人关系。这种联系有时会赋予他们所代表的那些观点巨大的社会影响力，也会赋予它们某种生命和力量。

这个新历史学派的某些主要人物的政治诉求（尽管他们
250 当中的某些人竭尽全力保持客观公正），赋予其历史著作一种道德观与政治倾向，无论其研究对象是他们自己那个时代抑或某种遥远的古代文化。这种说法也许同样适用于其他国家的历史学家——人们不能说，麦考利、格罗特、米什莱和基佐在政治上保持中立；可是在德国，这几乎成为官方认可的历史哲学。不同的历史学家虽然各持己见，但是上面说法不仅适用于观念偏激的历史学家，如特莱奇克、松巴特，而且适用于尼布尔、蒙森、德罗伊森、马克斯·韦伯；弗雷德里希·梅尼克是这个学派的最后一位重要代表，尽管他想方设法力求克服浅近、短期的考量，但是从某种意义上说，这同样适用于他。

梅尼克有三大名著，[1] 各自追本溯源，探索他那个时代

[1] *Die Entstehung des Historismus*（《历史主义的兴起》，Munich and Berlin, 1936），J. E. Anderson 译为 *Historism: The Rise of a New Historical Outlook*（《历史主义：一种新历史观的兴起》，London, 1972）［本文原为该英译本之序言。——编注］是梅尼克的第三部名著，前两部分别是 *Weltbürgertum und Nationalstaat: Studien zur Genesis des deutschen Nationalstaates*（《世界主义与民族国家：德国民族国家的起源研究》，Munich and Berlin, 1908）——英文版 *Cosmopolitanism and the National State*（《世界主义与民族国家》），trans. Robert B. Kimber (Princeton, 1970)；*Die Idee der Staatsräson in der neueren Geschichte*（《现代历史中关于国家起源的观念》，Munich and Berlin, 1924）——英文版 *Machiavellism: The Doctrine of Raison d'Etat and its Place in Modern History*（《马基雅维利主义：国家起源论及其在现代历史中的意义》），trans. Douglas Scott（London, 1957）。［德语 Historismus 更多地翻译为英语 historicism, 不过本文仍沿用 Anderson 的翻译，用 historism 来翻译梅尼克的主要概念。——编注］

的某些重要问题。具体说来，自然规律是永恒的、不变的（肆无忌惮的统治者，无论个人或统治集团，有时也会违反这些规律，不过他们必须付出惨痛代价），这种观念曾长期统治欧洲人的思想；他以精确的、无懈可击的学识，阐述了这一古老思想逐渐衰微、国家观念取而代之的发展历程，国家观念清楚地知道它是独一无二的个体，有自己压倒一切的
诉求，只对它自己负责。他精彩地阐述了这种变化所揭示的 251
那些冲突：一方面，人类有一些共同而普遍的价值观，这是个人或团体的权利，也是普遍的道德准则，它们决定着人类行为；另一方面，危难时期，国家的意志往往会与普遍的道德准则发生激烈冲突——无论代价多大，只有实现这些国家意志，才能确保国家的安全与强大，政治家愿为此而献出一切。

一方面，萨维尼所谓“潜移默化的力量”，[1] 最终决定着一个社会及其成员的发展方向；另一方面，梅尼克认为，人类虽然受制于某些历史条件，但是他们的行为是有自由的，梅尼克清楚地知道，这两方面的关系悬而未决，由此涉及到个人、团体或组织必须承担或不应承担某些相应的历史责任。这种认识始终支配着他对上述问题的讨论。让以往的历史学家着迷的一种主导观念（idée maîtresse）同样令

[1] Friedrich Carl von Sagviny, *Vom Beruf unsrer Zeit für Gesetzgebung und Rechtswissenschaft*（《论立法和法学的现代使命》，Heidelberg, 1814），14。

他心驰神往，这种观念旨在探讨某些人际联合的特性——在他看来，这是唯一真实的联合：它们每个都遵循各自的成长规律，每个都有独一无二的“有机性”——它们是一些社会整体，和植物一样生长发育，拥有各自的特殊规律；因此，人们不能根据某些规律或原理来解释、理解或维护这些整体，把它们错误地置于某个普遍模式之中，不顾它们的特殊性，它们生活和行动所依据的具体目的，还有那一些并不适用于其他的社会或历史阶段的价值观——只有以此为出发点，人们才能解释或说明这些社会整体究竟是什么，究竟能做什么。这种观点可能导致道德相对主义，随之而来的观点认为，成功或强权是判定哪些事业具有真正的价值，值得人
252 们为它而活（或也许为它而死）的唯一标准；另一方面，人们觉得这种主观主义并不能满足他们的需要，在个体的思想家、诗人或政治家变化无常的直觉构成的价值观念之外，还需要某种东西——人们之间需要一个共同基础，这就是一种共同目标，虽然不是所有的人都怀有这一目标，但是在相当长的历史时期，它仍然适用于很多人；在确定伟大与渺小、善与恶、进步与倒退这些基本的价值观时，能为人们提供某种客观性。

这两个方面显然是矛盾的，梅尼克为此苦恼不已。个体性概念以及不同国家（这是一些独立自主的社会有机体）有着不同发展道路的观点，是一些新观念，在梅尼克看来，新观念的出现表明宗教改革以来，欧洲的思想传统已经发生

巨大变化。回顾历史，谁也不可能否认，使过去的两百年风云激荡的历次伟大的观念文化运动（传统主义与多元主义，浪漫主义与普罗米修斯式的人生观，无政府主义与民族主义，个人主义的自我实现与帝国主义、种族主义以及社会领域与政治领域形形色色的非理性主义），皆程度不同地发端于一场大规模的反叛，用梅尼克的话说，人们反对“普遍化”——人们不再相信科学的统一性、自然规律的作用以及各种实证主义、功利主义和理性主义；最重要的是，他们不再相信宇宙是一元的、唯一的和永恒不变的；他们不相信如果睁眼看世界，凭借理性，无论何时、何地、条件如何，任何人都能理解这个宇宙。

在探讨新历史意识之起源的著作中，梅尼克追溯了这个新观念的发展历程：从莱布尼茨、伏尔泰、孟德斯鸠、维柯、柏克，一直到德国新历史方法的伟大奠基人。梅尼克治学严谨，学识渊博，有一定的学术良知，能敏锐地感知意识形态和思想观点中的细微差异，以前那些伟大的历史学家也 253
很难做到这一点：他研究三大伟人——莫泽、赫尔德，特别是歌德的文章，构成了他名声显赫的历史三部曲中最后一部的主要内容；这些文章的显著特点是，在讨论每一位思想家的性格特征时，作者巧妙地把叙述、观念和历史背景交织，把这些思想家的性情与作为，他们的生存环境、生活目的与写作对象的社会生活的性质融为一体；观念史家经常提出一些更为大胆而常常更为肤浅的普遍概念，梅尼克的这些文章则不然，它们对读者有更高的要求。和他的论题一样，他的写作风格复杂多变，时而晦涩难懂，时而中心思想不明确，主观臆测。18世纪百科全书派提倡自然规律、机械论、不做区分，这种令他厌恶的观点遭到梅尼克的严厉批评，他高度警觉，以免落入这种陷阱。他担心所用方法过于简单，担心有些概念切入了社会或个人情感或意识形态的活生生的有机体——非常敏锐的思想家必须竭尽全力作“个体化观察”（这是梅尼克的术语）——教条主义的理论或意识形态仿佛一把手术刀，他担心人们会用这把手术刀来活体解剖这些有机体。

他很想让世人了解莫泽所谓的“整体印象”；仅凭分析不同的组成部分，人们不可能获得这种观念，靠一刀切的历史模式更不可能，因为这些方法不能传达那种特殊的音调与色彩，这就是德国历史学家所谓的时代风格或民族风格，这种风格深刻地影响着一个人或一个社会的所有活动，影响着自然科学与人文科学，也影响着黎塞留的公文与情书——他想躲开那些束手束脚、歪曲事实的陈规陋习，即盲目地相信规律，以为社会变革必须遵循这些规律，世界万物均可纳入这些规律，无论它们与事实有多大出入。

梅尼克的这幅画手法细腻，虽然这幅画的轮廓早已显现，但是有些人有时也会在这片大森林中迷失方向（这些人喜欢阅读分析型思想家撰写的观念史，因其诉诸明确的定义和清
254 晰的分类，将观念发展的脉络清楚而生动地呈现），即使实际上人们不会看不到画家所描绘的这个轮廓。梅尼克的文章精

雕细刻，结构紧凑，简洁明快；感兴趣的读者必定获益良多。这种风格有利于整体性的现实感保持活力——即对社会生活、政治生活、艺术生活、宗教生活以及个人生活之流的感知，对它的复杂形态的感知：它影响着个人和社会的理想、信念，人们和群体对自我与历史的理解，并反过来受其影响——这是对具体的、多方面的、不断变化的、永无止境的社会生活的一种感受。

历史即社会、政治与道德有机体的发展，即亚里士多德所谓生命原理（entelechies）的相互作用，人的精神成长即由这种相互作用构成——这是新柏拉图主义与黑格尔主义的观点。毫无疑问，这种历史观只是人们所信奉的许多观念之一。有人也许觉得这种观点是有缺陷的，要求用更严密的方法，即经验的或科学的检测方法，来验证这种观点，即使验证结果不能完全回答我们的问题，或者说不能在深刻的、有想象力的探究的层面回答这些问题。然而在西方，这种观点无疑不仅具有历史上和政治上的影响，改变了人们的思想感情；而且与它坚决反对的各种实证主义理论相比，尽管它可能有某些形而上学的缺陷，但是它更多地拓宽了历史学家的视野。梅尼克从小就接受了这个观念运动的主要信念，他和狄尔泰（他深受狄尔泰的影响）、马克斯·韦伯、李凯尔特一样，以它自身的标准来描述和复兴其历史渊源，以唤醒那一代代科学头脑的人们，他们已经开始非常怀疑它的有效性。

20世纪初，梅尼克阐述了历史意识的革命，举世瞩目；究其原因，是他本人也和最先开始探讨这些问题的前人一
255 样，被它们搅得寝食难安。他成长于普鲁士民族主义的鼎盛时期，深受其影响。价值观（历史学家以及普通人的价值观）与客观事实的关系，价值观与自然科学的关系，不同观点以及它们所表达的价值观的相对性，国家秩序与国际秩序的冲突，国家与其他社会团体以及个人的冲突，使用武力以及发动战争的合理性，自然科学与人文学科的研究方法的明显不同，以及这种差异对政治与个人道德有何意义——他不仅是历史学家或历史方法的研究者，而且是德国人，是人类，他是以这些身份来面对所有这些问题的；它们伴随他一生，让他苦恼不已。他对这些问题的态度始终模糊不清：他从不回避难题，总是耐心地寻找问题的答案；他希望找到天才人物，以解决这些理论上和实践中的问题，他坦承，他没有找到这些问题的最终答案。

他写作《历史主义》时，德国社会正处于危机时期，无独有偶，这类似于德国历史上一个至关重要的转折点，当时德国精神（Geist）可谓受到夹攻，一方面是法国革命者的平等精神、拿破仑的集权与理性社会组织，对传统与不同社会的个性不屑一顾——以及英国工业革命的影响，它破坏了古代与现代的联系；另一方面是那个野蛮的、居心险恶的东方列强。如果说德国精神在两条战线上都赢得胜利，建立了统一的德国，也有人可能认为它在道德上付出了可怕的代价。

1918年之后，东方出现了布尔什维克主义，西方又出现了梅尼克所谓肤浅的自由式普遍主义；梅尼克把全部希望都寄托于一种神秘的综合：民族国家是一个巨大的有机体， 256
在它波澜壮阔的历史进程中，要把个人自由、个人道德与公众需求、公众价值观融为一体。对他来说，民族国家乃重要的教育或净化心灵的机构，它塑造人的灵魂，唯有它能把人们的全部追求——例如道德目标与情感、艺术、人际关系、对个人之内或之外的原始自然的征服——化为现实。他探讨西方文明，他最关心的自然是德国，即德国的文化与生存：那些超时空的抽象原理仿佛六头怪斯库拉，它们不考虑生命与变化；与此相反，相对主义仿佛海妖卡律布狄斯，它摧毁了道德，把道德目标最终归结为主体的性格或倾向。梅尼克既担心前者，又害怕后者。在他的观念中，这种冲突表现为人与历史中不断演化的各种社会制度的矛盾，人们通过社会或历史概念所思考的，就是这些矛盾。

历史主义（Historismus）是他提出的解决方案，他对此满怀希望，有时甚至痛苦不安；1815年和1848年是如此，1918年和1932年也必然如此。这种看法赋予其历史观一种近乎虔诚的热情，其散文风格也受此影响；这种观点不是来自他所崇拜的大师——沉着冷静、很少谈论历史的歌德，而是来自赫尔德与兰克。有一段时间，他仿佛认为，黑格尔试图医治马基雅维利在欧洲各国造成的创伤，后者证明个人道德与政治道义是不可调和的；梅尼克几乎相信，这个伟大的形而上学家以某种方式，成功地实现了政治道义与个人道德的完美综合。如果黑格尔没有成功，那么无与伦比的歌德做到了，其方法直观明了，缺乏系统性，具体而神奇，只有天才人物才能使用这种方法。他推崇俾斯麦；与当时的许多德国学者一样，在他看来，俾斯麦的政策能为德意志
257 民族创造条件，只有凭借这些条件，这个民族才能彰显其性格，完成其使命。1914 年，与其他人一样，他满怀信心地期待着伟大的普鲁士梦想的实现；1918 年，这些观念的后果大白于天下。他天生谨慎，保守，不相信沙文主义；他拥护魏玛共和国，矢志不渝。他是爱国者和民族主义者，但是他反对惨无人道的行为。国家权力是有界限的；晚年时期，他没有屈服于希特勒或希特勒主义。

彻底失败之后，他痛定思痛，写了一些令人悲哀而沮丧的文章。客观地说，这些文章宣布，他以及那个时代的德国学者所代表的许多观点已彻底失败。梅尼克诚实可信，他那个时代与阶级的偏见虽然清晰可见，但是他始终清楚地——有时甚至是痛苦地——知道，某个社会或某种情况的道德重心究竟何在。各种思想、运动、制度、事件以及重要人物的性格特征构成一个错综复杂的关系网；他对道德重心的认知、他的渊博学识以及他对这种关系网的感悟，使他那部阐述德国历史思想之兴起的著作，成为至今仍不可替代的经典。

1918 年，德国战败。在此后的黑暗岁月，他返回到德

国文化生活的辉煌时期，开始研究反映德国文化本质的新历史观，以求安慰。从理论上说，他只是描述、记录别人的成就和理想，实际上，那是他自己的成就和理想。讲故事的人不但是事件的观察者，而且是参与者。歌德公开宣称不喜欢历史，显然也不尊重国家的权威，否则就真可谓完人；梅尼克对其赞美有加，甚至在这些方面为其辩护，似乎是出于这样一种哀婉动人的愿望：德国文化哺育了他，现在这艘巨轮遇难了，他要尽其所能实施援助；他要回到诗人、学者的传统中，可是他们已然堕落，他必须回到一个繁荣昌盛的时期，追本溯源。他探讨的这个时期属于德国社会大发展的初
期；他完成著名的历史三部曲时，这个发展过程已经结束， 258
德国进入黑暗时期，难以想象的灾难降临了。在《历史主义》所探讨的这一时期，浪漫的德国梦与它后来演变成的那场可怕的噩梦仍相距遥远，因此他用鲜艳夺目的色彩来描绘那些具有卓越天赋的先驱，他喜欢与他们交流，也是他们所创立的那个学派的成员；他很可能知道，他是该学派最后一
位名副其实的大师。 259

论通识教育

教育即使不能消除人与人之间的隔阂，也不应扩大这种分歧。无论教育以什么为目的，它绝不能限制学生的思维与想象力，绝不能使他们的这些能力随着时间的推移[1]而变得越来越弱。因此，教育应该想方设法地提供便利，让某个专业的学生了解其他专业所使用的方法，已经取得的成就，人们的希望和理想，遇到的挫折以及他们的思想感情。实现这一目标的困难是显而易见的：不同专业的课题和方法各不相同，有些人天生不喜欢或不适合探求自然的奥秘，有些人不喜欢探究人类的发展历程，有些人不想或没有能力分析思维或想象力所使用的那些概念和范畴，他们不想或不能批判地分析哪些事情值得去做、去想、去追求，哪些事情不值得。而且，学生必须有专业特长，这就是说，他们必须有一定的专业知识，否则就不会有任何知识或技能，也不会有任何学科，特殊情况除外。

但人们还是应该追求更多的知识。他们没有必要相信，所有的知识总能带给人更多的幸福与自由，让人变得更好。人们也许会说，现代科学使某些地区遭受了更多的压迫、危险与苦难，却使另外一些地区受益良多。人们只需承认，第
260 一，掌握真理本身是一件大好事；第二，无知或知识都会造成恶果，唯一的补救办法是掌握更多知识：更清楚地理解人们需要什么，哪些事情值得他们追求，他们的方法与目的究

[1] 本文作于1969年。

竟是什么，这些方法与目的会产生什么结果，其意义何在。除非人们有机会认识他们生活于其中的这个世界，有机会认识他们过去、现在和将来的世界观——只有当他们了解别人的观念、感情与所作所为，了解其之所以如此的方式与原因，才能获得这些认识——否则，他们仍将在黑暗中摸索，必须面对彼此的行为所造成的，不可预见，有时甚至骇人听闻的后果——超过了因为人类自身缺陷，对我们所有人都似乎不可避免的那种程度。我们不可能有足够的知识，但是我们不能以此为由，不去探求尽可能多的知识；不努力掌握知识，就是无缘无故地承认失败：盲目地屈服于我们能够控制的一些力量。

这些困难并非无法克服。英国大学的同类学科联盟（例如政治学与经济学、历史与文学、哲学与物理学，以及其他一些公认的学科组合，这是那些比较开明的学术机构所认可的）一直是一种切实可行的办法。但还可以打开更多的门：即便我们认为学生不可能完成几个学科的学业——如果他认为自己有这种能力，其想法往往很不明智——我们还是鼓励他拓宽视野，这样他就能超越目前这个他似乎被认为应该生活在其中的狭小世界。人们能够避免很多浪费，少做很多蠢事，还能消除很多伤害：具体地说，如果没有这种眼界，人们对自己、别人以及过去和现在的世界的理解可能是完全错误的，因此，他们可能庸俗不堪，百无聊赖（心怀怨恨），被一种莫名的恐惧所笼罩，厌恶各种知识（也厌恶人生），

他们觉得知识陌生而费解，因此他们痛恨知识；他们可能提
261 出荒谬的理论，这些理论有时会导致种种暴行。

教育问题并非新问题：夸美纽斯的教育思想出现以来，人们就一直在关注这个问题。如何才能成就最宽广的视野和最完美的人生，在过去的三百年里，人们始终在探讨这一问题。美国人对这个问题的讨论尤为激烈；许多美国大学都有通识教育课程或“核心课程”，如果这些课程还不足以作为完全成功的范例，那并不意味着我们不理解哈佛、芝加哥或哥伦比亚大学的教育家所遇到的困难或取得的成就，特别是，他们迫切希望学生能够摆脱传统观念的束缚，开启更加自由的精神生活。治疗方法越来越多，这是得病的征兆。

在以下讨论中，我要做一些基本假设：理解我们生活于其中的这个世界，不是一件坏事，而是一件好事（如前所述）；一般来说，不下大功夫，没有老师的帮助，大多数人是无法认识这个世界的；懒惰、无知、教条主义、蒙昧主义、厌恶思考与辩论、仇视新生事物，更有甚者，人们对相邻学科充满嫉妒和忧虑，唯恐其研究领域进一步扩大，所有这些都是人们认识世界的障碍，必须揭露并克服。我还要假设：一般来说，人类有权提高其思维能力与感知能力，即使这在实行中央集权的社会制度中不能总是（甚至不能经常）相处和谐，无论社会在技术上多么迫切需要；较之批判性思维、自由的想象力、良好的人际关系以及健康的个人生活，

社会的安定与社会公德不一定更受欢迎。教育，特别是大学教育，能够也应该成为人类实现这些目标的有力工具；无论如何，它不能是一种障碍。

教育应该和我们的时代密切相关。我们的时代具有哪些特征？我还要补充几句老生常谈。教育的需求起源于人类一 262
些永恒的（或者说非常普遍的）需求，人们所生活的社会面临的一些困难会改变这些需求。一个人要想真正理解自己的需求，就必须对他生活于其中的那个时代有所认识——这个道理不言自明，但人们往往忽视或狭隘地理解这个道理。如果从某个相当遥远的、冷静而客观的角度来看我们这个世纪(假如一两个世纪以后，再回顾我们这个时代，假如那时人类还生活在地球上)，在我看来，后世之所以关注我们这个时代，不是因为我们的视觉艺术和鉴赏力发生了巨大变化，如意大利的文艺复兴；不是因为敢作敢为而又坚定不移的个人主义观念蓬勃兴起；不是因为人们对理性和经验科学这些新工具满怀信心；不是因为诗人、画家、作曲家和小说家成就辉煌，不是因为人们相信科学或民主能够解放全人类；也不是因为人们越来越期望，智慧的、善良的、不断扩大的精英阶层将带领全人类实现和平、和谐与进步的目标。我认为，我们这个世纪的显著特征可以归纳为两大现象：一方面是俄国革命及其深远影响，另一方面是自然科学的飞速发展，及其在人类生活中的广泛运用。

西方文化的这些发展，使得其他所有的进展相形见绌，已经并仍在使世界发生翻天覆地的变化。但是从某种意义上说，这些发展包含着相互矛盾。一方面，发展使人们越来越相信理性，相信以理性的名义剥夺植根于不合理信仰的特权，反传统，反对一切超越现实的、难以理解的价值观——这些都是启蒙运动的信仰。这催生了平等主义的理论与实践；作为旧制度的受害者，人们要求得到社会承认，要求独立自主——个人、阶级、年龄群、落后国家、种族以及少数民族，都有这样的要求；人们进行民主革命，不再相信他们
263 应当服从家长式人物或其他任何独裁集团（无论他们能否这样做）；他们坚决抛弃旧观念，不再认为，人应该被教育得和砖头一样，应该服务于某个特权集团或领袖所建立的社会制度；他们渴望砸碎锁链，抛弃负担，从某种意义上说，这是每一次革命的力量源泉；他们不接受精英阶层的说法，不相信国家或社会是政治家或领袖人物——拥有伟大观念的一个阶层或团体——所创造的艺术品。

这是一个方面的趋势。另一方面，这些力量（包括科学的力量与社会的力量），有助于建立理性的社会组织，有助于生产、分配与消费变得更加合理，有助于权力的集中与中央集权制，这种制度拥有非常高的办事效率。早期社会主义者已经清楚地认识到，这会制造一个由技术专家组成的新的社会等级，他们是“人类灵魂的工程师”，[1] 他们目标明

[1] 参见上文第 21 页注释 1。

确——塑造“一代新人”，新人即群众（Massenmensch），人被简化为“人类材料”，简化为“蚁丘的生活”。迄今为止，这种做法已经产生严重后果——整个社会被机械化、异化或非人化，隐蔽（有时却不很隐蔽）的说教者掌控一切，这是技术专制主义或商业专制主义。

这种体制必然引起某种反抗——各方人士群情激愤，他们要求回到有人性的生活，回到“有生命”的社会（Gemeinschaft）；人们时而沉醉于过去的幻想，时而满怀民族主义或种族主义的激情，二者对于个人自由，对于自由的想象力与批判力构成同等的威胁。人们也可能以另一种方式进行反抗：他们会义愤填膺地捍卫那些受到威胁的个人价值观，会以浪漫主义的方式，反对把人当作“机器”，反对没有人性的“社会制度”；无政府主义者、学生或艺术家，不为知识所累的反叛者，不参与传统的社会生活，不接受别人安排的生活方式——例如垮了的一代、嬉皮士、花癫派、非理性的激进分子以及恐怖分子，有的坚信可以通过有“净 264
化作用”的暴力来反抗腐败的社会，有的则拒绝任何权威；还有人信仰各种形式的马克思主义，或类似于马克思主义的理论（这往往是一些“修正主义”或“人道主义”理论）。

人们必须清楚地知道他们在与什么打交道，根据这种认识来安排自己的生活。他们不能只带着困惑来看待这种扰人的变化，不能相信宿命论所谓忍耐顺从，不能盲目崇拜，不能带着被拣选者的蔑视，不能屈服于不可抗拒的欲望而自我毁灭。既然如此，年轻人就必须武装自己，以免受到这种无可奈何的观念之侵蚀。要让他们充分认识正在崛起的新制度的产生过程及其特征。自然科学飞速发展，与此同时，科学技术高歌猛进，产生了一些人们愿意看到或不愿意看到的结果，这是新制度的主要因素；要想在一定程度上控制这些因素，他们就必须对它有所了解。

这可能是一些社会问题；研究科学在人类生活中所发挥的作用的社会学，与理论物理学家所研究的那些问题，也许看似关系甚远。然而，完全不懂技术为何物，不懂技术与理论研究有何关系，不懂技术可能在多大程度上改变人类（包括科学家），也不懂科学观念、文学观念、历史观念以及批判性思维有何共同点与不同点，这种无知现象极其严重（情况还在恶化）。仅这一点，就使得政治家、选民代表以及选民本身，都受制于技术专家，他们往往心怀偏见。这种情况造成系统性误解，结果技术专家的权力越来越大——成了懂科学的调解人，公众和政治家的敬畏使得他们基本上不受民主监督。

265 说这种情况不可救药，是荒谬的。布兰代斯法官曾经指出，不可抗拒的事情之所以存在，常常是因为人们不去抗拒。所以大学要开设通识教育这门课程，这看起来只是一个功利主义目的，但对全人类来说，这个目的具有至关重要的意义。通识教育能满足人们非功利的求知欲，理解那些在世界上发挥着作用的力量亦是一件快事；把这两个原因与上述目的合起来，人们至少可以说，此三者足以说明，这门课程对学生大有益处。

我们该从何做起呢？单凭宣传，单凭鼓动科学家去研究历史、社会学或哲学，或去读人类创造的伟大作品——文学艺术领域的经典著作，或者鼓动文学或社会学专业的学生，去研究分子生物学或固体物理学所使用的方法与目的（人们常常提出这种建议），显然毫无益处。这种做法根本行不通，所以它是徒劳无益的。自然科学家也许厌倦，也许没有时间，去阅读或欣赏荷马或米开朗基罗的作品（尽管过去和现在都有一些具备高深人文素养的科学家，不像人们所以为的那样寥寥无几）。对历史学家和文学专业的学生来说，科学文献抽象难懂。

可以做的事情是另外一种。有人试图“教育”化学家，为他详细讲解《神曲》、西斯廷教堂的天花板或《阿伽门农》的艺术特点；有人试图说服希腊研究者去掌握生理学或数论的基础知识；与此相比，让科学家或数学家了解历史学家或批评家做出判断的那些方式（这依靠一种没有确定性，但不可缺少的想象力），及其为自己的观点进行辩护的那些方式（这是一种逻辑训练，不过有的时候，这不是人们通常所说的那种逻辑），无论怎么做到，这种做法显然更切实可行，从观念的角度看也更有意义。问题不在于赶紧修路架桥，以利“文化”交流，而在于了解不同的思维方式，怀特海正确地称之为观念的探险。要实现这一目标，人们就不能依靠规 266

范，而只能依靠例证——必须发现或培养一些具有足够的知识、才能与想象力的教师，他们会把自己的学识传授给学生：我们一定遇到过好老师，他们极具人格魅力，能使学生焕然一新。

我们也许会问，如何才能实现这一目标？我们需要进行哪些教育改革？世界已经发生变化，教育必须随之而变，最早提倡“现代教育”的那些人非常强烈地意识到这一点，他们采用了一些过激的做法，改革者要引以为戒。18 世纪时，许多启蒙哲学家呼吁社会，必须以理性与启蒙为目的进行彻底的教育改革。他们认为，必须立即叫停对死语言的学习、对历史的研究（人类做过的蠢事、犯下的罪行、遭受的挫折，属于警示性例证，这些不是被叫停的内容）以及对所有人文学科的研究；必须立即使用探索真理的新工具——即自然科学，包括被寄予厚望的社会科学；必须立即采取具有现实意义的、开展公民教育的方法。举例来说，这是严肃的法国改革家提出的方案，包括爱尔维修及其同道，从某种意义上说也包括孔多塞。

在法兰西王国时期（德国、意大利、西班牙也是如此），这种极端的、不重视历史的实证主义虽情有可原，却引发强烈抗议，因为它侮辱了人的精神，忽视了想象力的蓬勃生机。浪漫主义的反叛应运而生，人们要求回过头研究过去的，遥远的、特殊的、非理性的、非典型的事情；他们拒斥所有的体系、概括、对称、永恒的宁静以及理性本身；他们推崇古怪与丑陋，以表达情感对自然科学中那些“冷冰冰的”分类与抽象的反叛。他们谴责理性之光，说它制造黑暗：他们认为，理性蒙蔽心灵，不许心灵探究人的内心生 267
活；理性还妨碍情感和意志的正常发展，因此，人们以庸俗态度对待艺术、观念与宗教感情方面的经典名著。在19世纪，人文学科与自然科学的倡导者之间发生论战，双方互不相让；从某种意义上说，这场论战最后导致一种可以说是不战不和的局面——人文学科与自然科学保持一种武装中立的关系，它们之间的鸿沟在不断扩大；现代教育的使命纵然不是弥合这道鸿沟，我们起码可以说，它应该缩小这道鸿沟。

教育能完成这个使命吗？我记得托尔斯泰曾说过这样的话：如果某人清楚地理解了某物——真正地、清楚地理解此物——他就能简单明了地详细阐述这个事物；老师清楚理解的东西（我想，即使它是错的），就能传授给中等水平的学生。他认为，当人们说很难或者不可能把某个学科的专业知识传授给那些一无所知的学生（这并不是说在他看来，与那些至关重要的道德真理——人生的真正目的究竟是什么——相比，这种知识尤为重要；但这一点与此处所讨论的问题无关），这种看法往往起源于老师不想承认自己只见树木，不见森林。托尔斯泰坚信：我们能把任何问题的明显特征清楚地告诉别人；有人说很难做到这一点，这种辩解有时虽然理由充分，却常常掩盖了老师的思维混乱与心中无数。托尔斯泰的这种观点，像他的许多观点一样，也许过于简单，但也像这位伟大思想家的观念常常做到的那样，它揭示了一些人们不愿面对的真理。如果有些老师严肃认真，思维活跃，能够清楚而详细地阐述问题；他们想把自己的知识传授给另一观念阵营的学生，能够坚持不懈，直到学生有所反应；那么，他不相信学生的反馈会让老师大失所望。我强烈觉得他的这种观点可能是正确的。

追求华丽的词藻，故意把观念弄得模糊不清，用一些不
268 相干的、容易发生歧义的、至多是一知半解的科学理论、哲学理论或名人的典故，来装饰形而上学术语，这些伎俩古已有之，现在却尤为盛行，其目的是掩盖观念的贫乏或思维的混乱，有时几乎无异于欺诈。人们不断把科学概念扯进人文或意识形态领域，或是把文化概念扯进科学领域，这些可怜的征兆说明，人们迫切希望弥合某道鸿沟。因为人们对真货的需求越来越大，文化骗子、科学骗子以及能力平平的推销者才能卖假货；他们的可耻行径同样说明，社会中许多人需要什么，正在不遗余力地追求什么。教育无用，真钱赶不走假币，在我看来，这都是失败主义者的胡言乱语：古希腊以来的西方观念史证明这种说法是完全错误的。

一个有才华、有热情、有爱心的中小学老师，在某个非正式场合闲谈几句，就可能对学生产生积极或消极的影响，这个道理众人皆知。发现和发明的能力，开展基础研究和创造性工作的能力，与从事教学的愿望或能力并不总是结伴而

行。但有时，这两种能力并行不悖。有时，这些中间人——他们既拥有某些知识，还能把这些知识传授给别人，例如，伏尔泰和他对牛顿那不尽完善的阐述，以及一个半世纪以后，另外一些伟大的推广者（vulgarisateurs），儒勒·凡尔纳，H. G. 威尔斯，他们的工作极富想象力——能对人类的解放产生巨大影响。人们没有任何理由不把这种阐述融入各个学科之中，它也不会使学问变得模糊不清、无足轻重、缺乏深度或威信扫地。但从事这项工作的人必须具有一定的思维水平，坚信这项工作具有重要意义；他们并不认为，这是一件令人厌恶的差事，只是他们要为生活的这个时代、这个社会履行的一种事务，是一件无关紧要的、有失体面的工作，费时费力，他们本来可以把这些时间用于自己的创造性研究。 269

我并不是说，阐述能力与创造性思维同样重要，更不是说，所有学科的内在价值或教育意义是相同的。如果说它们是相同的，那就是庸俗的教育平均主义，这种观点既歪曲了真理，又会损害教育实践。有才华的阐述者，几乎能使任何话题变得趣味盎然：但还是有思维能力的指标。我认为，一个学科的学术价值，很大程度上取决于它所含观念与事实的比例。较之“比例”，“相互作用”一词无疑更适于描述这种关系；“比例”一词却更清楚地指出，人们可能忽视思维成分的重要作用，无论是直观思维、经验思维或逻辑思维（演绎、假说—演绎、归纳等思维方式）。

有些学科没有事实因素，如逻辑或纯数学，这类专业知识必然要求学生具有很高的思维能力。不管人们认为这些学科具有哪些重要意义，谁都不会否认，只有天资聪颖的人才能成为优秀的数学家或逻辑学家。人们也许认为，精确地描述 19 世纪的某个十年中丹麦奶酪的出口量涨落变化，对经济史家很有帮助，他能据此在这个领域进行创造性研究；另一方面，这些资料也可用来证明某种能预测经济变化的新方法。较之某种精心构思的拓扑想象，研究丹麦奶酪销售量的专家的工作也许更有社会意义。尽管如此，我们对奶酪专家并不怀有崇高的敬意；我们尊重他的工作，却不尊敬他，理由只有一个：这项劳神费力但难度不大的工作，缺乏思想含量——假说、推理能力、概括能力、对构成整体的不同因素之间的关系的认识。作为应用数学的一个分支，理论化学与
270 经济史迥然不同，一如社会心理学与冶金学迥然不同；如果某人熟悉其中一个学科，是这方面的专业人才，而且了解另一个学科，因为某个好老师阐述过那个学科；如果他能比较观念与事实在这些学科相互作用的不同方式，那一定会让人兴奋不已，受益良多。这样的学生不仅会觉得，而且必定是在他那个时代的知识界怡然自得。

能够清楚地理解观念与知识的结构，二者的异同，它们在发现真理与发明创造的过程中所使用的方法，它们所坚持的真理及其有效性的标准；最重要的是，能够把握它们的基本原理——清楚地知道，在人类的建构中，哪些属于神经和

肌肉，哪些属于周围组织；某个重大发现中哪些是新颖的和革命性的，哪些是现有的知识的发展——正是这些能力提高了人类的思维水平。唯因如此，他们才能思考杂乱无章的经验所固有的，或人类赋予它的那些永恒不变或不断变化的存在方式，在哲学家看来，此乃人最崇高的品质；即使他们说得不对，就我们通常所谓高等教育而言，这当然不是一个无足轻重的目标。 271

第二版附录

民主、共产主义与个人

编者按：1949 年 6 月 28 日，伯林在曼荷莲学院联合国研究院的第二届年会上发表了题为《民主、共产主义与个人》的演讲，当时的演讲人还有埃莉诺·罗斯福、亚历山大·卡多根爵士和阿巴·埃本。[1] 他的演讲是根据下文中的讲稿进行的，这是一份兼有笔记和散文风格的讲稿。在这份讲稿中，伯林首次对价值多元主义公开表态，对于研究他的思想发展轨迹而言具有重要意义。

伯林在接受发言邀请时强调要允许他自由发挥，以保护那些与他互通消息、身在危险之中的苏联朋友们："我必须恳请你们，切勿将这份讲稿以我的名义付印公开，否则此刻在苏联的许多人都将面临危险。而且，如果我认为我的话有任何被付印公开的可能，我都将拒绝出席演讲。"[2] 然而，他
273 将这些话写在信中寄给曼荷莲学院工作人员伊丽莎白·格林后，对方"解释说，公开性对研究院的宗旨而言十分重要，

[1] 三人分别为美国、英国和以色列驻联合国代表。
[2] 给伊丽莎白·格林的信（曼荷莲学院新闻局主任、英语教授），1949 年 6 月 22 日。以赛亚·伯林于 6 月 30 日向乔治·凯南解释说："我不愿意让出版方公开我的演讲，这次演讲带着点法西斯的味道，我在演讲中谈到，任何民主和'他们'都绝无妥协的可能性，如果我公开了这次演讲，可怜的帕斯捷尔纳克就要被枪毙了。"

而且拒绝和出版社的一切合作既不礼貌又不合理。我（伯林）再三犹豫后，听从了格林小姐的建议，同意会见《纽约时报》的记者”。[1] 于是，伯林与一位记者在他的房间里进行了一番简短的谈话，这件事被登载在次日的《纽约时报》上，题为《我们应该支持研究马克思主义：曼荷莲学院联合国研究院认为俄国革命意义重大》[2]。报道如下：

> 今天，许多哈佛大学俄国研究中心的人都认为，俄国革命“可能是20世纪影响力最大的事件”。
>
> 副研究员以赛亚·伯林博士认为，它对今日观念造成的影响堪比一个世纪前的法国大革命。他在参加曼荷莲学院联合国研究院的第二届年会时发表了一篇演讲。他说，考察共产党员“对马克思主义的狂热信仰”，弄清楚他们在俄国革命时期信仰什么和“他们今天依然信仰什么”，“对俄国人和反对俄国人的人而言”都很重要。
>
> 英国驻莫斯科大使馆的前一等秘书卸任于1945年，1946年离开俄国。他认为马克思主义理论“影响深远，即便对非马克思主义者而言也是如此”。
>
> 伯林博士说，马克思理论中的夸大和扭曲成分“激发了人的想象力”，禁止对它的研究如同“给它贴上禁

[1] 给曼荷莲学院政治学副教授露丝·劳森的信，1949年6月30日。

[2] 这篇报道登载于6月29日城市版第20版，此后再未刊载，报道作者为《纽约时报》驻波士顿记者约翰·H. 芬顿。

274 果的标签”。

看到这篇报道后，伯林深感不安。他给《纽约时报》的编辑写了一封信。[1] 全文如下：

1949年6月30日
马萨诸塞州剑桥市

贵报于6月29日刊登了一篇报道，题为《我们应该支持研究马克思主义：曼荷莲学院联合国研究院认为俄国革命意义重大》。贵报记者约翰·H.芬顿清楚地向读者传达了我的主要目的是提醒我的听众研究马克思主义很重要，不要禁止这样的研究。我想指出的是，首先，我在这次谈话中有关这个话题的言论并非是我在联合国研究院做的演讲，因为我已经恳请他们不要将该演讲公开发表，我这么做是为了保护那些向我提供信息的朋友，他们中的一些人是从铁幕的另一边过来的。

贵报记者根据我的言论撰写了这篇报道，我在他的邀请下接受了他的私人采访，回答了他的一些问题，在这个过程当中说了那些话。他问我，我总体上是否支持

[1] ‘Attitude on Marxism Stated: Dr Berlin Amplifies His Remarks Made at Mount Holyoke’（《关于马克思主义的态度：伯林博士对曼荷莲演讲的补充》），*New York Times*，8 July 1949，18。

研究马克思主义。我回答说，十月革命显然是一个重要的事件，尽管在某些方面也是一次灾难；它是由一群深信马克思主义的人发动的；马克思主义和19世纪其他已经多半被废弃的理论一样，对它的继承者和反对者都产生了很大的影响，理当被仔细地研究；马克思的重要性，不仅体现在他是一位革命理论家，更体现在他是经济史之父，是他开创了一种研究社会史的新方法；我认为没有理由禁止研究他的观点，只要研究他的人本着足够批判的态度去思考马克思主义中充斥着的错误与对事实的扭曲，就不会有问题。 275

总之，我记得我曾强调，研究这一主题的人必须保持超然的姿态和分析的视角，坚决不能滑向为它摇旗呐喊的误区；假若马克思主义应当被驳斥（我认为这是可能的，也是值得的），它应该首先被理解。

贵报记者的报道以及该报道的标题明显传达了一个印象：我在联合国研究院发表的演讲主要是为了支持对马克思主义的研究。听过这场演讲的人都可以作证，事实上我强调的是一切民主信仰与马克思主义教条都是不能兼容的；而我在回答贵报记者的提问时，主要是想强调，我们有必要以一种极具批判性的方式研究至今仍被狂热的马克思主义信徒奉为圭臬的教条，这些人里既有正统的共产党人，也有被共产党驱逐出去的异端分子。我觉得贵报的那篇报道并没有正确表明我在这件事上的立场，若您能费心将这封信予以发表，我将不胜感激。

以赛亚·伯林

英国牛津大学新学院研究员，导师

一位研究伯林思想的当代历史学家曾一本正经地评价说：“在一家美国的主流报纸上表达这样的观点对于他在俄国的朋友意味着什么——对这个问题伯林是怎么想的，我们无从得知。”[1]

以下是《民主、共产主义与个人》的全文内容：

一

民主与共产主义植根于18世纪的理性主义。人们相信，一切问题，包括道德问题与政治问题，就像科学和数学问题
276 一样，通过正确使用理性和观察自然就能得到绝对确定的回答。卢梭提出了一切极权体制的基本主张，即如果有人确定能够正确回答“人应该怎样生活？”“社会应该怎样组织？”这两个问题，他就可以以理性的名义将他的答案加诸他人的身上。因为倘若这些人是理性的，他们就会率然接受；如果他们不接受，他们就是不理性的。这一观点否认了不同的生

[1] Joshua L. Cherniss, *A Mind and Its Time: The Development of Isaiah Berlin's Political Thought*（《一种思想及其时代：以赛亚·伯林政治思想的发展》，Oxford，2013），79。

活理想虽然可能互不协调，却同样有道理和有价值。

二

在 18 世纪，人们相信追求自由、平等和博爱是理性的行为。史蒂芬先生说，这三种理想虽然美好，但却互不兼容。而认为平等和自由无论多么不受限制都不会彼此妨碍，是一切无政府主义者的理论基础，自由主义不过是给这一观点打了折扣。但是我们现在知道，如果倡导自由而不加约束，就会导致不平等；如果崇尚平等而不知变通，就会损害自由。这是 19 世纪的教训，而共产主义却拒不承认这个事实。

三

有两种学说，一种将自由理想化，一种将平等理想化。自由派希望政府的权力越小越好，平等派希望政府的权力越大越好。马克思主义则既想要自由又想要平等，声称它们之所以无法兼容只是因为阶级斗争的存在。 277

四

如果接受了历史阶级理论，那么民族或者民主的观念就会随之毁灭。民主观念认为，每个人在面对个人和社会问题时都能给出答案，所有的答案都同样值得尊重；任何人，至少同一社会内的人，都可以相互沟通，因为人是因理想而行动的，并非仅仅为可能莫名的利益所驱使，且通过说服可以诱使人们改变他们眼下的目标，让他们注意到其他目标的价值。

如果阶级斗争的理论是正确的，那么就始终存在着至少两个世界，每个世界的成员原则上都不能和另一方达成一致意见，当然也不能以足够相似的方式构想这个世界，为双方创造可能或可欲的沟通交流。

如果马克思主义是正确的，那么我们的观念就受限于我们在社会和经济结构中的处境。历史就存在一种可被发现的导向和规律，只有在历史上赢得阶级斗争胜利的一方的信仰才有思考的价值，才可能在处理实际问题时发挥功效。而失败的一方将注定消亡，他们无法面对自身的宿命，并将他们那无效的观念粉饰成道德真理和政治准则。无论他们代表的是特定社会中斗争失败的阶级（例如资产阶级）还是国际斗争中失败的国家（例如民主制国家或君主制国家），失败者和他们的观念都会在不受惩罚的情况下就此被遗忘。

这给马克思主义者注入了极大的力量，使其得以无视对手的态度，因为他们已经被历史审判定罪，他们的观点对想要在历史中存活的人而言毫无用处。因此，只要是对付阻碍历史进程的敌人，无论用什么手段都无可厚非。这侵害了民
278 主的概念，民主认为，个体不能仅仅因为不属于某一阶级而丧失价值、无法救助。它实际上意味着，无论基督徒（认

为知识和价值源自不朽的灵魂)、不可知论者还是无神论者(认为知识和价值源自人类的天性),只要是民主派,就不可能接受被历史选中的人有引领和统治其他人的特权地位这种想法,也不可能接受后来的马克思主义、神权主义、技术统治主义、柏拉图主义、法西斯主义等(他们都是这一想法的各类变种)。

五

理论上,马克思主义者和民主派都不相信个人会为了国家而牺牲这种事。马克思主义的国家观念与两种观念截然相反:(1)约翰·密尔等自由派的国家观念;(2)黑格尔式和法西斯式的国家观念。马克思主义认为,国家是暴力机关,是从敌人手中夺来的手枪,在向敌人开枪之前不会被丢弃,只要敌人在任何地方出现,便无所不用其极。在这个国家中,没有人反对镇压、欺诈和暴力,不过人们享有免于这些行为的权利。但是历史并不会将这样的权利平等地赋予胜利者和失败者。

六

试比较以下两种观念:其一,在想象中的乌托邦式无阶级国家中,矛盾被自动消除,人们相互“适应”,政府不再必要;其二,自由民主派希望,人类同等正当或几乎同等正

当的不同抱负都应得到承认，所有理想都不必屈服于任何一
279 种不得批评的原则，在此基础上，互不兼容的理想间能够保持一种必定岌岌可危的平衡。

七

马克思主义和民主制有关个人概念的差异使得一个极为重要的原则凸显了出来，它对教育，当然还有私人和公共生活行为的方方面面都有着关键的影响。民主制认为，个人的道德感是评判立法正确与否和更广泛社会行为的最终和唯一权威，从这一观念可以得出一个基本概念：个人的权利不可剥夺。

无论有关这一权利的本质有着怎样的不同观点——无论你是像洛克和杰斐逊等人一样，认为它是绝对的、天生的、自然存在的、根深蒂固于人类的行动之中的，还是像一切伟大宗教所教导的那样，认为它是神赐予的，无法为人类模棱两可的判断所染指；无论你是像功利主义者一样，认为侵犯个体享有的最低自由会毁了社会的道德观和福利制，所以自由的权利有赖于社会幸福，或者是社会幸福的必要因素，还是像卢梭之后的现代民主理论家一样，认为它取决于一份白纸黑字或者约定俗成的社会契约构成的共同体所达成的自由共识——对于以上的所有观点而言，除了来源于个体共识或超自然惩罚的法律施加的制裁这种极端情况，剥夺这些权利或自由的行为都会被毫无疑问地认为是在颠覆一切社会道德

观的基础，也就是说，是在否认无论如何人生都是值得的，是在否认无论如何总有某些事情是值得去做的。

于是就有了这样一个概念：社会问题和个人问题必须用一种理想的方式解决，在这种方式下，每个人都要根据各自的悟性问自己，他应该做什么，他应该怎样生活，他应该怎 280
样对待他的同胞。即便这只是一种理想的方式，一旦发生危机，便时常难以付诸实践，但它为人们适当寻求的某种行为提供了唯一的正当性——尽管在实行这一准则时可能免不了许多虚伪，但这种虚伪也好过对它冷嘲热讽、一口回绝，因为这样可以将有关这个准则的概念保存下来。

马克思主义对此的观点则源自以下这个传统——黑格尔派认为，恰当的生活方式是由足够睿智、能够探寻历史走向的专家发现的，他们的智慧能够指引人们顺着历史的发展方向生活——它认为，有关行为的诸多问题的正确答案可以通过对社会的“科学性”研究得到发现，那些想要与众不同的人如同螳臂当车，是逆历史潮流而动，其行为与自杀无异，这说明他们是非理性的，盲目而疯狂，他们的意见不值得听取，而且肯定会碍事，如果他们坚持己见顽固不化，就应该被当作绊脚石清理掉。

此外，马克思主义的观点之所以有趣，仅仅是因为人们对它们不了解，就像病人和精神病医生的关系一样。医生知道病人不知道的事：为什么他会做出那种行为。病人既不明白自己的病情，也不配被医生当作正常人对待。个体的灵魂只有在寻找真正的道路时，它发出的声音才是有意义的。否则，如果被历史选中的是一小部分人，或者一大部分人——是多是少并无区别——假设他们知道事情在向哪个方向发展，他们就有权以历史审判的名义胁迫占少数的反对者。

这自然就以新绝对主义和科学道德观的名义给最彻底的专制主义提供了正当性。斯大林的著名论调（知识分子是“人类灵魂的工程师”[1]）被西方世界广为引用，实在危险之至。这一比喻对于灵魂而言只存在一种健康而有益的情况，
281 即当它与历史铁律下不可阻挡的社会运动和谐一致时，而知识分子的任务就是使个体的灵魂适应复杂的机械或机体（它到底叫什么并无所谓），而摆脱它自己有意识的欲望、理想和抱负。这不仅给了专家（柏拉图式或马克思主义的卫国者）不受限制的权力来统治他们的同胞，而且彻底否定了个人经验的价值高于非个人的社会需要，后者在某种程度上与个人对真善美的看法完全无关。

这个巨大的反差在教育的概念上最为明显。从很早以前，西方教育就教人为自己寻找使人困扰的问题的答案——我该成为什么，我该做什么，我该如何对待他人，在一切外物之上我该寻求什么。观念和宗教的诸学派为了倡导解答这些问题的不同方式而呕心沥血。然而，即便是现实中最暴虐的统治者至少也曾虚与委蛇地赞成，人们必须学会回答这些

[1] 参见上文第 21 页注释 1。

问题，这样他们才会想要自由地寻求合适的目标，他们赞成因为他们相信这些问题的意义，而不是因为他们受限于社会和道德而别无可信。但是对于一位共产主义的教育者而言，他的任务并不是传授知识，也不是培养批判性思维的能力，他的主要任务是做斯大林的工程师——将个人改造成只会问有现成答案的问题，长大之后会自动适应社会而很少引起摩擦的人。

历史决定了不想被毁灭的社会必须有怎样的面貌。而只有那些不会走向自我毁灭的社会才是幸福的社会。因此，打造幸福社会的秘方只有一种，“社会工程师”用它来制造那些人形艺术品，或者说“进步的”社会机械或机体必须具备的肢体器官。而好奇心，独立个体的求索精神，创造或沉思美好事物、发现真理、追求目标的渴望，因为它们自身的原 282
因，因为它们的本质，因为它们能满足我们天性中深层次的渴望而遭到谴责，因为它们可能加大人与人之间的差异，因为它们可能有碍于一个大一统社会的和谐发展。

今天，这一观点已跨过俄国的国界广为流传。对于社会健康的追求使人们忘却了活着的目标，正是这目标才让这种健康或改造值得拥有。如果你像俄国共产党一样轻视人类天性，那么社会就是一个矫正机构，是少管所加上多西伯义斯学堂[1]，管理它的人则是典狱长和斯奎尔斯博士的合体。如

[1] 英国作家查尔斯·狄更斯的小说《尼古拉斯·尼克尔贝》中的一座学堂，以虐待、剥削和坑害学生而著称，下文中的斯奎尔斯博士是该学堂的校长。——译注

果你对人类天性的看法比这要仁慈一些，那么社会则是一家大型医院，所有人都是医院里的病友，每个人都身患某种怪病或不适，程度或轻或重，而教育的任务就是治好这些病，或者至少让病变得可以忍受。

第二种观点看似符合人道主义，其实掩盖了对人类天性的蔑视。它暗中预设所有人都有着某种程度的缺陷，要么腿瘸，要么残疾，要么失明，他们应该在一生中相互搀扶着度过艰难之路上的种种坎坷，对于这条路，他们即便不情愿也必须通过。它不无讽刺地描绘了社会服务的合适理想，这一理想不再是一种必要的助力，以最小限度的控制手段，帮助个体在不相互妨碍的基础上自由地追求他们思想和内心的深切渴望，而是变成一种奴役手段，逐渐扼杀无私而富有创造性的冲动，虽然出于好心，却并不一定能改善他人的生活。

只有在现在这个时代才有这种看似矛盾的事：人们深切关注着他们的行为对社会造成的直接影响，却从未创造出伟大的艺术或科学作品，也从未在人类的能力方面取得任何永久性的成就。但这在很大程度上却是事实。这个关键性的事
283 实决定着人类文明的历史，而今天这代人竟似乎对它感到惊讶不已，这恰恰表现出这一社会理想的腐蚀性，而共产主义只是该理想最具一致性和极端性的表现。

伍德罗·威尔逊论教育

编者按：1960年，伍德罗·威尔逊基金会出版了《国家服务中的教育：当代美国教育论文集》（纽约：普雷格出版社）。基金会主席奥古斯特·赫克舍在引言中解释说："这本书中的文章是应伍德罗·威尔逊基金会的要求撰写的，是在当今时代下威尔逊派观念和理想持续性研究项目的一部分……威尔逊之后的人们将其……视为一位教育家和改革家，认为他富有启迪性地预见了新的世界秩序。"该书邀请了数位杰出学者撰写评注，其中包括雅克·巴尔赞、以赛亚·伯林、麦乔治·邦迪和阿奇博尔德·麦克利什。

以赛亚·伯林的文章之所以未能编入书中，可能只是因为递交得太晚。1959年8月16日，他写信给基金会的彭德尔顿·赫林，信中说："文章交得太迟，我非常过意不去，感到万分抱歉。"但是他接着说："我不确定我的作品对于'国家服务中的教育'而言是否足够简短、清晰、切题。"这似乎只是伯林倾向于看轻自身作品的典型表现，但也有可能他的作品在某个方面并不符合基金会的目的。

总之，后来我读了伯林的这篇文章，当时就觉得它应该

284 被发表出来，尽管今天距文章写成之日已有大半个世纪。[1] 以下即是他的这篇文章。

1909 年 7 月 1 日，伍德罗·威尔逊总统在位于坎布里奇的美国大学优等生协会分会发表演讲，他告诉观众，在他看来，美国的大学应该是什么样的。他讲到了部分美国大学教师存在的学术专业化的危险，他认为，这种大学教育理想太过狭隘，将教师变成了兜售专业知识的商人，和学生隔绝开来，再也不关心他们的生活和性格，只会在课堂上和他们见面——威尔逊认为，这是他们在德国大学培训时接受的那一套，是德国人对待师生关系的态度。他认为，这样做是远远不够的：

> 在美国，我们都熟悉、奉行和热爱一个理念：大学的目的不是学术。……而是知识和精神生活。大学的生活和训练应当是一个准备的过程而非填鸭的过程。我所说的知识和精神生活指的是能够让人的思想理解和合理利用现代世界以及其中各种机会的生活。自由训练的目的不是学习，而是训练和启蒙人的思想。一个受教育的人终将会因为他的观点、他的思想特征、他对待生

[1] 这篇文章首次出现于 *Oxford Magazine*（《牛津杂志》），no. 225，Noughth Week，Trinity Term，2004，3—8，后重新发表于 *Research in Comparative and International Education*（《比较和国际教育研究》）7 no. 3 (2012)，74—81。

活的态度和他的思维方式而被他人发现。他有观察和分辨事物的能力，有组合观念、察觉这些观念指向何方的能力，有洞察和理解事物的能力。他的思想是一台精于鉴赏的仪器。在讨论中，他善于贡献灵光而非煽风点火……他胸怀有关这个世界的知识，而不像那些只 285
熟悉同辈之人或者手边之事，却对这个世界毫无了解的人。[1]

美国大学的目的不是学术，而是教育：这种教育是在最高意义上、最悉心讲究地向年轻人传授

区分良善理性与恶劣理性的能力，教会他们吸收和理解证据，使他们养成广开视听的习惯与不偏不倚的倾向，令他们仰赖清晰而符合逻辑的思维过程，又不失与生俱来的阐释事物的渴望，而不是拘泥于字词层面的推理论证，促使他们形成对知识的品位，以及对人类心灵正直诚实的深切敬意。[2]

[1] The Spirit of Learning'（《学习的精神》），in Woodrow Wilson，*College and State: Educational, Literary and Political Papers*（《大学与国家：教育、文学和政治论文集》，1875—1913），ed. Ray Stannard Baker and William E. Dodd (New York and London，1925)，ii 109—110。
[2] Ibid. 110.

大学教师必须要管教他们的学生，这种管教不仅限于三到四年的大学生活期间，而是贯穿学生的人生：

> 不是通过教师的所知和所授来管教，而是通过他们阐述的事物的精神来管教。这种精神是他们无法以学校传授的正规方式传达的，而只能以耳濡目染的方式传达，借由他们的理想通过某种方式来影响大学这个地方的整体精神。……大学教师的声音若不能穿过教室的门墙，便不能得到存留，便是毫无影响、徒劳无益的。[1]

除非“教师走出教室，走进生活”[2]（即整个机构的生活），否则他们便无法改变现状。“本科生间的同学情谊永远也培育不出学习精神。……只要教导和生活没有融入我们的大学校园……大学就是全无功用的。”[3]“因此，如果你希望创办一所
286 大学，如果你头脑睿智，你就会寻求开创一种生活。”[4]

我对美国学术生活问题的重点了解不多，不足以贸然评价威尔逊的观点是否中肯；如果让我发表意见，我也只能主

[1] The Spirit of Learning'（《学习的精神》），in Woodrow Wilson，*College and State: Educational, Literary and Political Papers*（《大学与国家：教育、文学和政治论文集》，1875—1913），ed. Ray Stannard Baker and William E. Dodd (New York and London，1925)，i 112.
[2] Ibid. 113.
[3] Ibid.
[4] Ibid. 114.

观猜测。但是，有关美国大学是否应当受此苛责，威尔逊已经表达得十分清楚了，且满怀恢弘有力的热情。纯粹的学术生活是不够的；仅仅将生活奉献给学识是不会产生批判性的智识和文明的心灵的，而这两者正是威尔逊希望所有人，尤其是美国人都具备的。大学教师必须有意识地、有考量地和他们的学生组成一个单一的共同体一起生活，以这种方式开创一种生活，这样才能有意或无意地影响那些走进大学的人，推动他们的内心去热爱真理和美德，提升获得真理与美德的能力。这个观点和来自德国的观念针锋相对，后者认为，大学的主要责任和目标是发现和传播知识。

相比于别人，我更相信这个问题对于1909年美国学术生活而言是至关重要的，因为在那时的二十年后，我正在英国的牛津大学读本科，当时这个问题变得比过去更尖锐了。因此，我想从我所熟悉的相关角度（也就是英国的大学生活，倘若说得更狭隘一点的话，就是牛津和剑桥的大学生活）来思考这个话题，在我看来，这种大学生活同时具备（虽不是完全具备）那两种相反观点的特点。就目前而言，我这么说太过宽泛，而且也没什么资格。但是，我觉得这种说法有它足够的道理，在某种程度上可以作为讨论这个话题的一个基础。 287

在我讲述在现代的牛津和剑桥发生的事之前，我觉得有必要说一句：在我看来，威尔逊对德国大学的看法和历史有些出入。诚然，在接近19世纪末的时期，德国大学代表着琐碎陈腐式的学习，专注于抽象知识，以及令务实的人觉得滑稽无用的学术品质。但是，且不论人们对这些学术品质的评价如何，不论它们是否真的荒唐琐碎，整个19世纪间，德国的教授们在这个国家的政治和道德领域造成的非凡影响，也许远超于其他任何职业群体，这些影响有好有坏，而像威尔逊这样痴迷与熟谙教育史的人居然对此忘得一干二净，实在是一件怪事。

洪堡建立柏林大学[1]不仅是为了促进知识的增长，而且还有着更为宽广的目光。柏林大学邀请费希特担任哲学教授，不仅是为了投身于知识的偏僻小径；普鲁士政府于1830年邀请谢林继黑格尔之后担任大学校长，也不仅是为了给这个当时在全德国最富哲思的人找个活干：政府当局是想让他们的学生持有某些特定的观点，过上一种特定的生活，而且在某种程度上来说他们确实成功了。兰克、蒙森、德罗伊森、维拉莫维茨毫无疑问首先是在世界学术界名声首屈一指的学者；如果他们的名气没有那么大，就不会造成广泛的影响：正因他们声名显赫，他们才直接或间接地借由他们的讲座、他们对学生的教导、他们所代表的东西，以及被从未见过他们或者对他们的研究毫无兴趣的人视为象征的东

[1] 指柏林洪堡大学的前身，在威廉·冯·洪堡倡议下于1809年建立。起初名为弗里德里希威廉大学，世人称其为柏林大学。第二次世界大战结束后，该校因德国东西分治面临分裂，一部分教职员工与学生迁入西柏林成立了柏林自由大学，留在东柏林的员工则将学校更名为柏林洪堡大学。——译注

西，影响了一代又一代德国人的人生和观念。 288

还有一些人在这方面做得更为刻意和直接，比如特赖奇克和西贝尔等博学的宣传者，梅尼克、马克斯·韦伯、贡多尔夫、E. R. 柯歇斯等有人文主义情怀的、传授广博文化的伟大教师，还有那些仍然在世、可能将自己（以及肯定被他人）视作圣贤的人们，从社会、政治或者道德的角度告诉世人普遍的人生应当如何度过。但是，这些在学术上拥有一席之地的“人生哲学家”其实是德国人的发明——可能是新教主义或者 19 世纪宗教价值和功能世俗化的产物。即便如此，尽管它蕴含危险，它也是德国人对于世界的一大贡献。因此，用它的对立面来非难德国人似乎并不十分合适，但它只是历史的一个小插曲，无法否定威尔逊终生坚定捍卫的观点是至关重要的。

让我们来聊聊英国在这方面的经验。无论是讲政治的教授也好，作为道德家的教授也好，还是怀着国家良心而发声的、卡莱尔所称赞的“英雄教授”也好，都不是典型的英国人的形象（这会让卡莱尔愤慨不已）。教授们对用一个模子造出来的本科生并不心怀顾虑——牛津和剑桥这两所古老大学的学院制都发端于同一源头，也就是修行式的理想，它确实有自己的功效，但这是身教与人际关系影响的结果，是潜移默化的，而非言传之功。不过，以塑造“完满人类”作为大学教育正当目的的理想，以及追求纯粹的学问，这二者的针锋相对也已成为英国大学的一大论题。

与这类论战联系最为自然的人当然是著名的贝利奥尔学院院长本杰明·乔伊特。在批评他的人里，有一位尤其尖酸刻薄的学者，他就是林肯学院院长马克·帕蒂森，他对于学问是真正地满怀热忱，是一位纯粹的学者，这样的人当然会把乔伊特视为学问的叛徒，认为他在深不可见的心底将世俗
289 的成功置于发现真理之上，将自己的责任定位为帮助人们在社会上出人头地——成为政治家、执政者、法官，成为举足轻重、呼风唤雨的人，使他们具备强大且训练有素的头脑、慷慨而控制得当的情感，能够使自己的人格在同代人中留下深刻印记，帮助英国屹立于世界之巅。帕蒂森认为，乔伊特的动机俗不可耐，他会腐蚀受到他影响的人，威胁他自认为神圣的一切事物——精密的知识，不受污染、尖锐批判的聪敏，刚正不阿的超然，观念的力量，道德和精神的独立，天赋的才华，对目标本身的追求。

帕蒂森可能过于轻视乔伊特了；但即便是他最热情的拥趸，或许尤其是这方面的拥趸，也不会愿意否认乔伊特曾在牛津实行了多方面的教育改革：他大刀阔斧地革新了导师制，先是在他自己的学院，随后又借助示范的威力将之推广到牛津的其他学院；他坚定不移地要求自己学院的学生应该在考试（他还对这些考试做了改革）中出类拔萃，并为之深感自豪；他引导着本科生中最有能力的年轻人投身公共生活，他重视天生的优势、个人的特性和最可能令人在世上取得成功的品质——竞赛中的英勇、公正的判断、广

泛的兴趣，还有后来人们所说的“领导力”；他在评价贝利奥尔学院最杰出的导师（例如哲学家 T. H. 格林）的教学活动时，除了看重他们发现新真理（或者推翻旧真理）的能力外，更为看重他们对学院本科生的思维可能造成的影响——这种影响在多大程度上能够或不能使学生在英国维多利亚时代急剧扩张的社会秩序中成为领头的，抑或在某方面有用的一员。

如果没有这个铁腕角色（或者其他怀着与乔伊特相似的观点，抑或因为受被乔伊特的一番作为开创的风气所影响而与他站在同一战线的同代侪辈与后继之人）的影响，很难说 290
会发生什么。看似确定的是，牛津的教育已经变成培育本科生的无上法宝，但这往往是以摧毁他们的老师心无旁骛追求真理的能力为代价的。我这么说可能不够谦虚，但在 1914 年第一次世界大战爆发前后，一所牛津大学的学院就是一个杰出的教育机构。学院的导师，也就是那些在自己的房间一对一直接教导年轻男士（后来还包括年轻女士）的人，那些经常和学生轮流请客吃饭的人，他们在所有能算作他们学生的人眼中的重要程度，远甚于人数相对稀少、务于追求知识和在讲坛上传播知识的教授们。我不是想说教授群体是一个处在大学社交生活和思想生活之外的阶层；我也不是想说在学院的导师之中没有或者少有既具有高超的学术能力和心怀对学问的纯粹热爱，同时还能推动和传授自身知识的人。在人文学科，在“纯粹知识”的领域，尤其是在古典学、历史学和哲学领域，牛津的一些最具原创性的成果正是出自学院的导师之手，而且一些教授也是从他们的课堂走出来的。但是，乔伊特及其同道与阿诺德博士的精神完全相左，将大学教师看作纯粹化的教员，认为他们的主要任务就是教书育人而非拓宽真理的边界，这给牛津教师增添了负担，使他们中的许多人（尤其是那些受到教书育人的良心驱使乃至过于受其驱使的教师）没有足够的时间与精力去做多少原创性的工作。

当然，乔伊特并不是他的对手所说的那种市侩小人。他和他一手打造的贝利奥特学院都没有忘记，即使是最为投入的教师也不能一直靠别人积累的资本生活；也没有忘记必须要有人去做发现工作，进入原始资料中，将自己奉献给“纯
291 粹而无用”的学问，因为他们总得有什么东西教给学生才行。不过，这只是一个强调问题。奖学金被设计得能够吸引最有能力的人——那些最有可能在自己学术生涯中获得成功的人；那些在众多考试中脱颖而出、锐意进取的人，这些考试尽管不能像法国等国家那样直接为他们提供公共职位，但却显然可以极大地影响晋升的机会；那些较为知名的牛津教师如今凭借他们新的公共职位，凭借他们更为杰出的前学生的职位，凭借他们自己满怀热忱、热心公益（偶尔也野心勃勃、谄媚势利）的抱负而获得的人际关系——所有这些都将牛津和广阔的世界连在一起，使得前者成为通往后者的厅堂；或许牛津并非与整个世界相连，并非与世界

的所有部分相连，但这已足够将它和其他学术机构区别开来，比如欧洲大陆的大学、英国大城市新兴的现代大学，还有它的姐妹大学，或许也是和它差异性更大的大学——剑桥大学。

容我再说一遍，我希望你们不会误解我的意思：牛津的教师在教育他们的学生时，不会刻意着眼于那些对他们此后生活有用的东西，不会有意识地训练他们取得世俗成就的能力。他们所教的学术科目都是尽可能由他们自己选择的。在 20 世纪，也许从没有哪个哲学、古典学、古代历史学的教师队伍像牛津的教师队伍一般才华横溢。我也绝不是想暗示牛津只是在以前是这个样子的。但是，相比于许多通识教育水平远不及牛津的大学而言，牛津对于研究生学习的概念（为自身计的知识和探寻）正是这么地陌生。如今事情已经不一样了；但产生今日的局面却是以第二次世界大战和英国社会状况的大变革为代价的，有人对此举手欢迎，有人为之掩面叹息。

我仍得说，我认为这一进步应归功于乔伊特的观点也许
并不科学，过于个人主义，对社会生活的解读存有英雄主义 292
色彩。也许还有更加非个人的因素在起作用，而乔伊特对于国家和社会的责任感，如同他作为一名维多利亚时代的杰出公民对柏拉图完全真诚的描绘一样——这一描绘铸就了许多殖民地总督和公共官员有关责任的概念基础，他们肩负着柏拉图式卫国者的责任，负责寻找在理性和对善的想象方面较

为贫乏的造物的善——产生于一种生活愿景，这一愿景源自比任何个人或个人群体更为强大的经济或社会因素。但是事情是否如此，仍旧众说纷纭，我仍然清楚地记得20世纪20年代后期在牛津一些更为伟大的学院上演的激烈争辩，争论的是在任命董事会成员时是应当看重广义上的教学能力——启发学生、陶冶学生、创造一种道德风气、为当时某些人口中的牛津这个希腊城邦做贡献的能力——还是恰恰相反，应当偏向智识能力、产出原创成果的能力、在学术领域本身的顶尖地位。

这场论战我记得非常清楚：那些信奉教学第一的人认为纯粹的研究者远离且漠视他们学生的私人生活，也不够在乎次等生和末等生能否理解他们，而这些学生有时在道德和社交方面比聪明的学生（“学院的好学生”）还要有价值，只要恰当地对待他们，他们就可能变成有用的人，有时还会成为优秀而实用的人——因此这些研究者不太可能在社会面貌、传统和荣誉方面为他们的学院做出什么贡献（牛津大学的学校层面一直都如同一个弱小的中央政府，假如当年美国内战南方打败了北方，今天他们的政府可能就会是这个样子）。而支持学术研究的一派主张，除非高级教师们首先选
293 择且倾尽全力致力于对真理的不懈追求，并具备独特的学术资质，否则标准就会降低，高级教师就会被降格至教员的水平，教学科目甚至在最有纪律的学生心目中也将失去自身的地位。

他们有两点相互关联的主张：第一，学术机构的任务就是发现和传播真理，当亚里士多德和中世纪的人将沉思的生活置于行动的生活之上时，他们做得很对，但即使在他们不这么做的时候，这件事也单独成了大学的目标；第二，成功在于身教而非言传。一名学者无论有多么离经叛道、冷漠孤僻、孤芳自赏，只要他有着出色的头脑，过着全心全意追求学术理想的生活，即便本科生可能理解不了他的研究的本质，他们也会本能地尊敬和崇拜这样一个人，他们超越了那些在某些方面显然更具人性、更易接近，却同样显然在学术上逊其一筹的人们；这样的人存在于学院的导师之中，本身就会使学生发自内心地尊崇公正无私的价值，尊崇学术追求，尊崇理想目标；除此之外，再没有什么可能实现这一点了，或者说肯定没有。

> 年轻人对于比他们大的人可以怀有极大的热情，只要前者通过人性的、自然的方式去了解后者，只要后者的品格经得起自由交流的考验，只要后者性格与目标中的能量和美好能够在个人交往中为前者所欣赏；而这种热情往往是对他们人生的影响中最为强烈而持久的。你不会因为在课堂上为你的学生做了什么与个人无关的事而赢得他们的感情。你也许能获得他的崇敬和隐约的感谢，但只有当你亲密友好地为他提供帮助，只将某些事物展示或给予他个人时，他才会将自己与你紧密

294 相连。[1]

牛津大学这些捍卫学术研究的人曾相信（现在依然相信），威尔逊这里提到的“性格与目标”中的“能量和美好”也将普照大学的教室，不仅仅是“当你亲密友好地为他提供帮助”时才有；也许它的光芒比威尔逊所说的还要更加明亮，更加难忘。他们不想否认“一所学院不仅是一个研究机构，也是一种人际关系模式”[2]，但是他们觉得后一要素的重要性无法与前一要素相提并论。

不过，在我看来，威尔逊真正支持的是第一群人，那些认为教学重于研究的人。“我们被置于这个世界上，不是为了呆坐在那里获取知识；我们被置于此处是为了行动。”[3] 这句话出自 1902 年 11 月 1 日威尔逊就任普林斯顿大学校长时的就职演讲，它有可能会引起乔伊特或者他的任何追随者与学生的共鸣。

> 一所大学的主要荣誉在于它的国家在以下事务中处于领先地位，这些事务与国家自身能够建立的最高宏愿

[1] The Spirit of Learning’（《学习的精神》），in Woodrow Wilson，*College and State: Educational, Literary and Political Papers*（《大学与国家：教育、文学和政治论文集》，1875—1913），ed. Ray Stannard Baker and William E. Dodd (New York and London，1925)，i 116.
[2] Ibid. 118.
[3] “Princeton for the Nation’s Service”（《普林斯顿为国服务》），ibid. i 459。

> 相系一处，与能够将国家提升至永恒不变、代代相传的风气的理想紧密相连。我不明白怎么会有人不能理解学问与教育在像我们这样的国家里就是一种治国之术。它是一种普遍的工作，使一个伟大的国家利用它自己的能量，发挥它最好的优势，一代又一代地提升自己，一往无前。[1]

这段话来源于1906年5月威尔逊在俄亥俄州克利夫兰的普林斯顿俱乐部西方协会做的演讲，他的观点可能得到大学和学校里任何一位教师的赞同，也同样可能被公职人员、政治家、法官、殖民地总督所赞同［所有这些人中，
塞西尔·罗兹只是其中之一，而且相比于如阿斯奎斯、格 295
雷和米尔纳来说（他们都没有在乔伊特的贝利奥特学院待过），他或许并不是最有特点的那个］，还可能被今天的许多高级官员赞同——简而言之，无论一个人是否自觉，只要他是牛津塑造的，只要他出自这所由一群甚至可能不知道受什么力量驱使，也不知道他们在做什么、为什么这么做的人奠基于19世纪70年代和80年代的学府，他就会同意威尔逊的言论，他就会非常理解威尔逊，而我觉得，威尔逊也敏锐而惺惺相惜地察觉到了这类人的存在和他们的理想。

[1] “The Preceptorial System”（《教师系统》），ibid. 493—494。

他们信仰和捍卫着这种文明，有时甚至为此牺牲生命，它经受住了与西方历史中其他时刻和态度的比较，而这一历史至今仍使人们深感自豪。当然，人们更偏向于将教育机构当作教授的办公场所，他来这里执行任务并收取不高不低的薪水，在这里长时间地伏案工作，从这里走出去只是为了上课或者吃饭，一旦到了傍晚或者其他准点下班的时间，他就像一位诚实而受约束的官员一样，离开这里并将它抛诸脑后。但是，这不是学术生活现有和可能的全貌。没有人可以轻蔑地指责威尔逊（如同乔伊特被指责的那样，无论这指责公平与否）堕于俗气。他为了一个政治理想而奉献了自己的生命，坚决拒绝妥协的可能，这种可能或许会被“健全的”人和那些受到乔伊特也许会称作“可疑的形而上学”（说它“可疑”是因为它不可能产生理性实际的结果）影响的人所主张。然而（这么说并不是在批评他，只是在陈述一个重要的事实）他的理想是道德的和政治的，且与另一个道德的和知识的理想互不兼容，而与他相对的一派（那些他认为是支持枯燥无味的德国学术训练的人，也许这种看法并不公平）
296 则极力捍卫着后一种理想。

我有理由说，剑桥大学没有跟随牛津的脚步（我必须再次表示抱歉，我对这两所大学的历史了解得并不多，而除了历史我对它们更是知之甚少），相对而言没有受到乔伊特大改革的影响。剑桥的导师体系从未像牛津的那样繁荣昌盛。教师的首要责任是讲座授课而不是私下教导学生；因此，更多时间被留给了学者自己的工作。我不想比较牛津和剑桥这两所大学的学术成果。做这种比较没有任何好处：比较的标准太多太复杂，也不存在可信的评分方法。但是有一点值得注意，也许尤其是在20世纪的前15年（也就是在第一次世界大战之前），牛津和剑桥那些可能被称作精英的人们心怀的理想并不相同，其差异性耐人寻味。在牛津，受人追捧的是公众人物——以阿斯奎斯、格雷和米尔纳为首的贝利奥特自由派政治家精英们；F. E. 史密斯、西蒙等大律师们；希莱尔·贝洛克、H. A. L. 费舍尔、吉尔伯特·穆雷等杰出演说家和作家们，此外还有很多人，有的成功成为全灵学院的一员，有的则失败了，在那些年里，全灵学院囊括了这一精神的精髓，它首先指向公共服务，或者在某种程度上指向公共生活领域的成就。

在同一时期的剑桥，那些引领风潮、名重一时的顶尖本科生则都是乖张出世的人物洛斯·迪金森的朋友。迪金森是一位对公共生活决然没有兴趣的人（没错，他是国际联盟这一概念的提出者之一），他也不把学术看作首要之事，正相反，他以耕耘私人生活、个人关系、友情的艺术为第一；但是，对于“我们被置于这个世界上，不是为了呆坐在那里获取知识；我们被置于此处是为了行动”这个观念，他心中却充满了怀疑。他的朋友们，包括梅纳德·凯恩斯、利顿·斯 297
特雷奇、伦纳德·伍尔夫（以及被他好心收留的妻子弗吉尼亚·伍尔夫）、德斯蒙德·麦卡锡、E. M. 福斯特、罗杰·弗莱，后来构成了第一个德英知识阶层——也就是一些人所说的“布鲁姆斯伯里”。这些人的理想，与愿做有用之人、不做无名之辈的期望背道而驰，而这种期望正是当时牛津的特色。

这些人在哲学、经济学、文学和批评界的成就举世瞩目。但是影响他们那一代人乃至英国一大片敏锐的意见群体的，也许是他们的生活理想，而不是他们的“专业”成就。他们竭力地回避他们维多利亚时代的父辈和年长于他们的爱德华时代的同辈身上的虚伪和对成功的崇拜。他们相信真理的无上价值、对美的事物的沉思和个人关系。他们支持私人生活，反对公共生活，怀疑成功，厌恶以“成就”论人，认为这代表着某种对私人生活价值的背离，某种静悄悄的“背叛”。当凯恩斯成为布鲁姆斯伯里的一员时，他邀请了他的朋友前来“嘲笑自己”，以此摆脱这一荒唐事件的诅咒。荣誉、财富、名望、公共形象在这里都大打折扣。

也许他们做得太过了。经营一群同好之间、一群相互依恋和亲密的人之间的个人感情，相信只有在这个圈子或者这个派别里才能得到道德上的安慰或者精神上的救赎；对失败本身给予尊敬，不信任一切政府、公共行为、大型团体、重要人物、公共地位、守旧心理、对传统生活模式的信仰、民族或宗教的荣誉感或团结感——这种以湍溪之水逆主流而动的行为虽然勇敢艰辛，却可能导致一种不自然、一种自命不凡、一种自觉的自以为是，并对大部分现实怀着古板而自我

中心的轻蔑，从而显得既荒唐又可恶。然而，正直、独立、 298
学术诚信的美德，以及对约翰·斯图尔特·密尔深为在意的不受限制的人格的保护，未被公共权威和舆论的专制扭曲和欺侮的完整天性——所有这些都在一种个人品德完全不受约束的风气中得到完美的保存。在这种风气下，各种个人品德都可以繁荣地绽放；在这种风气下，只要“呆坐在那里获取知识”就足够了；在这种风气下，一个国家的公民不会时时刻刻都意识到，这是一个伟大的国家，他们是这个伟大国家的公民，他们有义务使它变得更加伟大，因此在这个意义上一切教育就都是“一种治国之术”。

这两种潮流——牛津的“现实主义”和剑桥的“理想主义”，前者形成于第一次世界大战之后，后者则在凯恩斯晚年的一本著作里遭到他本人的猛烈抨击，笔触饱含魄力，充满对旧时代的缅怀——是英国学院体系最成熟的果实：牛津的学院重视教学多于研究，剑桥的学院则赋予教师和教学内容以更大的自由。倘若一个教育系统的优势略显逊色，那么也许这两种体系就都不可能存在——在学生人数过于庞大的大学里，这种牛津与剑桥能够负担得起的私人教学方式根本无法想象——这两种体系虽相互对立，却各自奉行着一种既非显而易见亦非琐碎无谓的真理。

第一种真理认为，人既不是一座岛屿，也不是一片数不清的群岛，个人关系远比系统、技术、计划更为重要，充满仁爱的社会取决于这些个人关系，对它们非但不可任其自然，而且它们可以被引导着向善或向恶，而大学对于居于其中的人们有着决定性的影响，无论是通过有序组织还是放任自流，大学都在决定一个共同体的生活的道德和社会品质方面扮演着关键角色。

299 第二种真理证明，一个社会只有包含了足够多具备内心自由的人才值得存续。这种人做他们意愿且适宜做的事情，按照他们意愿且适宜的生活而生活，因为对他们而言，他们的目标是值得追求的，他们不受公共舆论的压制，不因取悦他人的焦虑，不为成功本身的雄心而偏离自己的道路，他们从不烦扰于自问自己的理想——对知识的求索，对个人关系的经营，对一门艺术或手艺、任意类型的安静生活（或热闹生活）的追逐——是否会冲撞他人，不关心这些理想的价值是否受他人的暗地操控。

这两种理想的完满形式也许并不彼此兼容。任意一方的毁灭都势必导致人类在这个世界上长期以来赖以生存和交流的一种最本真而广泛的价值毁于一旦。威尔逊以他独特的率直、真诚和毫不迷茫的道德感支持了这些观念，且他的支持远胜于自文艺复兴起至 19 世纪末那些构建起这些观念，直至令它们在英国枝繁叶茂的人们。他和所有信念深邃而坚定的人一样，不苦于自身视野之外的那些价值思想的质疑。

从那以后，世事变迁巨大，他和他的对手各自深信的观念逐渐失去了根基。今天，摆在我们眼前的问题已大不相同：大规模教育的问题。威尔逊也好，那些受威尔逊质疑、信奉沉思式的生活和纯粹学术的人们也好，他们留下的言论都已无法回答今天的英国和美国面对的这个问题。然而，新的社会和经济秩序正在飞速逼近我们，它使得对 hortus inclusus[1]（无论是那种私人的、学院式的大学，还是那种教授登台授课、远离学生的大学）的保护越来越像是在构建理
想国度；除非这种秩序得以和那些人类文明存续（至少是西 300
式文明的存续）可能基于的特定学术价值和谐共存（就像天主教会在中世纪完成的伟业一样），否则威尔逊的话很快就会变得毫无意义。无疑，要想阻止这种事发生，只能通过有意识的行为，既保护超然物外的学习的可能性，也保护师生间的个人关系，顶住所有压力，尤其是那些出于善意、别无用心之人的压力。

从这个意义上讲，我们来到大学里确实不是为了“呆坐在那里获取知识；我们被置于此处是为了行动”。到了今天，昨日那些唇枪舌剑的不同阵营已经握手言和，共同面对技术专业化引发的危机，虽然 18 世纪的哲学家对于技术专业化不乏乐观的言论，但它似乎和道德和知识上的野蛮特别契合。牛津和剑桥，乔伊特和帕蒂森，威尔逊和德式教授，教学者和研究者——他们所有人都站在同一条战线上。如果威尔逊一直活到今天，他将不可能听到任何质疑自己的声音。

[1]“封闭的花园。”——编注

论民族主义

伯林论民族主义的两篇文章分别首次发表于1972年和
1978年。[1] 那两篇文章都非常有名，曾受到大量讨论。但不
301 太有人知道的是，在那两篇文章之前，伯林还写过下面这篇
较短的文章，于1964年发表于伊顿学院的杂志《远见》的
一期特刊上，以帮助赈济饥荒。

过去的一个世纪里，讨论民族主义的作品非常多，但可能还不够多：因为在这段时期中，民族主义不仅是对西方公共生活影响力最大的因素之一，而且在我看来，它就是对西方公共生活影响力最大的因素；而到了今天，它更成为对全世界影响力最大的因素。人们对这一现象有很多解释：有人

[1] 'The Bent Twig: A Note on Nationalism'（《压弯的树枝：论民族主义的兴起》），*Foreign Affairs*（《外交》）51 (1972)，11—30；repr. in *The Crooked Timber of Humanity: Chapters in the History of Ideas*（《扭曲的人性之材》），ed. Henry Hardy (London，1990)。'El nacionalismo: descuido del pasadoy poder actual'，Diálogos 14 no. 6 (November/December 1978)，10—17；original English verison, 'Nationalism: Past Neglect and Present Power'（《民族主义：过去对它的忽视以及它现在的力量》），published in *Partisan Review*（《党派评论》）46 (1979)，337—358；repr. in Berlin's *Against the Current: Essays in the History of Ideas*（《反潮流：观念史论文集》），ed. Henry Hardy (London，1979)，and in his *The Proper Study of Mankind: An Anthology of Essays*（《对人类的恰当研究》），ed. Henry Hardy and Roger Hausheer (London，1997)。

认为，它是民族国家的意识形态表现，而随着两次世界大战和大型商业体系及其国际分支的大面积扩张对民族壁垒的削弱效果达到顶峰，它终将和民族国家一起衰落；有人认为，民族主义是一种世俗信仰，用以填补宗教衰落产生的真空；还有人认为，它是阶级战争的副产品——一种故意喂给无产阶级，甚至是由无产阶级制造的精神鸦片，意图令他们服从和保卫他们的资产阶级主子，等等。然而，人类社会和政治结构的巨大变化事实上并没有导致民族主义消亡，甚至都没有让它的力量有所减弱。要说有什么影响，反倒是它推动了战争和革命，到今天变得比以往更加强大和危险。的确，有一种说法就认为，如果人类有一天把自己灭绝了，那将是因为一场由民族主义而非社会性因素引发的暴力事件。

这里有一个特别矛盾的地方。我们今天生活的这个世界比人类历史上的任何社会都要更加团结。通信大爆炸使得一切发明、发现和重要事件（哪怕是一则昙花一现的新闻）能够立即传遍世界上的每一个国家。这种事在 19 世纪以前是闻所未闻的。毁灭性武器前所未有的大发展已是老生常谈（这令人悲哀）——我们生活在不同恐怖间的平衡之下——
这造成了人类之间阴森的相互依存关系，一种团结关系。现 302
代历史上的每一次军事动荡都意在推倒藩篱；法国大革命和拿破仑推翻了王朝国家，这一进程最终由第一次世界大战完成；第二次世界大战为殖民主义和欧洲各国过于封闭的边界敲响了丧钟。尽管代价惨重，但希特勒的突然出现和统治欧洲的企图扫清了旧日的壁垒，这是让欧洲可能走向经济团结和不久之后或许会有的政治团结的一个强有力因素——不仅可能，而且十之八九。

我们经常说，我们生活在一个在不同意识形态激烈交锋下四分五裂的世界，这些意识形态无论是什么，其影响都是世界范围的，不受国家边界的约束。但是在现代，没有哪种运动曾不借助民族主义的力量获得过成功；所有反对民族主义的运动，若非一败涂地，也因为民族主义的抵制而被大幅削弱。[1]

作为现代历史开端的法国大革命活跃着普世的理想。它赞颂自由、平等和博爱，这种博爱不仅是爱法国人，爱欧洲人，爱基督徒和那些生着白皮肤的人。但众所周知，大革命却以一国之力入侵诸国而告终；以三色旗作为法国国旗而告终；以拿破仑和民族荣耀的梦想，以及将由这梦想引发的创伤加诸欧洲各国，致使被征服的民族情感爆发，没过多久也萌生出属于他们自己的病态而暴力的民族主义而告终。如歌德和黑格尔等人，信奉人类以哲学远见建立的冷静和理性秩
303 序，不求诸个人或民族激情（他们反映了 18 世纪的教育观点）。他们在 1813 至 1815 年间成了不受欢迎的人，因为他

[1] 这一假设曾由 J. L. Talmon 教授阐释过，只不过他举的例子不同 [in *The Origins of Totalitarian Democracy*（《极权主义民主的起源》, London, 1952）——编注]。

们在最终战胜了拿破仑的爱国战争期间，对于德国风起云涌的激烈民族情感没有表现出足够的同情。

同样地，1848 年，在普世理想启发下兴起的民主革命也因那些代表激进民族主义的人们的阻挠而被轻而易举地摧毁了，尽管这些民族主义者稍有不同：分别是拿破仑三世和俾斯麦。尽管多民族国家奥匈帝国的统治者惧怕子民表现民族情感的所有行为，对其一律镇压，但奥匈帝国的民主革命还是失败了，不仅是因为俄国出兵干预，还因为南部的斯拉夫民族，他们那纯粹的民族主义（几乎是部落式的）情感相互联结，一致对抗非斯拉夫的（德国人或者马扎尔人）民主革命派。结果我们都知道，1870 年普法战争之后，泛德主义的野心迅速崛起，一路凯歌高奏。

而 1914 年第一次世界大战爆发也不像一些社会主义者所说的那样，纯粹与民族—资本主义结合体（帝国主义瓦解后的产物）间的敌对关系相关，是劫掠成性的资本主义在其最后阶段卷入的一场互相残杀的战争。现在我们通常认为，真相要比这复杂得多：欧洲各强国日益渴望着民族力量和荣耀——一种非理性的、纯粹的民主主义情感，这种渴望限制了全球资本主义的自由发展，而全球资本主义原本可能受冷静的机会主义和无情的精打细算的风气影响，为了共同利用原材料和原住民而达成和平的协定。正是民族主义的狂风将大公司们的构想撕得粉碎，这些公司在战争中一无所获（难

道诺曼·安杰尔在他那本著于1914年前的大作[1]中所写的
304 一切还不足以说明，一场大战的毁灭性对于所有最具影响力的民族和个人而言都是相同的吗？——这让很多人相信，大战是不会爆发的，因为不会有人从中获利)，但更让人想不到的是社会党国际，这个世界级的社会主义政党组织曾在第一次世界大战爆发前不久郑重宣誓（这一宣誓来自真诚、互惠、团结的德国和法国工人领袖)，没有什么可以让工人们拳脚相向，民族战争不过是人类非理性的残暴历史的丑陋遗产，这一历史将永远成为过去。

我们当然没有必要去描述1918年的协定在征服者和被征服者间激起的高涨的民族情感。也许最惊人的例子是俄国。1917年的布尔什维克革命是真正的、深远的反民族主义革命，但它最终却步了法国大革命先行者的后尘。正是雅各宾民主派，亦即最后的民族主义者的情感发展到内战的剑拔弩张，致使协约国的干预，这才使苏维埃的胜利成为可能。在斯大林及其继任者的统治下，民族情感从未被忽视；它被视为共产主义在俄国的招牌，第二次世界大战及战后时期，共产主义和俄国民族自豪感变得不可分割；反资本主义和俄国的爱国主义这两大主题交织在了一起；将它们区别开来的行为被苏联和苏共所敌视。中国革命和东南亚的共产主

[1] 可能是 *The Foundations of International Polity*（《国际政体的基础》，London，1914）。——编注

义运动在仇外心理的浪潮下展开：敌人是邪恶的白种人还是资本家，是剥削者还是外国帝国主义已经没有那么重要了；中国革命不仅是一场民族的革命，也是一场完整意义上的意识形态革命。

自由主义原本曾在共同反对独裁与教权主义的立场上与 305
民族主义携手并进，但却在1848年的那场灾难中败给了民族主义。社会主义因为相似的原因，在1914年经历了相似的没落，又因为历史将共产主义的未来和苏联的国家利益捆绑在一起，致使社会主义被迫偏离了自然发展的轨道。甚至在美国这个致力于克服社会等级制度和欧洲的民族主义竞争行为的社会，一种难以撼动的民族主义也发展起来。至于亚洲和非洲（以及拉丁美洲）的各式新民族主义，它们有着我们这个时代最具个性的特征；正是它们决定了国际上各类会议的投票，推动着全球范围内的各种战争、革命和军事独裁。将受伤的民族情感仅仅体现为纯粹的意识形态或社会经济势力间普遍的革命矛盾的不同方面，这需要别出心裁的才智才能做到。

即便有谁在18世纪中叶这个以预言而闻名的时期预见到了这一点，我也怀疑这个预言会被斥为一场杞人忧天的噩梦，不会有谁相信。但就是这个18世纪，这个我们一贯觉得优雅、有序、平静、理性、不急不躁、有些呆板的时代，它总的来说自足自洽，且（除了卢梭或斯威登堡那几个疯狂的天才外）对愤世嫉俗的言论持怀疑和讥讽的态度——就是这个 18 世纪，如果我们更细致地考察它，就会发现它原来是一口大锅，猛烈的激情在这锅中孕育翻腾，终于在该世纪的最后一个十年喷涌而出。

在这个表面上沉着理性的时代，有两股相互冲突的趋势。第一股是大家都知道的，对理性之普遍性的信仰。不仅众多哲人的著作，还有腓特烈二世、约瑟夫二世、叶卡捷琳娜二世以及西班牙、丹麦和瑞典的国王们等启蒙专制者的法规都赞颂了启蒙时代的发展。而且，理性之普遍性还以其特
306 有的方式，受到当时一些超自然运动的支持——共济会、光明会和其他反对宗教机构的唯信仰论组织虽然信奉着非理性和令人费解的教条，却都愿意宣扬全世界的手足情谊、和谐与和平。

然而，在这一趋势的对立面还有另一股力量在起作用——受伤的民族情感的力量，这股力量发展缓慢，一开始分散在各地区。但是它注定会变得势不可挡，注定会成功主宰人的意志和想象力。无论是路德宗的分裂与基督教整一世界的崩解造成的分离主义，还是路易十四的胜利之师在死伤惨重的三十年战争中给德国人带来的毁灭与屈辱，抑或是因为法国人在行动与思想的各个领域表现出的睿智、自豪以及偶尔自大的优越感，在战败与受辱的德国人心中引发了一种自卑感，这种自卑感驱使着他们在精神的内心世界中寻求对他们在物质世界中损失的一切进行补偿（而再也没有什么比这种“疏离感”更能酝酿可怕的幻想了）——无论原因是什

么，正是德国人催生了现代民族主义，并显示了它那强大的传染力。相比于德国人，意大利人和他们一样饱受国家分裂之苦，政治上软弱无力，屈服于同样愚蠢武断的专制者那非理性的乖张之举，但是他们并没有像德国人一样表现出如此程度的愤怒。

德国人的力量起初增长缓慢：它一开始是以文化的民族主义（或者称其为民粹主义更好一些）这种和平的方式进行的，代表人物有赫尔德和默泽，他们颂扬历史根源的重要性，认为拥有相同语言和传统的人群更为亲近，重视地区和当地情感，他们珍视艺术和日常生活习惯，认为它们比空洞的世界主义和征服一切的法国人那浮华的炫耀行为更能生动地表现人类内在的精髓。后来，德国再一次蒙受了军事上的耻辱，被拿破仑麾下的军队摧毁（在此之前，正是德国的作 307
家和普鲁士的士兵为拿破仑其人描绘了一幅理想的肖像），于是，这个原本温和而富于文化的专制国家变成了一个暴虐、激进的国度，整个19世纪，德国人的胸中始终翻滚着民族主义的怒火。

民族情感经受的创伤在其他国家也产生了相同的结果，也许程度稍轻，但是类型相似。1871年后战败的法国人，在奥地利和法国手上受尽折磨的意大利人，以及最为重要的维也纳，作为多民族帝国的首都，民族情感尤其易生摩擦和加剧：他们都曾经历民族主义情感的发展期。当巴尔干挣脱了土耳其人的枷锁后，他们也表现出了这些现象；反过来，当土耳其人自己投入到青年土耳其党的革命运动中时，他们也成了民族情感的猎物；最后，在所有民族现象中最为奇异的是犹太人，自哈德良大帝将他们赶出耶路撒冷后，他们失去了一切领土根基，在犹太复国运动中，他们孕育出一种渴望，渴望像意大利人、希腊人和爱尔兰人一样取得民族复兴。

这些情绪高涨的潮流使得在整个欧洲不断发酵、已然年深日久的紧张态势日益加剧，在莱茵河东岸那片脆弱的多民族土地上尤其如此。追溯这一过程，很容易想到最初赫尔德有关人类社会和花园的那段和平的分析，在这座花园里，各类植物（民族）可以和平共存，互助共进；赫尔德的主张随后被浪漫主义取代，历史被视为一片充斥着不同观念、不同气质、不同文化、不同超自然和无意识的创造性力量的战场；接着登台的便是万恶的种族主义，特赖奇克、瓦格纳、休斯顿·斯图尔特·张伯伦，以及流行于属于最后的德意志帝国的蒂罗尔和维也纳的反斯拉夫和反犹主义，鲁登道夫和那些战败的将军、波茨坦的施特克尔神父，以及最终的
308 希特勒。如果你足够细心，就可以在18世纪欧洲那平静的水面下看到这恐怖冲突的种子。在当时的欧洲，许多人分明可以看到这一偏差，却仍错误地流连于雄心壮志和怀旧情绪之中。

民族主义的确是我们这个时代最具影响力，或许也是最具毁灭性的因素。如果人类会全部灭绝，起因更有可能是某

个民族非理性地爆发出对某个真实存在或想象之中的敌人或压迫者的仇恨，而不是宗教或阶级；更有可能是种族层面的原因，而不是文明层面的原因。对于这种力量，说教和争论是徒劳无益的，而且我担心即便是对最高尚的人而言也是这样。即便向人们指出，一个新近崛起的非洲民族宁愿被本民族的人虐待和剥夺自由，也不愿被外族人统治（无论这种统治有多么公正和仁慈，多么无私和有效）；即便向人们指出，相对不那么民族主义的丹麦人比极端的民族主义统治者治下的人民（比如今天的南非人）生活得更好，更和善、更聪明、更幸福，也没有任何意义。

这似乎已经成为一种令人悲哀却无可避免的社会规律：只要有一代人流过屈辱的泪水，第二代或之后世代的人们就要流血——先辈的苦难将引致后辈的反叛。没有人聪明和耐心到可以向人们解释，如果将塞浦路斯、埃及、古巴、刚果交给负责称职、进步开明的外族专家治理，那里的人生活得会多么好。这些外族人只是急于抛弃帝国主义剥削者的身份，成为公正无私的顾问和治理者，只想在既无暴力混乱，也无内部公正的情况下为独立的到来创造条件。这一类的说辞，无论言辞多么恳切，初衷多么善良，也绝不可能打动那些铭记着（他们怎么可能忘记？）他们的同胞不久之前是被如何对待的人们。这就是我们今天所处的世界。

那么，我们应该怎么办？这些激烈的情感该如何得到舒缓，我们又该如何宣扬和维系一个和平、文明和宽容的世 309

界？我不是政治家，也不是预言家，没有什么灵丹妙药。共产主义显然不是治愈民族主义的解药——例如，在匈牙利，尽管这个国家建立了真正的共产主义体系，农民和工人间依然弥漫着民族情感，正是这种民族情感激起了1956年匈牙利事件中他们对苏联干预的仇恨；匈牙利的这种民族主义，无论起因是什么，都不能被归于阶级战争的副产品，它只能靠强力压制，因为它显然不能被和平地消解于一个主张平等主义的共产主义社会。

民族情绪并非生来就邪恶危险；它只有在被加剧、引燃，发展至病态的地步时才会变得邪恶危险。发泄这种情绪的途径有很多，但如果强行抑制，“它就会向内腐蚀，传染污秽的疾病”[1]。印度是民族情感受创伤的典型例子——虽然印度人的传统和历史有着极大的内部差异性，但是他们却感觉自己属于一个民族（这里，感觉就是衡量现实的一种尺度）——印度是通过和平手段获得自由的；它的民族主义在今天就很正常，没有任何病态迹象。中国则显然被欧洲人在19世纪时的压迫和高傲深深伤害；它从更高的地方摔下，坠至更深的深渊；它的民族意识伴随着更为深邃的创伤；其结果是它的反应和复仇都更为猛烈，其原因则显然是它对其邻国和整个世界怀有更为深重的忧虑。

[1] From Milton, ‘Lycidas’（《利西达斯》, 1637）, line 127: “Rot in wardly, and foul contagion spread”。

创造民族情感得以和平实现自身的条件——防止邻国间的冲突，如果有必要的话就借助国际力量；缓和少数民族的存在激起的愤怒（尽管这种做法不合理，而且有违我们这个时代的人道），这一点可以通过民族间通婚和打破所有的社会、经济、民族、教育壁垒达到，极端情况下甚至可以相互 310
迁移人口——这些努力都能在较早的阶段限制民族情感病态地发展，它们是我们的唯一希望，若不如此，这个世界就会像托洛茨基在1918年谈及欧洲时所说的那样，变成一家精神病院；只不过这家精神病院的病人不穿病号服。

如果人类活得足够长，也许能够看到连民族主义也显得荒谬和缥缈的那一天。但如果这一天真的会到来，我们应该去理解民族主义而非轻视它；因为凡是不被理解的，都难以控制：是民族主义主宰着人类，而非人类主宰着民族主义。我们的任务是弄清楚这种无比强大却并非生来异常的现象源自哪里，它又如何变得病态失控，并为其寻找自我抒发的有效途径；既不要给它贴上无可容忍的非理性标签（它既不是理性的，也不是非理性的，而是有着潜在的创造力），也不要利用它达成我们自己的目的或者沉湎其中。教育是一个缓慢的过程，但事实证明，无论是另寻捷径还是通过革命手段，即便是最猛烈的共产主义革命，也控制不了民族主义。一些幸运的民族虽然经历了民族主义的阶段，但并未受到它的伤害。我们自己就是一个例子。意大利、戴高乐之后的法国，甚至民族主义风暴诞生的那个洞穴（德国）可能也是这

样。足够的知识、想象力、耐心、天赋和对人类无限潜能的感知与信仰足以令民族主义受控于理性之下，这绝非乌托邦
311 的空想。

索　引* 道格拉斯·马修斯 编

*条目后的数字为原书页码，见本书边码。

- B -

- C -

- D -

- E -

- F -

- G -

- H -

- I -

-J-

- K -

- L -

- M -

- N -

- O -

- P -

- Q -

- R -

- S -

- T -

- U -

- V -

- W -

- Y -

- Z -